価値多元社会における文化教育論

国家、アイデンティティ、シティズンシップ

金野誠志

明石書店

序

　多様性＝【diversity】とか，多元性＝【plurality】とか，以前に増して，耳にするようになってきたように思われる。

　前者は，一般的に，SDGsの社会化に伴い，生態系や種，遺伝子などの側面から見た生物的多様性や，人種や国籍，性別，年齢，障がいの有無，宗教，性的指向，文化などの側面から見た社会的多様性を指すことが多い。そして，多様な生物や人々が存在する自然や社会の環境が，現在あることを前提にしている。多様性というとき，それを互いに認め合い，「誰一人取り残さない」世界の実現を目指す，SDGsの根幹をなす重要な概念が伴っている。後者は，互いに独立し，同等に正しいと考えられている原理や方法，立場などが多くあり，それぞれに異なった「評価のものさし」によって物事を成立させているさまをいう。それらは，社会やそこでの人々の行動や意識と関連づけて用いられることが多く，一つの社会に宗教，民族，文化，政治信条などの異なる集団が存在している様子を表現する場合に用いられることが多い。それぞれの集団によって価値観や倫理的規範が異なるということでもある。雑駁にいうと，これが，多様性と多元性について，浅学な私の理解である。

　このように多様性と，多元性を並べてみると，多様性は，特定の空間を限定することなく，個人や個体といった一つ一つの対称に表出している自然や社会の現象を，外に向かって，ありのままに認め存続させていこうという性行が認められる。一方で，多元性は，特定の社会空間を限定し，内に向かっては，他の社会集団とは異なる特定の価値観や倫理的規範を共有しつつ，他の社会集団との共存を望むが，現在において表出している現象に対しては，各社会集団とも不満を抱き，将来的に理想とする社会の実現をそれぞれに目指そうとする性行が認められる。つまり，多様性には，自然や社会の普遍性が，多元性には，社会の相対性がつきまとっているようである。管見ながら，昨今，多様性の方

が，多元性よりも，多用され流通しているように思う。今ある現象，あるいは過去にあったはずの個別の現象をそのまま認める多様性は，万人の合意を得やすい。多元的な社会では，一つの社会集団内では多様性を歓迎しているわけではなく，単一性を求めがちになる。すると，各社会集団がそれぞれ理想とする共存の在り方には，矛盾や齟齬が生じるはずで，その実現には，より困難さが増すのではないかと考えてしまう。

　本書では，このような多元性について注目し，特に，社会の多元性が，象徴的に出現している人間生活の営みの中で形成された文化の多元性と社会の統合について，教育に携わる者としてどのように捉えたらよいか検討していきたい。

　文化は特定の社会空間で創出され，その集団内で共有された生活や行動のしかた全般を指すが，他集団との異なりを認識し，それを鏡として生まれる自己認識を醸成する上で欠かせない。だからこそ，安易に他集団と共有しようということにはなり難い。今後，ますます，特定の社会の中で，ヒト・モノ・カネの移動が増え，いわゆるグローバル化は進行していくだろうし，それに伴い，いずれの社会においても，一層複雑な価値多元社会が形成され，先行きの不透明感や不安感も増していくことだろう。このような現代社会において，些細ではあるが，なにがしかのあがきができないかと考えてきたことをまとめてみようということである。そこで，これまで書いてきた論文の中から，関係性や連続性を考慮して11本を選び，説明しきれていなかったことや新たに得た知見を加えて改稿し，9章に整理し直した。

＊　　　　　＊　　　　　＊

　本書は，第1部「〈価値の多元化〉と〈社会の統合〉」と第2部「〈教育〉と〈国家の統合〉」の二部構成となっている。

　第1部は，教育や学校と少し距離を置き，現代社会で生じた価値の多元化や文化現象を取り巻く語りを批判的に分析し考察した4編をおさめている。

　第1章では，自明のものとして語られがちな「地球市民」論を改めて議論の俎上に載せ，「地球市民」としての自己認識の可能性を探ったものである。スローガンのように，美しく，また，正しい方向性として「地球市民」というこ

とばは，教育という場を越えて，様々なところで心地よく耳に響くようではある。これに対して，他者を鏡とする自己措定の在り方を基に考えた場合，その存在は確保できるのか，自らの疑問とそれに対する考えを検討し，考察した。

　第2章は，多文化主義が話題である。2000年前後，当時，注目を集めた多文化主義は，異なる文化をもつ人々が同一社会で共存していくための方途として試みられていた。まず，国家としての統一性と文化の個別性との軋轢が，どのように生じているのか分析した。これは，文化相対主義と普遍主義の異同やその関係性にまで話題が及ぶ。その上で，国家の統一性が破綻しないよう共通基盤構築の手がかりを得ることと，各文化集団が納得しつつ，それぞれの独自性が保つことは，どのように実現できるか検討し，考察した。

　第3章は，シティズンシップが話題となっている。シティズンシップは，市民権，公民権，市民意識などと訳されることが多い。こういった場合，個人としての普遍的権利が想定されがちである。しかし，そこではどういった社会の市民権，公民権，市民意識なのかということが重要となってくる。そうすると，市民社会を集合的に構想するためのシティズンシップという側面を欠くわけにはいかなくなる。シティズンシップの集合性は，文化的共同体への依拠することとも進行しているという現実を踏まえ，共同体と市民社会との関係性を検討するとき，個人の自由と共同体からの規制の相反する問題をいかに止揚するか検討し，考察した。

　第4章は，「多元的」シティズンシップが話題である。ある共通性に基づき人々を特定の社会の・員だと意識すると，共通性がみられないと判断した人々は，その社会の構成員とは見られなくなる。しかし，私たちは，「多」ある様々な集団の一員として生活し，日々，どの集団の一員として高い意識があるかは，一様ではなく可変的である。このようなシティズンシップをメンバーシップという側面から意識することは欠かせない。このような複雑な集団間の関係を「多元的」シティズンシップとし，これを教育で扱う場合，どのように捉え，理解していけばよいのか検討し，考察した。

　第2部「〈教育〉と〈国家の統合〉」は，第1部で示した考えを基盤にしている。小・中学校で行った授業に関わる教材分析から，日本，シンガポール，台

湾で行われている「国民」教育について考察し，今後の教育の在り方に示唆を得ようとしたもので，5編を収めている。いずれも，文化や社会の境界を扱い，中でも，「国家」の境界について大きく注目したものとなっている。

日本や日本人の範囲は，人間の社会的な営みの中で拡大や縮小を経て，時代とともに変わってきた。その多くは，決して，自然現象によって変容してきたわけではなく，本質的に単一であったわけではない。日本や日本人の認識は，近代国家としての歩みとともに在り，そこでは，教育が大きく関与している。

シンガポールも台湾も，当初は，独立した「国家」を名乗る存在ではなかった。

近代になって，英領海峡植民地の一部となったシンガポールは，イギリスの自治領を経た後，1963年には，先に独立していたマラヤ連邦と，ボルネオ島のサバ・サラワク両州とともに独立し，マレーシアを形成した。しかし，マレー人優遇政策を採る中央政府と華人が多数を占めるシンガポール自治政府との折り合いが合わず，マレーシアから追放される形で，1965年にやむなくあらためて独立した。華人が多数をしめるとはいえ，多民族国家となったシンガポールは，ここから新たにシンガポーリアンという国民の育成を行っていくことになる。

台湾は，スペイン，オランダ，鄭氏，清，日本と，多数の外来勢力の統治を受けた後，大陸中国の一部に，一度は編入された。しかし，大陸での内戦に敗れた国民党政府が台湾に逃れて以降，大陸の共産党政権と対峙しつつ現在に至る。台湾では，大きくは，もともと土着していた東南アジア島嶼部，太平洋の島々と同系統と言われる原住民，16世紀中葉から，大陸からやってきた漢民族である福佬人と客家人，そして，1945年以降，大陸からやってきた外省人を併せて四大族群という。原住民，福佬人，客家人，外省人はそれぞれ文化的アイデンティティを共有する集団である。外省人に対して，原住民，福佬人，客家人の三つの族群を併せて，本省人ということもある。台湾は，大陸中国とは異なる独自の行政体を維持しているが，大陸中国との関係から国際社会では「国家」としての位置づけに難しさを抱えている。多民族国家であるシンガポールと同様に，誰もが望ましいと考える「国家」としての独立を，当初，果

たしていたとは言い切れない部分がある点や，大陸中国の中国人とは異なる「国民」の育成を意図的に行っているという点で共通点がある。この両国について，文化，国家，教育それぞれの関係を注視していくことは，今後の日本の教育に対して，大きな示唆を得ることができると考える。

第5章では，国土や国家は社会的に構築されているという理解を深めるため，中世から近現代にかけて残存している4枚の古地図を取り上げた。その変遷から，他者を鏡とする自己措定の在り方を探り，その時代に生きた日本で生活していた人々の国土意識を考察したものである。

第6章では，2015年以前，世界遺産を有していなかったシンガポール共和国ではあるが，他国の世界遺産を大きく取り上げた教育を行っていた。そのうちフィリピンの世界文化遺産「歴史都市ビガン」を扱った教科書記述から，国民教育の中で世界遺産を扱う目的について考察したものである。

第7章では，世界文化遺産となった「シンガポール植物園」を取り上げ，シンガポール教育省が目指している教育と，「シンガポール植物園」の教育部門が目指している教育の異同を分析した。その上で，国民教育としての扱いとUNESCOの世界遺産教育を意識した扱いとの異同を考察したものである。

第8章では，UNESCOに加盟できない台湾で行われている潜在的世界遺産の選出，世界遺産一覧表への記載を目指す取り組みに着目した。そして，それに関わる教育を行っている新北市で発行された「淡水紅毛城及び周辺の歴史建築群」についての世界遺産教材を分析し，UNESCOのいう「顕著な普遍的価値」の限界性について考察した。

第9章では，日本統治期につくられた文化遺産(潜在的世界遺産)について記述している教科書，新北市が発行している「淡水紅毛城及び周辺の歴史建築群」についての世界遺産教材，台南市の嘉南農田水利会が発行している「烏山頭ダム及び嘉南大水路」についての校外学習教材を取り上げた。そして，それらが，現在の台湾人の生活や社会を成立させるリソースとして参照されることで，意図的親密的に語られ，集合的な記憶として構築されている様を明らかにした。同時に，一地域である新北市や台南市，「国家」を自認する台湾の教育で，日本統治期における近代化がどのように扱われているかあらためて考察し

たものである。

　いずれも，学術論文として執筆したものが元になっているため，原題や内容が総じて硬い。そのため，主旨は変えていないが，イメージが伝わりやすいように，タイトル及び内容を改めて再考した。

もくじ

序　　3

第1部
〈価値の多元化〉と〈社会の統合〉

第1章　「地球市民」に人類はなり得るか

1. 地球市民社会と地球市民　15

2.「地球市民」としての自己措定の可能性　17

3.「地球市民」であるということ　21

4.「地球市民」に「なる」ということ　24

第2章　文化の壁は越えられるか

1. はじめに　30

2. 普遍性の追求とその現実　31

3. 普遍性の追求と自己の相対化　33

4. 相対性の追求と多文化主義の現実　34

5. 文化相対主義における普遍性　35

6. おわりに　37

第3章 シティズンシップは普遍性を担保できるか

1. はじめに　40
2. 市民社会と共同体の関係性　41
3. 機能体と共同体の捉え——シティズンシップの育成を念頭に　43
4. 市民社会の二重性——シティズンシップの集合性を念頭に　47
5. コスモポリタンな公共圏への参加とシティズンシップの育成　55
6. コスモポリタンなシティズンシップの育成　59
7. おわりに　64

第4章 「多元的」シティズンシップをどう理解するか

1. はじめに　69
2. 境界への着目　70
3. 「エトノス／デモス」二元論の克服　73
4. 「多元的」シティズンシップの理解を促す枠組み　75
5. おわりに　83

第2部
〈教育〉と〈国家の統合〉

第5章 他者との境界はいかに自覚されるか

1. はじめに　89
2. 国土を眺める四つの視点　90
3. 国土の構築性の理解を阻害する要因　91
4. 日本図の古地図を用いた国土の構築性の理解　94
5. おわりに——古地図と近現代の日本図を比較して　101

第6章　国民教育の中での世界文化遺産

シンガポールの小学校社会科を例として

1. はじめに　104
2. シンガポールの社会科で世界文化遺産を取り上げる目的　105
3.「歴史都市ビガン」の世界遺産登録の経緯とその影響　107
4. シンガポールの小学校社会科の教科書における「歴史都市ビガン」　111
5. シンガポールで「歴史都市ビガン」を取り上げる意義とそこからの示唆　119
6. おわりに　122

第7章　シンガポール植物園における「世界遺産教育」の特色と意義

シンガポール教育省の世界文化遺産を扱う教育との比較を通して

1. はじめに　124
2. 教育省が進める世界文化遺産を扱う教育　125
3. シンガポール政府，ICOMOS，世界遺産委員会の「顕著な普遍的価値」の理解とその異同　131
4. シンガポール植物園が進める世界文化遺産を扱う教育　137
5. おわりに　148

第8章　「顕著な普遍的価値」への疑心

「淡水紅毛城及び周辺の歴史建築群」を例として

1. はじめに　152
2. 世界遺産中学校教材『穿越淡水，走読世遺』の記述から　154
3. 世界文化遺産を扱う日本の教育への示唆　164
4. おわりに　170

第9章　台湾における歴史の構築と相対化への志向
日本統治期につくられた文化遺産に着目して

1. はじめに　174
2.「淡水紅毛城及び周辺の歴史建築群」の場合　175
3.「烏山頭ダム及び嘉南大水路」の場合　183
4. おわりに　200

終章　215

初出一覧　225
索引　226
あとがき　229

第１部
〈価値の多元化〉と〈社会の統合〉

第1章
「地球市民」に人類はなり得るか

1. 地球市民社会と地球市民

　地球市民について語ろうとするとき，地球市民社会について触れざるを得ないが，論者によってその概念はそれぞれに多様であり，それらを明確に示すことはなかなか難しい。

　様々に捉えられ議論される地球市民社会について，都留康子は，NGO の台頭や市民の国際的な連携といった現象として捉えるのか，それとも目的，理念として捉えるのか，また，いずれの場合も，市民社会がグローバルな広がりをもつという意味での「地球・市民社会」なのか，それとも地球市民というアイデンティティをもった「地球市民・社会」なのか，非常に多岐にわたっているという（都留 2006, p. 99）。

　国境を越えて，人・物・資本・情報などの移動が時間的，空間的，コスト的に容易になり，人々の活動が，社会的，経済的，文化的に相互に影響し合うようになったり，それに伴う国民国家の機能不全や機能の変容が起こったりする現実はある。その現実を踏まえて，環境，人権，開発，平和などの山積する地球的課題から人類共同体に対する危機感が高まってきた。そこで，「地球社会を一つのシステム，一つの生命体と見なし，地球全体の利益のために，脱国境，国家を超えて協力し行動する人々」をさす「地球市民」を待望している人々がいる現実もある（臼井 2006, p. 6）。都留（2006）のいう現実は，現象としての社会変化を示しており，臼井（2006）のいう現実は，当為としての社会変化への期待を示しているといえよう。この現象と当為は，峻別しておかねばなるまい。

　国民国家だけでなく，ローカルで小さな市民社会や国境も越えるような多様な市民社会それぞれにアイデンティティを有し，それぞれがそれぞれの利益を

考えていくような市民社会が，多様でグローバルな広がりをもつという意味での「地球・市民社会」は，現象として表出してきている。市民社会という語が，国民国家から自立した空間を創出し強化していく意図を既にもっているという意味を含んでいるとすると（坂本義和2005, p. 258），「地球・市民社会」という語やその表現は，あまり意味をなさないのかもしれない。しかし，実際のところ，国民国家から自立した空間で生きることは，多くの人々にとって容易なことではないというのも現実である。

「アイデンティティという言葉は帰属性を含意する」（モーリス＝鈴木2000, p. 160）と考えると，「地球市民」としてのアイデンティティが存在するか否かは，「地球市民」が形成する「地球市民・社会」に対する帰属意識の有無と関わっている。仮に，「地球市民」を名乗る人々がいたとしても，そうは自覚していない人類が存在している状況では，そのような社会を「地球市民・社会」と考えるのはいかがなものか。確かに，グローバル化の進展に伴い国民国家の枠組みに囚われず多様な市民であるアクターが様々な場で活躍し，それなりの影響力をもつようになってきてはいる。そして，国家を超えて地球益のために活動すべきであるという規範意識を共有し，「地球市民」になるべきだと意識的に連帯して活動する人々は存在する。しかし，全人類が，「地球市民」というアイデンティティを有する人々によって構成された「地球市民・社会」は未だに存在してはいないし，そのような社会を裏付けたり保証したりする仕組みや制度もありはしない。「地球市民・社会」は，その語の意味の通り全人類を包摂する社会であることが望まれているはずだが，人類の一部の人々により想定された理念的な当為としての社会であることは間違いない。

このように，主権国家からなる国際社会から「地球市民・社会」になるという予見に期待する人々はいても，それが，今，ポストナショナルでポストウエストファリアな時代へと向かいつつあるといいきるのはあまりにも楽観的であるという指摘は（北村2006, pp. 55–71），的を射ていよう。

そもそも，個人が社会に位置づけられる過程で発生するアイデンティティは，個人が勝手に主張できるものではなく集合的に構築される（太田2009, pp. 250–253）。アイデンティティと帰属意識の関係に鑑みると，特定の社会に抱

くアイデンティティの存否は，他者が帰属する市民社会とは異なる自己が帰属する市民社会の存否の意識と深く関わっているからである。そうであるならば，「地球市民」としてのアイデンティティの自認には，「地球市民」以外の市民を必要とする。そのような社会は「地球市民・社会」とはいえないはずである。

2. 「地球市民」としての自己措定の可能性

　民族の境界は誰にとっても自明のものとして明確に，そして本質的に存在しているわけではない。民族の境界を想像したり維持したり強化したりしようとする働きこそが重要で，民族は操作しうるものでありながら，その境界と原初的紐帯とが一致してみえてしまう機構にこそ問題がある。名和克郎はこのように考え，主観的な帰属意識により境界を維持しようとする集団間の関係性に注目し，民族が形成される過程において民族と民族の間，及び民族と「国家」の間，民族の内部において「名乗り」と「名づけ」の関係性が働いていることを明らかにし，民族の相対性を以下のように説明している。

　　　現代においては，国民国家のイデオロギーが世界各国に浸透しており，その結果，国家側の「名づけ」は，中心に一つのネイション，周辺に幾つかの「少数民族」を認知することで，彼らのネイション化と国境線の変更を防ごうとする上からの「名づけ」と，現実的に独立が不可能であると認識した「少数民族」の側が，権利の保証と自治権の拡大，あるいは「少数民族」が存在すること自体を認めさせようとする「名乗り」とがあいまって，「少数民族」という模倣されるべきモデルが，形成されつつあるようにも見える。(名和1992, pp. 304–310)

　この考えからすると，自明で固定的な個々の民族は存在し得ない。ネイションと他のエスニシティを含む民族とは，その成立過程について厳格に区別されるべきではないということにもなる。そして，個々の人間の想像する民族境界が，周囲の「名乗り」や「名づけ」の圧倒的な影響下で形成されることは当然

としながらも，必ずしも「名乗り」や「名づけ」の名や範囲が一致しないことや，外向きの「名乗り」と内向きの「名乗り」が一致しないため，不随意的不可避的に境界の変更，それに伴うアイデンティティや帰属意識の変更が起きうることを指摘する。このような民族の相対性を明らかにしていることが名和理論の特筆すべき点である。名和理論に注目することで，他者や自己との関係性を基盤とした「名づけ」と「名乗り」に呼応する共同社会の安定化への意思や集合の意識が見えてくる。このように相対性に注目した想像される集団として形成されていく民族は，状況依存的に構築されたものではある。その境界が想像され，確かに，他者との差異が意識されることによって措定されていくアイデンティティが表出する現象を見事に説明している。

　名和理論に沿うと，「地球市民・社会」に帰属意識をもつ「地球市民」という集合性は，「名づけ」「名乗る」相手としての具体的他者が不在である。それは，その措定や認識が困難であることを示唆している。この点については，次章で詳しく触れることとする。

　名和の民族論に沿って，14世紀初頭から中頃が作成時期とされる現存する最古の日本図の一つ「金沢文庫蔵日本図」を眺めてみる。「金沢文庫蔵日本図」は，国土を取り囲むかのように描かれた龍体のような帯を境にして，その内側に，本州西半部分，四国，九州とともに，その他の幾つかの島が描かれている。龍体の外側には，「羅利国　女人萃来人不還」，「龍及国宇嶋　身人頭鳥雨見嶋　私領郡」，「唐土三百六十六ヶ国」，「高麗ヨリ蒙古国之自日平トヨ国云唐土ヨリハ多々国々　一称八百国」，「鴈道　雖有城非人」，「新羅国五百六十六ヶ国」といった異国・異界に関する記述がみられる。

　これらの記述に基づき，応地利明は興味深い分析をしている。国土の内側には，九州北方の「シカノ嶋」（博多湾の志賀島にあたる），「竹嶋」（伊万里湾の鷹島にあたる）と書かれた小島が描かれており，それらがいずれも蒙古来襲の際の激戦地にあたることから，龍体が国土を取り巻くという図柄は，蒙古来襲との関連で龍が国土を守るということを意味していたのかも知れない。また，「龍及国宇嶋」は琉球国大島，「雨見嶋」は奄美島のこと，「唐土」とは，もちろん，今でいう中国あたり，「新羅」は朝鮮半島にかつて実在した国名である。

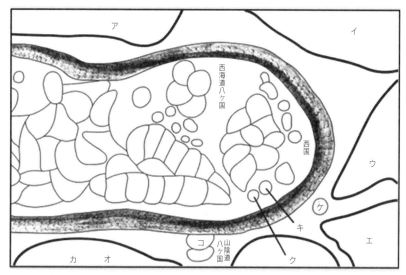

図 1-1　金沢文庫蔵日本図（略図）（金沢文庫蔵日本図を元に筆者作成）

陸塊等への注記
ア　羅刹国　女人萃来人不還
イ　龍及国宇嶋　身人頭鳥　雨見嶋私領郡
ウ　唐土　三百六十六ヶ国
エ　高麗ヨリ蒙古国之自日平トヨ国云　唐土ヨリハ多々
　　国々　一称八百国
オ　鴈道　雖有城非人
カ　新羅国　五百六十六ヶ国
キ　竹嶋
ク　シカノ嶋
ケ　対馬
コ　隠岐　海嶋国付

　「高麗より蒙古国」は朝鮮半島からモンゴルにかけてのことであるが，日本から遙かに離れた「蒙古」が出てくることも，蒙古来襲とあまり時期をへだてていない時期に作成された根拠となる。「羅刹」と「鴈道」はとうてい実在していたとはいいがたい地名であるが，「龍及国」が「身は人，頭は鳥」と記されているように，「異形の人間」の世界として捉えられる。これに対し，「羅刹国」と「鴈道」は，「城有りと雖も，人にあらず」と記されているように「人形の異類」の世界として捉えられる。いずれも異域に包摂されているという点では同じであっても，同心円的編成で意識されていた中世の国家領域を念頭に置くと，〈中心→周縁→境界→異域〉という空間配列の中で，「龍及国」よりもさらに遠隔の地として「羅刹」と「鴈道」が中世日本の空間構造の中に位置づけられている。(応地 1996, pp. 60–66)

絵地図が描かれた当時，おそらくは蒙古を中心としたであろう龍体外部の社会に帰属する人々である「彼ら」からの「名づけ」に対し，龍体内部の社会の人々は，「我々」は「日本の人」であるという「名乗り」を上げざるをえなかったり，龍体内部で生活する人々がその社会への帰属意識を高めるため，あえて龍体外部の社会の「彼ら」を「○○人」と「名づけ」るとともに，「我々」は「日本の人」であるという「名乗り」を上げたりしたことが推測できる。多くの共通点があるにもかかわらず，何らかの境界内部や外部の集団的特徴を意図的に選択し，それらをそれぞれの境界内部で共有し，その差異を強調することによって「異形の人間」や「人形の異類」が存在する社会を，そこに住む人々が相互に想像したであろう可能性があるということだ[1]。

応地の分析に沿いつつ，主観的な帰属意識に基づき境界を維持しようとする集団間の関係性に注目すると，二つのことがいえる。第一に，龍体の向こうに「蒙古」が強烈に意識されていた形跡を推し量ることができるように，一次元の線的イメージをもって内と外とを均質的かつ求心的に規定する「バウンダリー」としての境界意識が存在することである。第二に，図としては表現されていないが，文字記述下からは，龍体の向こうに「龍及」→「羅刹」や「鴈道」と音源から離れるに従って音がいつしか聞こえなくなるような遠心的に「内」と「外」とを分かつ二次元の面的イメージをもつ境界領域，即ち「フロンティア」としての境界意識が存在することである[2]。いずれにしても，境界の向こう側に「彼ら」を意識し，その「彼ら」を鏡として「我々」を措定することによって龍体外部の社会に対する「我々」という帰属意識が醸し出されていたことに異論を挟む余地はないだろう。また，確実に存在する他者と，もしかすると存在するかもしれない他者へ意識の違いが，「バウンダリー」と「フロンティア」との意識の違いと影響することも見えてくる。

このことは，「実体としての民族が成立したり消滅したりする時期の確定ではなく，民族の『名乗り』と『名づけ』，及びそれに基づいて生ずる内的・外的な諸特徴の共有の状況とそれについての彼らの意識という具体的な状況及びその変化，一言で言えば民族論的状況」が顕在化しているということを具体的に示している（名和 1992, p. 306）。つまり，自明で本質的な実態としての民族

は，そもそも存在しないということである。これは，「我々」が何者であるか
という自覚へ至る過程を示している。そこには，自他間の境界意識の構築性が
関わっている。このような民族論的状況は，「地球市民社会」論的状況，さら
にいえば，「地球市民」論的状況と重ねて考えることができよう。以上のこと
を踏まえ，次節では「地球市民」であるという抽象化の可能性について検討し
てみたい。

3.「地球市民」であるということ

　「地球市民」が国家を越えて地球益のために活動すべきであるという規範意
識を共有し連帯するとともに，「地球市民社会」に帰属意識をもつというアイ
デンティティを共有した当為としての存在ということになれば[3]，その自認の
ためには，「地球市民」ではない他者の存在が必要となる。即ち，「地球市民」
を構築し自己措定していくためには，「地球市民」という「名づけ」と「名乗
り」が，どのような他者との関係性の中で行われ得るのかが明らかにされねば
なるまい。それは，「バウンダリー」であるにせよ「フロンティア」であるに
せよ，「地球市民」とそうではない他者との間に境界を認識できて初めて可能
となるということである。いうまでもなく国民や民族は，その発想上はもとも
と外縁の不明確な「イメージとして心に描かれた想像の共同体」（アンダーソン
1997, p. 192）だと考えると，「地球市民」の外縁は一層不明確なもので，想像
の可否が問われる。小西正雄は，クレオールが本質化していく現象を例に挙げ，
グローバル化によって自己と他者の境界が曖昧になればなるほど，逆に新た
な境界を構築して「あの人たちとは違う我々」を実感させてくれる何らかの場
所を確保しにかかることについて指摘している。それは，人間のアイデンティ
ティ確保への本能的衝動ともいえるという（小西 2010, pp. 103-123）。このこ
とは，地球という惑星の外側に他者を想定し，地球人であることを自認するこ
とが，可能か否かという問題だけで「地球市民」の実現可能性を否定的に捉え
ているわけではない。「地球市民」としてのアイデンティティを，遍く人類が，
本当に望んでいるのかという疑問を呈しているのである。

「地球市民」には，国家を超えて地球益のために協力し活動すべきであるという規範意識の共有と連帯が求められる。その同質性ゆえに「地球市民」としてのアイデンティティは共有され，自由で平等で自立した「地球市民」としての自己認識が，「地球市民・社会」への帰属意識を高めていく。その同質性への期待は，正しく普遍的な価値を有するという考えに支えられている。そこに普遍的な価値があるとすれば，この地球に住む全ての人々に対して，「地球市民」になるという可能性と必然性とが同時に表明されていることになる。

　翻ってみるに，「地球市民」は，本質的な存在ではない。「地球市民」であるという自認は，他者によって，眼差され，語りかけられることなくして不可能である。その相互応答的に行われる「名乗り」や「名づけ」によって，「地球市民」という境界の意識が自己と他者との間で一致し，「地球市民」であるという名称のみならずその意味や意義が確認できて，初めて「地球市民」だということに肯定的な自己措定ができるようになる。

　そこには重大な懸念が潜んでいる。なぜならば，「地球市民」という「名乗り」を上げようとする集合性の向こうには，「地球市民」という「名乗り」ができない，あるいは「名乗り」を上げるつもりのない他者がおり，その他者による「地球市民」という「名づけ」や，その他者に対する我々は「地球市民」であるという「名乗り」が想定されるからである。つまり，「地球市民」という「名づけ」ができない，あるいは「名乗り」たくない他者の存在が前提となる。しかし，そうであれば，正しく普遍的な価値を共有する「地球市民」になる可能性と必然性は怪しくなってくる。

　「我々」が国民国家の成立以前から，境界の向こうに他者である「彼ら」を意識し，その他者を鏡とすることによって自己措定を重ねてきたことは，先に触れた「金沢文庫蔵日本図」の分析からも明らかである。北村治は，ネイションやエスニシティを含む民族と「地球市民」という自己認識の在り方を共通と捉えた上で，その危険性を以下のように指摘している。

　　地球市民社会は，同質的な地球市民の存在を想定しているために，暗黙のうちに地球市民として承認されない異質な他者をつくりだしている。も

し，地球市民社会の概念が，包摂された自己としての地球市民と排除された異質な他者との間の境界線に対して敏感でいないならば，それはあまりにも素朴（ナイーヴ）な概念であると言わざるを得ない。たとえ，地球市民社会の概念が戦争や飢餓，貧困などに苦しむ他者への共感から生まれたものであるとしても，地球市民というアイデンティティをもたないそうした他者を地球市民社会に包摂していくには限界がある。その意味で，他者とは地球市民社会に顧慮されない存在のことだといえる。地球市民という同質的な人々によって構成される地球市民社会の概念はきわめて擬制的であり，そこにおいて，他者の存在は顧慮されがたいのである。また，自らの意見を十分に表明する機会を奪われている他者の存在は，デモクラシーの原理を揺るがすことにもつながる。他者の存在は，包摂の論理と排除の論理との緊張関係を克服できない，グローバル・デモクラシーの問題を明らかにしている。（北村 2006, p. 66）

　それでも，北村（2006, pp. 67-69）は，差異ある人々のアイデンティティ形成・承認の場として「地球市民・社会」を位置づけ直し，社会的・経済的弱者と連帯・協働しながら諸集団の差異を，グローバルな社会運動が保証される公共領域を地球市民社会として再構成し，地球に住む全ての人々が「地球市民」になる可能性を残そうと考える。一方で，現実問題として「地球市民社会」は今のところ，一部の同質的な「地球市民」によって構成された，部分的なものにとどまっている。高度情報化社会や知識基盤社会の到来が叫ばれる中，そこで活用される情報や知識に接近できない社会的・経済的弱者は存在する。彼らは，「地球市民」になりたくてもなることができない状況におかれていたり，「地球市民」になることなど考える状況にはなかったりすることもあろう。あるいは，高度情報化社会や知識基盤社会の到来とは縁遠い近代社会の枠外でひっそりと自然と共生して生活している人々にとっては，「地球市民・社会」や「地球市民」というような想像はしえないだろうし，しようとも考えないだろう。

　地球に住む全ての人々が「地球市民」になる可能性をわずかながらでも残

せたとしても,「地球市民」と,「『地球市民』になれない人々やなりたくない人々」との境界は意識されていく。それは,現在における「地球市民」と,将来的な「地球市民」との間に差異を実感させることになる。しかも,「地球市民・社会」において,「地球市民」は,正しく普遍的な価値を共有しているのであるから,その価値を共有していない将来的な「地球市民」は,現在の「地球市民」の下位に序列されがちである。このような関係性の中で織りなされる「名づけ」や「名乗り」によって「地球市民」が措定されていくならば,「地球市民」の存在や自認は,常に,「地球市民」ではない人々の存在や自認によってこそ成り立つという構造を確定させていく。結果として,「地球市民」を誕生させるためには,いつまで経っても「地球市民」以外の人々が要求されるのである。それは,本末転倒な事態で,「地球市民・社会」における「地球市民」としての自己認識の困難さがますます明らかになってくる。

4.「地球市民」に「なる」ということ

　包摂と排除の論理の緊張関係を克服するため,普遍的なるものの強制や自集団の絶対化を拒否した「地球市民」の育成を図ろうとする動きがある[4]。オードリー・オスラーとヒュー・スターキーは,「私たちは,ナショナルなシティズンシップを無視することはできないし,そうすべきではない。というのも,それは意味のあるシティズンシップの源泉でもあるからだ。国 (national) を世界市民的なものとして,そして,多様なアイデンティティを包摂するものとして,イメージし直さなければならない」(オスラー/スターキー2009, p. ii) という。オスラーとスターキーも,包摂と排除の関係性を克服しようと考えてはいる。

　一方で,ちまたでは,『地球市民の条件』とか『地球市民になるための学び方』というようなタイトルの書籍が散見される[5]。境界を意識するということは,包摂と排除が自ずと行われるということであるが,これらのタイトルが示していることは,確定された「地球市民の条件」や「地球市民になるための学び方」があるのだということである。その条件に当てはまらない人は排除され,

特定の学び方をした人しか「地球市民」にはなることができないことになる。包摂と排除の関係性を自覚しているのかそれとも無自覚なのかは定かではないが，少なくとも，このような考えを捨てない限り，「地球市民」を最上位とした人類のヒエラルキーを構築する可能性は否定できない。オスラーやスターキーにしても，多様なアイデンティティを包摂するのが「地球市民」だというが，その「地球市民」としてのアイデンティティが，どういう他者との関係性の上で，自己措定されていくのかという課題を克服できていない。結局のところ，「排除」を間違っていることとして否定しつつ，「包摂」を正しいこととして肯定するという自己矛盾に陥ったままである。

　元来，「地球市民」に「なる」とは，どういうことなのだろうか。「我々」は境界の向こう側に「彼ら」を意識し，その「彼ら」を鏡として「我々」自身を措定し続けている。だからこそ，包摂と排除の論理の緊張関係からは逃れることはできない。確かなことは，普遍的なるものや「地球市民」に「なる」ことが強制されてはならないということだろう。

　野家啓一は，「なる」は，能動態でも受動態でもないいわば「中動態的」と名づけうるようなあり方を示すことばであるという。受動と能動とは対をなす概念で，例えば，他動詞である「作る」や「為す」には，「作られる」や「為される」といった受動態が存在し，そこには，作る／作られる，為す／為される，といった送り手と受け手のコントラストがある。ところが，「なる」という自動詞には，受動態は存在しない。その点で，「なる」の働きは限りなく中動態に近いと考える。「作る」や「為す」が「みずから」行う主体的な行為であるのに対し，他方の「なる」は「おのずから」自体が生成するありさまを示唆している。「なる」が意味するところには，自分で選び取ったものでもなく，誰かに強制されたものでもないということが含意されているということである（野家 2013, pp. 140-141）。

　このような，「地球市民」が生成するありさまを具現化できれば，「なる」道が開かれ，「地球市民」への強制は避けることができよう。しかし，それでも，送り手と受け手のコントラスト，換言すれば，「名づけ」と「名乗り」のコントラストは機能しており，「地球市民」ではない他者は，依然として存在して

いなくてはならないことになる。

　国際社会に対して大きな影響力をもち始めた存在として「地球市民」に言及をしようとする際にも，年齢，職業，社会階層，文化，ジェンダー，言語，地方，国家などといった様々な社会集団への帰属を同時に意識したり，それが時間の経過とともに変化したりするものとして，帰属意識を多元的・多層的に捉えようとする動きはある（嶺井 2011, pp. 37–38）。そして，市民概念を扱うところでも，ネイションとしての民族，あるいは市民社会における国民国家や国民の固定化や優位性を防ぐということで，アイデンティティの複数性は尊重される傾向にある。にもかかわらず，市民概念を扱うところでは，アイデンティティの複数性に留意するといいながら，「国民＝民族」の優位性を取り除くため，「地球市民」としてのシティズンシップを他のシティズンシップより上位に置こうとしている意図が明らかに窺われ，そこに齟齬が生じている。結局のところアイデンティティやそれを有する集団間の関係性を，相対的には捉えようとしていないということである。

　これらの動きは，脱中心的な社会を構想するために，流動性，越境・交渉などを重視する構築主義的な立場と軌を一にしているが，民族論においては，「地球民族」などを想像しようとする企てを管見ながら論者は知らない。その理由として地球民族ではない民族を構想できないからだということは想像に難くない。繰り返しになるが，「地球市民」であるという自己認識が，異なる他者との関係性の中で認識され措定されていくのであれば，その集団を「地球市民」と呼ぶことは許されないであろう。なぜならば，他者を必要とする自己認識では，いつまでたっても人類の全てが「地球市民」にはなることができないからである。

＊　　　　　　　　＊　　　　　　　　＊

　以上のような考察から，他者との関係性に拠らない自己認識の在り方が明らかにされない限り，今のところ「地球市民」としての自己認識や措定は，不可能である。山積している環境，人権，開発，平和，福祉などの地球的課題と積極的に関わり，行動していく市民の育成に対して異議をとなえているのではな

い。「地球市民」であるか否かの弁別が行われる以上,「地球市民」に「なる」
方途は示されていないということに気づく必要がある。教育という範疇で理
念的にであれ到達すべき目標として「地球市民」に「なる」という目標が一旦
設定されると,「地球市民」であるか否かの弁別が自ずと始まってしまう。そ
の作業の中で,「地球市民」に「なる」べきだと信じて止まない人々によって,
あるいは,「地球市民」に「なる」ことができたと勘違いした人々によって,
学ぶ当事者にとっての意味や意図とは別に恣意的に新たな排除が進んでいく。

註

1) 「金沢文庫蔵日本図」には「日本の人」という呼称が表記されているわけではない。こ
   の表記は,二条天皇に献呈された帝王学を説く意見書である12世紀半ばに成立した藤原
   伊通『大槐秘抄』に,「鎮西は敵国の人けふいまにあつまる国なり。日本の人は対馬の国
   人,高麗にこそ渡候なり,且も宋人の日本に渡躰ははにぬかたにて,希有の商人のただわ
   づかに物をもちてわたるにこそ候めれ,いかにあなづらはしく,候らん。しかれば制は候
   事なり」と記述されていた「日本の人」という呼称に添って仮に表記した。応地 (1996,
   p. 66) を参照のこと。
2) 「バウンダリー」及び「フロンティア」については,バートン (2000, pp. 23-24) を参
   照のこと。
3) 魚住 (2000) は,「地球市民」について「『宇宙船地球号』の乗組員として脱国家的・地
   球的視野から問題を考え,異質と共存・連帯して『地球益』の実現に協働するこの確立し
   た責任ある『地球人』」と同義の存在として定義している。
4) 例えば,谷口和也は,「包摂の定義」は,研究者の思想に左右され,特定のイデオロ
   ギーを子どもに広めることになりかねない現状がある。だからこそ,絶え間ない自己省察
   と「包摂の再定義」がシティズンシップ教育には必要だと指摘する。これは,包摂と排除
   の相互作用を前提に,それを乗り越えようとする一つの考えとして,絶え間ない自己省察
   と「包摂の再定義」に期待するというものである (谷口 2021, p. 35)。
5) ヘンダーソン (1999),下羽友衛／東京国際大学国際関係学部下羽ゼミ (2005a, 2005b,
   2005c) などがある。

引用・参考文献

アンダーソン,ベネディクト (1997):白石さや・白石隆訳『増補 想像の共同体——ナ
   ショナリズムの起源と流行』NTT出版.

魚住忠久（2000）「グローバル・エデュケーション」『社会科教育事典』ぎょうせい，pp. 82-83.

臼井久和（2006）「地球市民社会の系譜と課題」『地球市民社会の研究』中央大学出版部，pp. 3-27.

応地利明（1996）『絵地図の世界像』岩波書店.

太田好信（2009）「政治的アイデンティティ」『文化人類学事典』丸善，pp. 250-253.

オスラー，オードリー／スターキー，ヒュー（2009）：清田夏代・関芽訳『シティズンシップと教育』勁草書房.

北村治（2006）「地球市民社会の境界線――デモクラシーと差異」『地球市民社会の研究』中央大学出版会，pp. 55-78.

小西正雄（2010）「戦略的本質主義――人間学的考察」『教育文化人間論――知の逍遥／論の越境』東信堂，pp. 103-123.

坂本義和（2005）『世界秩序と市民社会』岩波書店.

下羽友衛／東京国際大学国際関係学部下羽ゼミ（2005a）『地球市民になるための学び方1――知識と行動をつなぐ学び』日本図書センター.

下羽友衛／東京国際大学国際関係学部下羽ゼミ（2005b）『地球市民になるための学び方2――フィリピンにふれる，アジアに学ぶ』日本図書センター.

下羽友衛／東京国際大学国際関係学部下羽ゼミ（2005c）『地球市民になるための学び方3――現場体験学習のもつ教育力』日本図書センター.

谷口和也（2010）「グローバル教育における『多元性』と『包括性』の問題について――英国シティズンシップにおける議論を手がかりに」『グローバル教育』12，日本グローバル教育学会，pp. 34-49.

谷口和也（2021）「シティズンシップ教育の系譜と現代的課題――ナショナル・アイデンティティからグローバル・シティズンシップ，そしてその先へ」『シティズンシップ教育』1，日本シティズンシップ教育学会，pp. 27-39.

都留康子（2006）「地球市民とグローバルな社会運動――その限界と異義」『地球市民社会の研究』中央大学出版部，pp. 99-123.

名和克郎（1992）「民族論発展のために――民族の記述と分析に関する理論的考察」『民族學研究』57（3）日本民族学会，pp. 297-317.

野家啓一（2013）「物語る自己／物語られる自己」木村敏・野家啓一編『「自己」と「他者」』河合文化教育研究所，pp. 138-146.

バートン，ブルース（2000）『日本の「境界」』青木書店.

ヘンダーソン，ヘイゼル（1999）：尾形敬次訳『地球市民の条件――人類再生のパラダイム』新評論.

嶺井明子（2011）「多元的シティズンシップによる国際理解教育概念の再構築――ユネスコと日本を事例として」『国際理解教育』17，pp. 37-46.

モーリス=鈴木，テッサ（2000）：大川正彦訳『辺境から眺める —— アイヌが経験する近代』みすず書房．

第 2 章
文化の壁は越えられるか

1. はじめに

　国境を越える人々の移動がますます加速し，多様な文化をもつ人々が同一社会で共存せざるを得ない状況が日々生まれる中で，多文化主義は注目を集めてきた。

　「一つの社会の内部において複数の文化の共存を是とし，文化の共存がもたらすプラス面を積極的に評価しようとする」（梶田 1996, p. 235）多文化主義は，国民国家内において単一の国民性を追求する普遍主義のゆきづまりを起因として登場した。

　この多文化主義に対しては，望ましい社会的規範としてのイメージがある一方で，諸手を挙げて賛成する人は少ない。多文化主義を進めれば進めるほど社会の分裂傾向が強まるという懸念を，国民国家の安定を願っている人々はぬぐいきれないでいるからである。また，この多文化主義批判が，民族やジェンダーなど様々なカテゴリーは変容することのない自明な性質がある存在だというような本質主義への批判と軌を一にしていることは周知の事実である。

　オーストラリアにおいては，この本質主義批判の波とネオ・リベラリズムの隆盛とが相まって，1990 年代後半には，普遍主義的観点から多文化主義が再定義されたという。「集団としてのエスニシティは解体され，エスニック／文化的に多様な人々はあくまでも一個人として，オーストラリア国民国家へと『包摂』されるべきである」（塩原 2005, p. 19）というのである。このような本質主義批判とネオ・リベラリズムの結合が，他の国民国家でも起こり得ることは容易に想像できる。

　共通の社会空間で多様な文化に帰属している人間が共存していくためには，普遍的価値の共有が必要であることや，この多文化主義の再定義が国民国家の

行方を方向づける一選択肢であることはもちろん了解できる。その上で，集団としてのエスニシティは本当に解体可能なのか，また，単一の国民性を追求する従来の普遍主義とどのように違うものになっていくのか注視していきたい。

一方で，集団としてのエスニシティに留意しつつ，普遍的価値を共有する方向性を検討し続けることにも意義を求めたい。それは，集団としてのエスニシティの解体が非常に難しいのではないか，かつてゆきづまった普遍主義に戻ってしまうのではないかといった危惧が残るからである。辻内鏡人（1994, p. 60）のいうように，多文化主義で問われているのは，政策や運動の実現という文脈からだけでは十分に理解できない「世界認識であり，自己理解であり，自己と他者の関係理解である」という側面は留意が必要であろう。

そこで，本稿では，まず，行き詰まった普遍主義と多文化主義とを改めて俯瞰し，そこに通底して見られる問題点とその関係性を考察する。そして，構築された集団としてのエスニシティとはいえ，人間が実感している以上，それを受け容れた上で，考察した問題点を克服するための視座を検討していきたい。

2. 普遍性の追求とその現実

近代化した豊かな強国を目指すには，一国内で資本・労働・技術をもつ自国民が均質であればあるほど都合がよい。そのため，国民の普遍的平等を原則として成り立っているのが国民国家である（武者小路 1996, pp. 7-8）。つまり，もともと，国民がいたわけではなく，国民国家の制度が国民を創り出しているのである。国民を創り出すためには，国家への帰属意識とともに，国民としての普遍性を追求していかねばならない。もし，国家への帰属意識を国民にもたせることができなければ，その国家の存在は，たちどころに危機に直面するといえよう。

そこで，国家間では独自の言語・歴史・伝統・文学等といった国民文化の差異を相互に強調して，国民が「国民的同一性を，他の併存する国民文化との対照的な構造において把握する」（酒井 1996 a, p. 75）ように，教育政策や文化政策が考えられ実行されている。国民間に共通の文化的紐帯意識を醸成するこ

とで，国民としての普遍性を，日々，為政者は追求しているのである。これは，単一の普遍的な国民性の存在を主張する普遍主義である。

国民としての普遍性が，特定の文化を基準に想定されるか，多様な文化を越えて想定されるかで，国民の文化的紐帯意識は異なってくる。

前者の場合，特定の文化への同化が他文化には求められる。同化がうまく進めば，国民の共通の文化的紐帯意識を醸成することは可能だが，現実に想定される普遍性は，圧倒的ヘゲモニーを握っていた西欧の，しかも，マジョリティによる文化的支配の下に語られる普遍性である。これにエスニック・マイノリティが同化するのは非常に困難である。このような自明の普遍性を追求していると，マジョリティと同化できないエスニック・マイノリティとマジョリティとの間では，保持している文化の内に対しては普遍性があり，外に対しては特殊性があると互いに見なすようになる[1]。特殊性を反照し合いながら，文化の差異を相互に強調し合っていくと，文化の境界はますます堅く厚く意識され，あまねくゆきわたる国民の文化的紐帯意識は醸成されない。

後者の場合，多様な文化を越えて想定された互いに納得できる国民としての普遍性が追求されると，国民の文化的紐帯意識は高まるはずである。しかし，仮に，全ての文化を越えた所にある普遍性を追求しようとしたとしても，何が普遍性か判断する主体は，マジョリティ以外には現実問題として考えられない。そのため，全ての文化を越えた所にあるはずの普遍性は，マジョリティのいう普遍性へと，その意図の有無に関わらず置き換えられてしまうことになる（小田 1997, p. 187）。結果的に前者の場合と同じ構造となり，あまねくゆきわたる国民の文化的紐帯意識は醸成されない。

いずれにしても，同化できないと意識しながらマジョリティは自らの普遍性を国民としての普遍性として追求し，マイノリティはそれを強いられていくことになる。すると，本質主義的な自文化の把握に拍車がかかるため，国民の文化的紐帯意識は限定されてくる。そして，自文化への偏狭な文化的紐帯意識はそれぞれに増し，望んではいなかった国民の分断が現実のものとなる。

このような国民としての普遍性の追求をあきらめた場合の打開策として，二つの選択肢があろう。一つは，自文化を絶対化して他文化との接触を断ち，互

いに関与し合わない覚悟で自ら堅固な文化の檻を構築する。そして，全ての文化をそこに閉じこめて，その中に安住するというものである。もう一つは，文化は構築された虚構であるにもかかわらず，その内では個人の抑圧や否定，外に対しては排除や差別を起こしており，したがって，その暴力性を問いつつ，文化の枠組みそのものを解体してしまうというものである。

　しかし，いずれの選択も安易に主張できない。文化は互いに他文化を同定し，その反照から自文化を措定することによって共同幻想を保っている社会的な構築物である。つまり，他文化の存在を認めねば自文化の存在も自覚できないため，自文化の絶対化はそもそも不可能である。また，多くの人々が帰属している文化に愛着をもち，その帰属意識が人々の心に安心感を与えているという現実は，その社会が文化を媒介とすることで互いに信頼し合い，安定した社会生活の空間づくりに有為に機能しているという現実でもある。それこそが文化の構築性と必要性を物語っている。文化の解体は多くの人々に望まれないということである。

　このように考えてくると，互いにそれぞれの文化のありのままの姿を認め，粘り強く合意形成を図りながら共有できる国民としての普遍性を追求していく他はないということは確認できよう。

3. 普遍性の追求と自己の相対化

　国民としての普遍性を追求する際に留意しておかねばならないことは，近代における文化の固定化・絶対化の問題である。同時に，人々が文化にもつ自然な愛着を生じさせる共感共有の力を，根本から否定するわけにはいかないということである。このことは，松田素二が次のように述べていることと相通じる。

　　類化の力は，民族境界内のあらゆる差異を極小化し，境界外のあらゆる差異を極大化してしまった。とはいえ，もともと類化の力は，私たちの日常にある素朴な力であった。その限りでは，自然なものであったことは間違いない。もっともその共属意識は，100％の共感を機械的に発生させる

ものでは決してなかった。私たちは生活を共にし，相互に接触対立を繰り
かえすなかで，可視的な自他界区分をつくりだしてきたのだ。この素朴な
類意識は，いわば民衆レヴェルの生活にその起源をもつ，彼らの生活の便
宜が創りだしたものであった。(松田 1992, p. 29)

　文化と集団は切り離して考えるわけにはいかない。また，共通の社会空間で
幾つもの文化集団が共存していくには，同一の連続している文化は，連続しな
がらも多様でしかも変容し続けており，そういった文化間の関係自体も変容し
続けているという文化観に立つ必要がある。
　とりあえずは，合意形成を図りながら共有できる国民としての普遍性を追求
していこうとするスタートラインに，各文化集団が位置づかねばなるまい。そ
して，一旦，自文化とは差異がある他文化の存在を認めるという意味において，
自文化を相対化する必要がある。このような相対化は，見えてはいないが存在
しているであろう，あるいは，していてほしいと願う自文化との同質性への期
待に支えられてこそできよう。最初から自文化と他文化との間に同質性が皆無
であるとわかっていたならば，合意形成に至ろうとする意欲さえわかない。そ
のために，多様な自文化と他文化との間の可変的な相互の関係性を互いに反照
し合い，自覚し合って，文化の固定化・絶対化を防いでおくことは重要な意味
をもつ。

4. 相対性の追求と多文化主義の現実

　国民が帰属するそれぞれの文化への矜持を保ちながら，文化的差異ゆえに実
現していない社会的公正を保障していくための改善策として，多文化主義は登
場したはずである (関根 1996, pp. 42–43)。
　にもかかわらず，国民を文化によって分断すると非難もされるのは，多文化
主義が，文化相対主義に依拠して展開されてきたからである。自律した独自の
価値を有し，それぞれの文化のありのままの姿を認めていこうとする文化相対
主義の危険性を，浜本満は次のように述べている。

多くの人は「文化が違うからだ」といわれると，それだけでわかった気になってしまう。そこが理解の停止点になる。当初の表面的な差異や齟齬は，そのとき解消不能なものとして固定されてしまう。「文化が違うから仕方ないのだ」という訳だ。こうして自他の区別は絶対化され，人間は解消不能な文化の差異によって分断される。(浜本 1996, p. 79)

　この危険性に加え，多文化主義では，集団の権利として文化的多様性とともに，社会的公正の保障が政策や運動として主張されたり認められたりする。そのため，一層，文化の差異を相互に強調し合い，境界を堅く厚くする。そして，文化的紐帯意識は，国民という枠組みではなく，自らが帰属する文化集団に集約されていく。教育策や文化策により自文化の矜持を保とうとすることはできるが，ここでも望んではいなかった国民の分断が現実になる。

　このような多文化主義は批判され，本質主義批判とつながり，普遍主義に回帰しようとする動きが出てくるのである。しかし，本質主義的な自文化の把握が問題とされるならば，それは，先に述べたように普遍主義も同罪である。

5. 文化相対主義における普遍性

　これまで述べてきたことを踏まえ，改めて，国民としての普遍性をいかに共有していくのか検討していきたい。

　浜本 (1996, pp. 72-73) は，文化相対主義と普遍主義とは，普遍的な基底が前もって存在するという前提に立つか，二次的に構築されるかという点では異なるが，その本来の可能性の中心には自己の相対化の運動があり，いずれも，他者との出会いを自己の相対化の契機として，自分自身を検証しようとする運動だという。そう考えると，文化相対主義にしろ普遍主義にしろ両者は極めて近く，いずれにしても自文化の相対化を避けて通ることはできない。

　それゆえ文化相対主義と普遍主義の選択は困難極まりない。絶対的な真理としての自明の普遍性があったとしても，その普遍性なるものには真に普遍性があるかどうか検証不可能である。また，一旦，自明な普遍性があると認知さ

れると，再び吟味・検討される余地が残されているとは考えにくい。重ねていえば，各文化集団が，多様な自文化と他文化との間の可変的な相互の関係性を自覚した上で，普遍的価値の追求を行うことを前提としているわけであるから，自文化を越えた普遍性も可変的なものとして想定せざるを得ず，自明の普遍性の存在に期待すること自体に無理がある。

　残されているのは，文化相対主義の下，全ての文化は常に変化し続け，互いに接しているそれぞれの文化やその間の関係も，常に一点にとどまることはないということに，改めて気づくことである。汐見稔幸は「認識内容というよりは認識の動因という意味」で，仮構の目標としてのみ想定する通過点としての普遍性を考え，その再定義を繰り返し，不安定の中にも安定した文化間の関係性の構築に期待する。この再定義の繰り返しを可能にするのが自己の相対化なのである。自文化中心主義に抗する文化相対主義では，異文化との対話による自文化の否定及びそのまた否定による第三の（そして第四，第五と果てしなく続く）共通の地平の構築に見られる，「自己否定」の運動を重視する（汐見1997，p. 185）。

　しかし，いくら仮構の目標としてのみ想定する通過点としての普遍性とはいえ，その再定義を繰り返すことは，自文化の再定義を繰り返すことでもある。突き詰めていくと，自己が相対化されることに対する恐れ，自己が他者に一方的に否定されるという恐れを感じてくる。したがって，自文化の再定義を受け容れることは，その場に生きている人間にとってかなり過酷である。そこから逃れるために自己が肯定的に扱われることを求めるのである。

　互いに他文化を同定し，その反照から自文化を措定することによって共同幻想を保っている文化集団の中で，自己の存在を意識し，他者から肯定的に捉えられ，認めてほしいと実感している人間の心性は，押さえきれるものではなかろう。一時留保から再度，自己の選択が許される程度の肯定的な処遇を残した相対化でなければ，人間は理論についていけないのではないかという感が否めない。合意形成の契機として自己の相対化は必要であるが，結果として自己の相対化を貫き通すことは，不可能だと考えておく必要があろう。

　つまり，仮構の目標としてのみ考える通過点としての普遍性の再定義を繰り

返すとしても，期待した通り完了しない場合を始めから想定し，その上で，一旦，不満足ながらも納得して終えるという道を考えておくことが肝要である。それでも，必ず，次への展開のきっかけを残しておかねばならず，そのためには，自文化及び他文化の存在を対立はするが相互に肯定する点に，「合意形成」を図ることが重要である。このような「合意形成」でなければ，永遠に合意形成に至ることはないであろうことを，改めて確認しておきたい。

＊　　　　　　　＊　　　　　　　＊

以上のことを考慮すると，多様な文化に帰属する人々が同一社会内で共存していくため，そこに潜む問題点を克服する視座として，以下の3点は欠かせないということが，本章での現時点における主張である。

A. 多様な自文化と他文化との間の可変的な関係性を互いに自覚し，文化の境界を開かれた柔軟なものとして捉えることができること。
B. 文化間で共有可能な価値観の拡大を目指して，互いにそれぞれの文化のありのままの姿を認めつつ，粘り強く合意形成を図るため，仮構としての普遍性のたゆまぬ再定義を行い続けることができること。
C. 合意形成が期待した通り完了しない場合でも，必ず，次への展開のきっかけを残しておくために，自己及び他者の存在を対立はするが相互に肯定する点に，一旦，［合意形成］ができること。

6. おわりに

本稿では，まず，普遍主義と多文化主義とを批判的に分析し，〈自文化中心的な普遍主義や多文化主義〉と〈合意形成の契機として自己の相対化を必要とする普遍主義や多文化主義〉とを峻別した。そして，その問題点と関係性を考察し，最後に，多様な文化に帰属する人々が同一社会内で共存していくため，そこに潜む問題点を克服する視座を考えてきた。

始終問題視しながらも，重視してきたのが自己の相対化と共有可能な普遍的

価値の追求の関係性である。

　共有可能な普遍的価値を追求していかなければ，社会はますます混乱する。そこでは，多様な文化に帰属する人々が，文化間で共有可能な普遍的価値を追求していこうとするスタートラインに位置するために，自己の相対化が欠かせない。しかし，歴史的な今を生きる人間の関係性が日々新たに創造されるとき，自己否定に至る自己の相対化は，生身の人間にとって非常に厳しい。しかも，自己の相対化の際，突き詰めた自己否定は，他者否定と表裏一体となる。文化は，互いに他文化を同定しその反照から自文化を措定することによって共同幻想を保っているからである。そこで，自分たちの存在と同様に自分たちと差異のある他者の存在をまず認めるため，自文化の一時留保から再度自文化の選択が許される程度の自己の肯定的な処遇を反照し合える相対化が意味をもつ。

　結果として，普遍性を仮構として追求する文化相対主義の選択とともに，多様な文化に帰属する人々が同一社会内で共存していくために，そこに潜む問題点を克服する視座として，先に示した３点を挙げることとなった。その一つ一つを個別に挙げても目新しいものはないが，その関係性や背後にある意味を整理し明らかにできたことに意味があると考える。

註
1)　このような状況は，清水昭俊（1992），酒井直樹（1996b）にも説明されている。

引用・参考文献
小田亮（1997）「文化相対主義を再構築する」『民族學研究』62（2），日本民族学会, pp. 184–204.
梶田孝道（1996）『国際社会学のパースペクティブ』東京大学出版会.
酒井直樹（1996 a）『死産される日本語・日本人』新曜社.
酒井直樹（1996 b）『ナショナリティの脱構築』柏書房.
清水昭俊（1992）「歴史，民族，親族，そして呪術」『民博通信』58，国立民族学博物館, pp. 84–92.

塩原良和（2005）『ネオ・リベラリズム時代の多文化主義』三元社.

汐見稔幸（1997）「教育における科学主義と相対主義——系統主義批判への批判の構図をめ
　　ぐって」『相対主義と現代社会』青木書店，p. 168-203.

関根政美（1996）「国民国家と多文化主義」『エスニシティと多文化主義』同文舘出版，pp.
　　41-66.

辻内鏡人（1994）「多文化主義の思想史的文脈——現代アメリカの政治文化」『思想』843,
　　岩波書店，p. 43-66.

浜本満（1996）「差異のとらえかた」『思想化される周辺世界』岩波書店，p. 69-96.

松田素二（1992）「民族再考——近代の人間分節の魔法」『インパクション』75，インパク
　　ト出版会，p. 23-35.

武者小路公秀（1996）「国際政治おけるエスニック集団」『エスニシティと多文化主義』同
　　文舘出版，pp. 5-18.

第3章
シティズンシップは普遍性を担保できるか

1. はじめに

　人権，平和，貧困，環境破壊，人口爆発，少子高齢化など，山積する地球的課題を共有し，共同して能動的な解決が求められる中，グローバル時代のシティズンシップについての議論が進んでいる。

　従来，市民権や公民権と同義に扱われてきたシティズンシップだが，1990年以降，欧米諸国を中心に，国家内の多民族化やナショナル・アイデンティティの多様化によって「市民＝国民」という概念が揺らいできた。また，個人の私的自由の拡大や政治的無関心によって公共性が解体されてしまうことへの危機感も高まっている（岸田・渋谷2007, pp. 3-15）。日本においても，「多様な価値観や文化で構成される社会において，個人が自己を守り，自己実現を図るとともに，よりよい社会の実現に寄与するという目的のために，社会の意思決定や運営の過程において，個人としての権利と義務を行使し，多様な関係者と積極的に（アクティブに）関わろうとする資質」（経済産業省2006, p. 20）をシティズンシップとし，その教育の重要性を考えるようになった。

　つまり，シティズンシップの意味するところが，もはや単なる権利としてではなく，市民社会の成員資格として，多様な価値観をもつ人々が，共通の社会の中で共存していくために，いかに考え振る舞うかという方向に変化してきている。そこでは，国民国家との関係性に限定されない市民社会を構想する必要があるという考えがある。一国単位では解決できない地球的課題に対する危機感や解決のための行動も強く求められている。シティズンシップを個人と国民国家の間での一対一の関係だけで捉える時代ではないということであろう。

　日本においては1990年代中頃から展開されていた「地球市民の育成」を掲げた先進的地域や取り組みが注目されてきた。また，ローカル，ナショナル，

リージョナル，グローバルというように，シティズンシップや市民社会が多元的な視座から把握されていたとは言い難い状況があったことから，近年，多元的シティズンシップが注目されてもいる（嶺井 2011, pp. 37–38）。

シティズンシップを多元的に考えていくことで，確かにナショナルな市民社会やシティズンシップは相対化される。しかし，相対化されるのはそれ以外の市民社会やシティズンシップも同様である。相対化された後の市民社会やシティズンシップの関係性をどのように捉え，どのように対処していけばよいのかということは，現時点では不明確な感が否めない。それは，一旦相対化した後，普遍性の追求と相対性の追求という方向性の間で，葛藤や行き詰まりが見えているからであると考える。そのため，普遍性を追求する「地球社会の一員としての意識をもち，地球全体の利益を最大化するために行動しようとする個人」（大津和子 2000, p. 34）である「地球市民」の育成には，必ずしも諸手を挙げて賛意が示されているわけではない[1]。このような中で，「地球市民」の育成を目指すか否かに関わらず，この行き詰まりを解消するとともに，シティズンシップのありようを検討していくことは喫緊の課題だといえよう。

2. 市民社会と共同体の関係性

市民社会については，従来の「国家と市民社会」という対立的構図の二元論として捉えるか，それに代わる「国家と市民社会と市場」という対立構図の三元論として捉えるかという点や，国家と市場を補完するものとして捉えるか，国家や市場と対立するものとして捉えるかという点で異なる見解が多様にあり，その概念は歴史的にも論者によっても，それぞれに多様である。しかし，いずれの立場を取ろうがグローバル化の進展に伴う市場の影響を考えずにはおれないし，一国単位では解決できない山積する地球的課題に対する危機感の高まりや，地球的課題を共同して能動的に解決することが強く求められている中で，国民国家との関係性に限定されない市民社会という考えが勢いを得ていることは間違いない[2]。

これまで，市民社会は，個人の自由や平等という普遍的価値を強調し，共同

体との差異を明確にすることによって，常に共同体より上位の存在としての自らの位置づけを可能にしてきた。市民社会の対立概念として共同体を挙げることで，市民社会の正当性や優位性を自明のものとしてきたのである。自由で平等な個人という能動的主体が集まる空間であると市民社会を自覚させるためには，共同体がその外に対しては本質的な差異を，内に対しては同質性を顕著に体現していると考えた方が都合がよい。このように，市民社会の対極として構想することで共同体は，脱構築されるべき存在で市民社会より劣る特殊な存在であることが望まれていたのである。共同体を他者化することによって，西洋近代が市民社会を自由で平等な個人という能動的主体の集合体として語るため，共同体が位置づけられる必要があったし，この構図は現在でもみられる（小田亮 2003, pp. 236-237）。

　ところが，市民社会と共同体は，その関係性の解釈を一方では引きずりつつも，他方では大きな変化を起こしている。ジェラード・デランティは，市民社会の成員資格であるシティズンシップの構成要素は，権利，義務，参加，アイデンティティであるとする。個人の権利や平等を追求する普遍主義に基盤を置くシティズンシップは形式主義的で，市場がつくり出す現実的不平等に対応できていないのみならず，資本主義の不平等の構造を支えている。また，エスニシティの混交や脱工業的でポストモダン的な文化がもたらした全体的な多元性を背景にして不平等は拡大しつつある。ヘゲモニーがマジョリティに握られたままであれば，マイノリティはマジョリティに対して様々な主張をし，譲歩を迫るようにもなる。そこでは，コミュニティの成員を一つにまとめ上げる絆として参加とアイデンティティの現実的側面は非常に重要な役割を果たす。シティズンシップを集合的に構想するために，その集合性を政治的機能体としてではなく，それに先立つ文化的共同体の中に据え，コミュニティの成員の集団的権利や差異を承認するよう働きかけるのである。このようなシティズンシップの構成要素として，権利と義務だけでなく，参加とアイデンティティを重視する立場には，支配文化の普遍的な前提の上に集団的権利や差異の承認を求めるものから，支配文化を相対化しその普遍的前提そのものを総じて拒否するものまである。このように普遍主義と個別主義のバランスをどのようにとるかと

いうことは，ナショナルなシティズンシップにとって対処が困難な挑戦となっている。これが近代のリベラルな理論では実際の関心が権利と義務にあったが，後に参加とアイデンティティへと，移行してきた軌跡であるという（デランティ2004, pp. 19-94）[3]。

　今日，国民国家と市民社会，また，国籍とシティズンシップの不整合が起き，国民国家によってかつて抱え込まれていた市民が，国境を越えて国際社会に影響力をもち始め，国民国家を越えたシティズンシップに関するコスモポリタンなテーゼが出現している。そして，国境の内外を問わず市民からなる社会的なアクターが活動し国民国家の蚕食や衰退が地球規模に拡大して進むということから，コスモポリタンな秩序へ一つの道に沿って形成されるグローバルな市民社会と同時に，トランスナショナルでリージョナルなコミュニティを基盤として形成される市民社会が新たに機能していくことに対する期待について語られるようにもなってきた。つまるところ，グローバリゼーションは，現実問題として普遍主義と個別主義との狭間で，その関係性をどう止揚するか見出せていない。ポストナショナルなシティズンシップにとっても，ナショナルなシティズンシップにとっても，その関係構築をどのように図るか，重大な挑戦がなされているのである。国民国家の変数では役に立たないシティズンシップの新しい実現可能性の途がグローバリゼーションによって開かれていることに期待し，普遍主義であるグローバルな市民社会の実現にとりあえずは期待したとしても，その実現を目指すための方途については，懐疑的にならざるを得ない。

　このような現状に鑑み，コスモポリタンな秩序へ一つの道に沿って形成されるグローバルな市民社会，即ち普遍主義に立脚する地球市民社会の構想と，個別主義に立脚する市民社会の構想との間に存在する問題をまずは解決しなければならない。

3. 機能体と共同体の捉え——シティズンシップの育成を念頭に

　普遍主義と個別主義の関係性をどのように捉えるかということそのものは，論者にとって非常に荷が重く，力不足である。そこで，直接その難題に挑むの

ではなく，市民社会の集合性及びメンバーシップとしてのシティズンシップの有り様について検討してみたい。

　普遍主義を指向する社会の様態として個人が合理的な手段を意識的に選択していく機能体と，個別主義を指向する社会の様態として社会的に実現された他者との一体感を重視する共同体という両者の特性は，以下の河村茂雄の説明からも認めることができる。

【機能体】

　機能体の集団は，特定の目的を達成することをめざした集団である。成員（所属する人々）の役割や責任，期待される行動が明確になっており，かつ目的の効率的達成のために，集団の在り方も明確になっている。したがって，成員の行動は事前に確認された規則にのっとった契約があり，成員間の交流は役割交流が中心になってくる。

【共同体】

　共同体の集団とは，血縁や地域，ある特定の精神を共通にするという意識などのつながりで生まれ，成員間の相互依存性が強く，成員の生活の安定や満足感の追求を目的とした集団である。家族や地域社会，特に従来の村社会がその典型である。共同体の集団における規則はあるが，きちんと明文化され契約されたものというよりも，集団内の成員同士が共有する暗黙のルールが，集団の規律を維持していく面が強い。成員間の交流も感情交流が大事にされる。(河村 2010, pp. 13-14)

　市民社会と共同体が対照関係で二項対立的に捉えられてきた経緯は前節で触れたが，自由で平等な個人という能動的主体の集合体が市民社会であるという西洋近代的な捉えがある。そして，機能体である市民社会と共同体とは完全に峻別でき，合理的な前者は非合理的な後者より優れているという解釈がとられてきたということであった。そうであるならば，市民社会の集合性は，機能体の特性に基づいているということになる。

シティズンシップ教育は，一人一人がグローバルな社会を含む市民社会の動因を構成しその社会を変革するメンバーを作り出す教育のことであると池野範男（2014, p. 138）はいう。そこでは，家族，地域社会，国家，世界，学校，会社，役所，諸団体など，多様なレベルで社会を捉え，多様な社会のメンバーをそれぞれ多様な社会の一員にするとともに，それぞれの社会を創り出す人員として育てることが重視される。このようなシティズンシップを育成する学校教育において，機能体であったり共同体であったりするこれら社会の集合性や特性とはどのようなものか意識し理解しておくことには大きな意味がある。それは，市民社会の動因が何に拠るのか，その変革がどのような考えに基づきどのような社会を創り出そうとしているのか判断する際に，重要な手がかりとなる。教室の内や外で，人々は共同体と機能体のいずれの一員であることに重きを置いて意識し考えているのか，その重きの置き方にどの程度の差異があるかといったことを，教室という小さな社会の窓口を通してではあるが，教師はもちろんのこと子どもたちも，直接的に自覚していく機会を得られる可能性がそこには広がっているからである。それは，機能体と共同体とは，二項対立するのか，また，市民社会は機能体であるのかということを考えることにもなるし，異なるコミュニティや市民社会に帰属する人々が同一空間で共存しようとするためのシティズンシップについて学ぶ可能性をも広げる。ひいては，普遍主義と個別主義の関係性をどのように捉えるかということにもつながっていく。

ところが，このようなまたとない機会に対しては，今までのところ，さほど意識が向けられていないように見受けられる。例えば，まさに「グローバルな『学びの共生空間』の創造」を目指した理論と実践の金字塔というにふさわしい宇土泰寛の『宇宙船地球号の子どもたち』を改めて参照してみよう。教室は主体的な相互作用の中で自己アイデンティティを深める「学びの共同体」であるという姿勢が終始貫かれ，教室の集団的特質を見事に捉えた貴重な理論と実践が記されている。現実の多くの教室を支配するのは差異を排除することによる統合という「同化の原理」を批判しつつ，多様性をよきものとして価値づけ，教室の構造を「同化」から「共生」への原理へと変革し，異質なものを受け入れて行動することの必要性を主張する。そして，個人のレベルでは，地球の仲

間たちを思い，そこから逆に自分自身をも見つめ直すこと，集団のレベルでは文化創造へ向けた共同的な取り組みにより，学級の仲間として新たな所属意識を創り出すことを，地球的視点を重視して意識化を図っている。この実践には，地球益・人類益を求める普遍的原理の実現を求める普遍主義が根底にある（宇土 2000, pp. 82-132）。

　機能体である自由で平等な自立した個人が所属する学級集団を共同体というが，学級集団の機能体的側面と共同体的側面の関係性には言及はない。それだけでなく，他の社会集団の機能体的側面と共同体的側面の関係性にも留意はない。個人，あるいは，学級集団という共同体と他の共同体との間には，地球益・人類益といった普遍的原理があるゆえ，文化創造へ向けた共同的な取り組みに際しては，摩擦や対立はあったとしても最終的には個人間の対話により予定調和的になくなるという前提での実践となっている。学びの時間や空間，そこでの体験を共有する共同体であるところの学級集団は教師が意図した普遍的原理を貫くための手段として経営され，最終的には目的達成のための機能体として変質を恣意的に遂げさせることになるともいえなくはない。組織や集団としての共同体間の齟齬，摩擦や対立は起こるものである。ましてや，機能体的側面の優位な組織や集団と共同体的側面の優位な組織や集団との間や，それぞれの組織や集団の内部での機能体的側面と共同体的側面との齟齬，摩擦や対立はなおさらである。シティズンシップの育成を考える上では，齟齬，摩擦や対立を個人間の問題として，一方的に普遍的原理を掲げて押し切ることは避けたいものである。要するに，集団が有する機能体と共同体という性質の関係性を踏まえた実践や分析がなされていないということである。

　横田和子（2011, p. 30）は，戦争や環境破壊，差別や文化的摩擦など，様々なレベルで生じる摩擦や対立を取り上げてきた国際理解教育の歴史を振り返り，葛藤が学習者の生きる日常や地域での暮らしの文脈に即した長期的な学びを可能にすることを指摘する。その上で，次のようにいう。

　　　学習内容として扱う葛藤は学習者の身体感覚と当事者意識を問うものでなければならない。それは葛藤の解消や，問題の解決という結果に学習者

を直線的に導くことやそうした状況を理想的に語ることを目的とするのではなく，引き延ばされた葛藤のなかに学習者を佇ませ，とまどわせるものとなる。学習者はそこで悩み，ときには痛みを感じることになるだろう。しかし，葛藤の解消を目指すのではなく，葛藤を維持することそのものがもっている学びの意味に触れるためには，学習者が自らの身体を晒し，その時間に身を委ねるしかない。他者と理解し合えない時間，孤独に苛まれる時間，そのような時間を奪わないことが，脆くおぼつかない共生をどうしようもなく必要とする身体への気付きにもつながるはずである。

　このように葛藤の生起を好ましからざることだと考えたり隠蔽したりするのではなく，葛藤の意味を捉え直すことは傾聴すべきであるが，ここでも摩擦や対立を学習者という個人間の関係性の中だけで捉えてはいないかという危惧を拭いきれない。
　自由で平等な個人によって成り立つ機能体的な側面だけではなく，シティズンシップを集合的に構想し，集団的権利や差異を重視する組織や集団である共同体的な側面をも有するものとしても市民社会を位置づけるならば，そういう関係性に起因する葛藤を，シティズンシップの育成において確認しておくことが賢明だと考える。葛藤するのは個人だが，シティズンシップの育成を念頭に置くと，機能体と機能体，共同体と共同体，機能体と共同体といった集団間の摩擦や対立にも注目せざるを得なくなってくる。しかし，結局は，集団の集合性やその特性の捉えは，曖昧であり，それが整理されていないまま実践が展開されかねない現状がある。様々なレベルで，機能体や共同体の関係性を意識的に捉え，多様な組織や集団の間で起こるであろう齟齬，摩擦や対立を予め想定していく必要があろう。

4. 市民社会の二重性──シティズンシップの集合性を念頭に

（1）機能体と共同体の二項対立的理解からの脱却
　東洋を表現したオリエント（Orient）と同様に，対になる西洋を表現したオ

クシデント（Occident）という語が使われることは希であることは，誰もが認めるといっても過言ではない。西洋から見た東方世界全体を指す場合，西洋が自らをオクシデントとは名乗ることは希である。これは，西洋世界を普遍化しているため，あるべくしてある当然の存在として自ら定位しているがゆえに，特別視した東洋を眼前にしても二項対立する対等の存在として西洋を語るという発想がないということであろう。これは，いうまでもなく，異質で劣った東洋を「他者」として歪めて描き，合理的で文明的に優れた西洋である「自己」を対比した「オリエンタリズム」の基盤をなす西洋の東洋に対する思考様式である。「オリエンタリズム」は，多様性や複雑さを有する東洋の姿を無視し，一般化や固定観念に基づいたイメージを一元化して強調する傾向がある。西洋自らの内部に回収しえない不気味な他者として東洋を表象してきたということだ（サイード 1986, pp. 3-21）。近代になり名目上であるにしても，自由で平等な立場で多数の個人がそれぞれに相互に取り結ぶ諸関係の総体として市民社会という語を理解し表現する場合，自らの内部に回収しえない不気味な他者として「共同体」を位置づける。しかし，その場合，共同体に対して機能体という語が用いられるよりも圧倒的に市民社会という語が用いられることが多い。このことを，オクシデントを機能体，オリエントを共同体として置き換えて考えてみると，正しく普遍的な存在としての市民社会＝機能体という考えとともに，そこにある「オリエンタリズム」的思考が露わになる。市民社会を常に共同体より上位の存在とする自らの位置づけを可能にしてきたということの確認ができるというものだ。それでは，市民社会，機能体，共同体との関係性は，どのように整理したらよいのかということになってくる。

　学校や教育という枠組みで考えてみても，河村茂雄は，英米の学習集団は，学習集団としての機能体の特性が強いのに対して，日本の学級集団は共同体の特性を有し，同時に学習集団としての機能体の役割ももっているという。日本の教師は，学級を単位として展開していく集団の基盤としての共同体の面が安定するよう人的・物的・時間的など様々な諸条件を意図的総合的に関連づけ，「この学級にいてよかった，学級のみんなと生活したり学習したりする場や時間を大切にしたい」と実感できるように学級経営に力を注ぐ。学級ごとに，共

同体としての特色や独自性を醸成しつつ，生活集団としての学級集団への所属感や連帯感を高めることによって，学習集団としての充実をも図ることに力を注いでいるのである（河村 2010, pp. 14–16）。

このように考えると，一つの組織や集団が，機能体か共同体のいずれかの性質のみを備えているということはない。意図的につくられた機能体であっても，組織や集団として共通の目的達成を願って行動している内に，情的な仲間意識が芽生え，共同体としての意識が醸成され高まることもあろう。一方で，結果として構築された共同体であったとしても，組織や集団の中で目的達成のため合理的な役割分担や約束事などを決めて機能体としての側面が見られるようになることもあるはずである。ベネディクト・アンダーソン（1997, p. 192）がいう「想像の共同体」である国民国家のように意図的につくられた共同体であってもいえることである。シティズンシップを集合的に構想するために，その集合性を政治的機能体としてではなく，それに先立つ文化的共同体の中に据え，コミュニティの成員の集団的権利や差異を承認するよう働きかけ顕著な市民社会の現状やその必然性を説明した先のデランティ（2004）の分析も，このように考えると整合性を図ることができる。

つまり，機能体と共同体というのは，対照的な全く異なる概念であるように受けとめられがちだが，実のところ，組織や集団として，いずれか一方の面が強く見えているというだけで，二律背反する存在ではない。また，市民社会＝機能体であるわけではなく，市民社会の特性として，時に機能体的であり時に共同体的である側面が見えるように二重化されており，ルビンの盃（図 3-1）を例に説明できる。

図 3-1　ルビンの盃

この図を見ると，白い背景の上に黒い盃が描かれているように見える。このときの黒い盃を図，白い部分を地と呼ぶ。ところがこの盃の絵には，もう一つの絵柄が隠されている。盃の上においていた焦点を白い側に移してみるとそこに向かい合った横顔が見えてくる。つまり今度は白い二つの横顔が図になって

黒い部分がその背後に地となって広がる。先ほどと地と図が逆転する。それで
これを反転図形と呼ぶのだが，このような反転図形に限らず，人間の知覚現象
はつねに，意識がテーマとして向かう図と，その背景となる地に分節するとい
う（浜田1999, pp. 21-22）。図は図だけでは成立できず，地と図が一体となっ
て一つの物体や概念が表象されるが，同時に二つの図は見えてこない。市民社
会という概念を当てはめると，機能体が図として捉えられる際には，共同体は
地となり，共同体が図となっている際には，機能体は地になっているというこ
とである。機能体と共同体が二項対立的に理解されがちな現状も，このように
考えれば合点がいく。

　このような市民社会，機能体，共同体という語は，社会的現実を映し出した
語ではなく，その社会的現実を生み出す素材であり，シンボルであると考えて
みよう。すると，このようなことばやその使用も，その使用による行動の構造
化も一義的なものではなく，個々の相互行為の場面における交渉に依存してい
るということになる（片桐2000, pp. 17-18）。このように考えると，シンボル
による社会的現実の構築，その構築の相互行為場面，それらの使用の意味して
きた動的な経緯への納得も可能になる。

(2) 普遍主義と個別主義の捉え——二重性を念頭に

　ジェラード・デランティは，グローバル時代は分裂と断片化の時代であり，
グローバリゼーションは世界社会の形成ではなく，脱領土化すなわち空間の消
滅の過程にすぎず，国民国家のなかで起こりうる同質的で相互作用するユニッ
トの形成，共通の絆の分断，生活の混乱と受け止めているからこそグローバル
な市民社会，即ち普遍主義に立脚する地球市民社会の構想には懐疑的であるし，
普遍的前提は差異を考慮するために相対化されなければならないともいう。そ
して，個別主義を賞賛するのでもなく，普遍的な道徳性に対して規範的かつ批
判的に眼差しつつコミュニティ内部でも自明の共通性を基盤とすることも否
定し，異なる立場を超えてのコミュニケーションの可能性を含ませた個別主義
を，条件付きの個別主義あるいは差異化された普遍主義と呼んで評価する（デ
ランティ2004, pp. 157-182）。彼が，「普遍主義と個別主義のバランスをどのよ

うにとるかということは，ナショナルなシティズンシップにとって対処が困難な挑戦となっている」（デランティ2004, p. viii）というのは，このような考えからである。

　これらから垣間見ることができることは，普遍と個別がそれぞれ独立した異なる語の意味を保っているということと，両者を二律背反するものとして一方が他方を否定する形で捉えることは極力避けようとする姿勢があるということである。そのことを「普遍主義と個別主義のバランスをとる」とデランティは表現している。しかし，二つのお皿をもつ「天秤」を意味するラテン語の「bilanc」という単語が語源である「バランス（balance）」という語からは，どうしても両者の異質性が強調されているようで，越えられぬ強固な境界や止揚の困難さをイメージするのは，論者だけではないだろう。

　現代人類学においても，「人権尊重」「地球環境保全」「民主的統治」などをグローバル化時代の普遍的価値基準として承認し，異文化への介入を試みてきた。だがこのような普遍主義的傾向の肥大化は，様々な疑問や反作用を生み出している。フィールドへの「関与」「介入」を正当化する論理の根本は「普遍主義」の勃興である。松田素二は，それがもつ必然性と危険性を検討し，これからの人類学が，相対主義的な世界と新たに登場した普遍主義的な世界認識をどのように位置づけ関係させるかということの重要性と今後の展望を指摘している（松田2013, p. 1）。そして，普遍主義的人権の擁護と相対主義的文化の尊重のあいだに生起する諸問題などは，端的な現象で，そこで顕現化する問題について，普遍主義と相対主義の折衝を「悪魔メフィストのささやきに匹敵する誘惑」といってのけ，次のような世界銀行や多国籍企業からの財政的政治的な支援を例に挙げて批判する（松田2013, pp. 16-17）。

　　世界銀行や多国籍企業らからの財政的支援によって（政府から見捨てられた）もっとも弱い立場にある先住民小コミュニティの生活インフラが整えられたり，彼らからの政治的圧力によって中央・地方政府や軍，警察による暴力や迫害を抑制したりすることが可能になる。そうした選択は，ネオリベラリズムのグローバルエージェントの権威と言説を借用して，先住

民の生を保護し直接的迫害と戦うことを推進するものだ。だがそもそも先住民の生活基盤を根源的に崩しているのはネオリベラルなグローバル秩序であるがゆえに，その選択は「ファウスト的取引」にならざるをえないのだった。

　ある意味で現状追認主義の罠に陥ることになる。「理屈抜き」で，ある行為や立場を受容・承認することは知的自殺行為だからだ。たとえば，関与（介入）は当然のことながら普遍主義的価値の水準によって支えられるが，それはどのようにして誰が承認したものなのだろうか。かつて植民地支配を普遍的な文明の伝道として正当化した西欧列強の政治哲学と，現代の普遍主義的価値はどこがどう違うのだろうか。こうした問いを徹底的に検証し吟味することなく，関与を無条件に承認・賞賛することはできないと松田（2013, pp. 8-9）はいいきる。ここでは，文化人類学でいう普遍主義と相対主義との関係性が俎上に上がっているわけだが，先に挙げたデランティ（2004）が懸念する「普遍主義と個別主義のバランス」という表現の背後に見え隠れする危険性も，十分に実感できる。

　このような「普遍主義と個別主義」，「普遍主義と相対主義」との間の相克は対立する二つの潮流として重なり，検討しなければならない「社会問題」となる。意識がテーマとして向かう図と，その背景となる地に分節するという二重性の発想は，このような二つの潮流を止揚する契機として意識しておきたい。

（3）仮構として追求する普遍性

　文化相対主義と普遍主義との関係について浜本満が興味深い論を展開している。

　文化相対主義と普遍主義は相互に依存しており，いずれも，本来の可能性の中心には自己の相対化の運動があり，他者との出会いが自己を相対化する契機となっている。普遍主義は，単一の全体性といったものの存在を主張する立場だが，実は全体性に対する懐疑を背景として成立している。その「普遍」という幻想から醒めた普遍主義が，文化相対主義であるという。これに対して，文

化相対主義は，他者との出会いを契機として，他者理解に至るために自文化を相対化する。それは，自分たちとは異なる共同体に帰属する文化的他者と，共通の基盤に立ち，対話を促進するための第一歩として，相互に文化的自明性を対象化しておこうというものである。この共通の基盤は，相手と対話する度に二次的に構築される。つまり，文化相対主義と普遍主義とは，普遍的な基底が前もって存在するという前提に立つか，二次的に構築されるかという点では異なるが，その本来の可能性の中心には自己の相対化の運動があり，いずれも，他者との出会いを自己の相対化の契機として，自分自身を検証しようとする運動だというのである（浜本 1996, pp. 77–83）。

　今日の社会的文脈で批判されるべきは，〈自文化中心的相対主義と自文化中心的普遍主義〉との関係性である。自文化中心的相対主義は，自分自身の相対化へ向かう志向が欠けており，自文化の側からみたときの差異を，そのまま絶対的差異とみてしまう自文化の自明性を全く疑わない楽観主義である。そして，自文化中心的普遍主義も，自己の相対化への姿勢が欠けており，自文化に無条件の普遍性を与え，他者を自己が規定した普遍性によって捉えて自己の普遍性を絶対的なものとして他者へ傲慢にも押しつける。前者は，一切の普遍性を否定し，自己の無制限な容認を他者に迫る。後者は，一切の普遍性は自己にあるとして，自己の容認を他者に迫る。結局，いずれも自己の絶対化のため普遍や相対の概念を都合よく用いているにすぎないということだ。

　本来，普遍主義は，自文化を超えた共通基盤の存在を前提に，他文化との関係構築を図ろうとする。文化相対主義は，自文化を超えた共通基盤の存在を前もって想定しない。しかし，自文化を超えた共通基盤は存在しないという前提の上に，自文化を超えた共通基盤の構築を目指して，他文化との関係構築を図ろうとする。つまり，このような異なりはあるにせよ，文化相対主義と普遍主義とは極めて近いと考える。普遍性の追求で行き詰まり，しかも，相対性の追求でも行き詰まるのは，〈自文化中心的相対主義と自文化中心的普遍主義〉との関係性から抜け出せていないだけだということである（浜本 1996, pp. 77–83）。

　図 3-2 は，このような浜本（1996）の考える相対主義と普遍主義との関係を

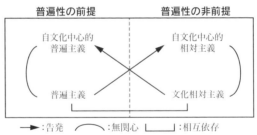

図 3-2　文化相対主義と普遍主義の関係
出典：Taguieff（1987, p. 403）を基に筆者作成

整理したものである[4]。今日の社会的文脈で批判されている文化相対主義や普遍主義を，自文化中心的相対主義と自文化中心的普遍主義として区別する。実際は，文化相対主義と普遍主義とが激しく対立しているのではなく，〈自文化中心的相対主義と自文化中心的普遍主義〉への着眼が肝要だということである。普遍性が先行して存在するかしないかという点以外は，相対主義も普遍主義もさして変わらない。また，普遍という語自体が，既に，全体性への懐疑と普遍ならざるもの存在を前提としているし，普遍と相対は相互に依存した二重性の関係性の上にある。

　一方で，絶対的な真理としての自明の普遍性が仮にあったとしても，その普遍性なるものには真に普遍性があるかどうか検証は不可能である。また，一旦，自明な普遍性があると認知されると，再び吟味・検討される余地が残されているとは考えにくい。残されているのは，文化相対主義の下，「認識内容というよりは認識の動因という意味」（汐見稔幸 1997，p. 186）で，仮構の目標としてのみ想定する通過点としての普遍性を考え，その再定義を繰り返し，不安定の中にも安定した集団間の関係性の構築に期待する道をさぐるほかなかろう。しかし，自己の相対化の運動を語る以外，自文化中心とならないがための方策は明確に示されているわけではない。

　とはいえ，普遍性の再定義を繰り返すことによって，自己が相対化される

ことに対する恐れや自己が他者に一方的に否定されるという恐れは消えはせ
ず，一時留保から再度，自己の選択が許される程度の肯定的な処遇を残した相
対化でなければ，人間は理論についていけないのではないかという感が否めな
い。自己の相対化は，他者の絶対化ではなし，他者の存在を認めることは，自
己の存在を全く否定してしまうことではない。したがって，普遍性を追究する
としても，期待した通り完了しないという前提の下，互いに一旦，不満足なが
らも納得して終えるという道を考えておくことが肝要となる（本書第2章 pp.
35-37）。必ず，次への展開のきっかけを残しておかねばならず，対立はする
が互いの存在を相互に肯定する点に合意形成を図るしかない。

5. コスモポリタンな公共圏への参加とシティズンシップの育成

（1）コスモポリタンな公共圏への参加

　グローバリゼーションの進展に歩調を合わせたように，民族や国家を超越し，
全人類を同胞と見なす世界観からコスモポリタニズムを主張する議論の多くが，
グローバルな市民社会の概念を提唱している。しかし，デランティは，国家の
統治は依然として統治の中で最も重要なレベルの一つであるとしてグローバ
ルな市民社会の概念を批判しつつ，国民国家のラディカルな批判とグローバル
な市民社会の可能性と望ましさの点では非常に慎重である。そして，公共的コ
ミュニケーションの市民空間で，市民社会に先立って存在する公共圏と市民社
会とを識別し，まずは，両者が無関係であることを理解すべきだという（デラ
ンティ2004，pp. 157-182）。公共圏が既に存在しているときのみ，その空間延
長線上に市民社会の実現を考えることができる。そのため，ものごとを同質化
する形式に抵抗する単なるトランスナショナルな過程だとグローバリゼーショ
ンを捉えるだけではなく，ローカルなレベルにおける相互作用の過程でもある
と捉えようということである。

　市民社会に先立って存在している公共圏は，一定期間内で生起したり変化
したり，消失したりするフローな空間で，定向的に特定の時間や空間を継続的
に間断なく占め続けるような存在ではない。デランティがいう公共圏とは，コ

ミュニケーションを契機として出現した一過性のもので偶然性を旨とし，普遍性を有しているはずがない。また，彼は，二つ以上の限られた公共圏が重なり合う討議空間がなすネットワークをコスモポリタンな公共圏という（デランティ2004, pp. 243-299）。そこには，ある一定の空間を占め続け拡大していくような普遍的な市民社会，即ち，世界市民社会の形成など眼中にはない。そのためか，どのようにすれば条件付きの個別主義あるいは差異化された普遍主義が実を結ぶのかも明示してはいない。これは，グローバルな公共圏さえ定かではない現状においては，「地球市民」や「地球市民社会」の実現を目指すのは眉唾物だということであり，これらは，個別性と普遍性，あるいは，相対性と普遍性の桎梏に悩む現象としてのグローバリゼーションの現状を追認したものであるといえよう。

(2) コスモポリタンなシティズンシップへの注目

公共圏に参加する市民は，それ以前に，それぞれが成員資格を有する市民社会に対しては，アイデンティティを保持しているが，当然，その公共圏自体に対してアイデンティティを保持しているわけではない。また，市民は，それぞれが帰属する市民社会の集合性を基盤とした社会問題の解決のため，公共圏に参加することを目指しはするが，そこに集う他の市民社会の市民が，それを社会問題だと認識しない限り，討議空間である公共圏は出現するはずはない。いずれにしても，一旦は自己の相対化を行い，既存の市民社会を超えて，討議の場を成立させる共通基盤を構築する可能性に期待する他はないのである。このような前提に立つとき，コスモポリタンなシティズンシップという場合，公共圏へ参加しようとすること自体が，それぞれが，それ以前に帰属している市民社会の成員資格に依拠していることを指している。それが，より大きく，新たな市民社会の誕生へと繋がる可能性や期待は否定しないまでも，コスモポリタンなシティズンシップとは，そういう意味合いの上で使用する語なのである。それは，構築主義的プロジェクトとして社会的合意を必要とするという意味を表す語としてしか，普遍性を語ることはできないということでもある。

いずれにしても，討議空間で立場を超えていかにコミュニケーションの可能

性を追求しコスモポリタンな公共圏の実現を目指すのかということは明らかにしていく必要がある。これは、「対立はするが互いの存在を相互に肯定する点に合意形成」を図ることと軌を一にしている。

シティズンシップの集合的な構想のため共同体に依拠する現象があるということだが、翻って、共同体を語るポイントとして、松田素二は、次のように述べている。

> 第一に、共同体は自然で固定的なものではなく、歴史的条件のもとで生成され時代とともに更新される動的なものだという点である。第二には、だからといって共同体は原初的感情をまったく持たない単なる構築物でも、アイデンティティを要請しないその場その場でつくられる創発生の産物でもなかった。それは、明確な境界と帰属アイデンティティを成員に要請するリアルな存在だという点である。そして、第三に、明確な境界とアイデンティティを再生産する一方で、共同体は、その内実においてはかなりの程度の変異と流動性を継続的につくりだしているという点である。(松田 2004, p. 264)

そもそも、共同体が、動的で変異と流動性を継続的に作りだしているのだから、それに依拠して集合的に構想されたシティズンシップや市民社会も当然、動的で変異と流動性を継続的に作りだしている。そのため、複数の市民社会が参加する討議空間である公共圏も、動的で変異と流動性を継続的に作りだしているのは当然のことといえば当然である。ひいては、コスモポリタンな公共圏はいうまでもない。以上のことを考慮すると、多様な共同体に依拠した異なる市民社会に帰属する人々が同一空間で共存しようとするためのシティズンシップとして、第2章の「文化相対主義における普遍性」の節でも述べたように、以下の3点は欠かせないということが、現時点における主張の一つである。

A. 多様な市民社会間の可変的な関係性を互いに自覚し、市民社会の境界を開かれた柔軟なものとして捉えることができること。

B. 市民社会間で共有可能な価値観の拡大を目指して，互いにそれぞれの市民社会のありのままの姿を認めつつ，粘り強く公共圏での合意形成を図るため，仮構としての普遍性のたゆまぬ再定義を行い続けることができること。

C. 合意形成が期待した通り完了しない場合でも，必ず，次への展開のきっかけを残しておくために，自己及び他者の存在を対立はするが相互に肯定する点に，一旦，公共圏での［合意形成］ができること。

　変容してきたシティズンシップに応じて子どもたちをも含む市民の育成に対する重大な役割が学校教育には期待されている。このような社会的状況下において，本章でいうコスモポリタンなシティズンシップは，コスモポリタンな公共圏で育成されるのではなく，既存の市民社会の中でこそ育成されると考えている。それは，国民国家の内部で身近なコミュニティ自体がトランスナショナル化しているからだということだけに依拠しているわけではない。コスモポリタンなシティズンシップという場合，一旦は自己の相対化を行い，既存の市民社会を超えて，討議の場を成立させる共通基盤を構築することが第一義となる。このようなコスモポリタンな公共圏に参加しようとする際に望まれるシティズンシップは，事前に想定し得るし必要だと考える。それは，こと一旦，社会問題が生起した際には，異なるシティズンシップを有する他者と討議空間を形成し得る構えや備えとなろう。

（3）コスモポリタンなシティズンシップという際の陥穽

　嶺井明子（2011，p. 28）は，ジェラード・デランティ（2004）及びオードリー・オスラーとヒュー・スターキー（2009，pp. 10-14）の変容してきたシティズンシップに関する所論をもとに，参加し行動すること，その参加・行動を促す要因としてアイデンティティ（帰属意識）の側面を取り上げ行動的シティズンシップの重要性を強調している[5]。これは，以前は市民社会と対立するものとされていた共同体が，シティズンシップの変容と共にシティズンシップの要件として考えられるようになってきたことを積極的に評価したものであ

る。しかし，その根底には，オスラーらの「国（nation）を世界市民的なものとして，そして多様なアイデンティティを包摂するものとして，イメージし直されなければならない」（オスラー／スターキー2009，p. ii）という指摘を嶺井も極めて重要であると考えていることに留意しておく必要がある。

　しかし，シティズンシップの変容についてオスラーらと同様の所論を述べているとして取り上げたデランティは，決して，世界市民的なものに包摂するべきなどとは考えていない。また，「世界コミュニティへの帰属という意味や願意を考慮し，人類共通な価値というものの本質や真意について理解を求める」（オスラー／スターキー2009，p. 104）ことをシティズンシップの内に要求してはいない。

　このような両者の立場の違いは明確で，両者は共に承知しているはずであるが，嶺井（2011，p. 45）は，それにあえて言及しないまま，「多様化・多文化化する地域の市民（ローカル・シティズンシップ），国家の市民（ナショナル・シティズンシップ），アジア・太平洋といった理念として捉えられている東アジア共同体の市民（リージョナル・シティズンシップ），グローバル社会の市民（グローバル・シティズンシップ）それぞれのシティズンシップの育成を視野に入れたアクティブな市民を育成する教育」の重要性を指摘する。同時に，「『普遍性』をいかに担保するか」という課題を改めて挙げる。そのこと自体が，「普遍主義と個別主義」，あるいは，「普遍主義と相対主義」との関係性にどう折り合いをつけるかという難題に，日本の学校教育も未だ対応し切れていない現状を晒していることを示している。

　そういう点からしても，先に示した公共的コミュニケーションの市民空間である公共圏に参加する市民の育成を第一義に考えるA〜Cは，コスモポリタンなシティズンシップの指標として有効であると考える。

6. コスモポリタンなシティズンシップの育成

（1）多重的，多元的，流動的，可変的シティズンシップへの着目
　市民社会と共同体とは，二項対立的に存在しているのではない。シティズン

シップの構成要素の重点が変遷してきた軌跡を省みたように，近代に創られた市民社会に劣る特殊な存在としてではなく，参加とアイデンティティを重視した市民社会を集合的に構想した存在として共同体だと考えてみる。つまり，市民社会は，機能体と共同体の両方の特性をもっており，しかも，それには地と図との間で成り立つ二重性がある。そして，様々な集合性のレベルで，市民社会を維持したり，新たな市民社会を構想したりしようとする動きが，意図した通りにではない場合も含め，日々進んでいる。もちろん，そこでは，齟齬，摩擦や対立が日常的に起きる。この齟齬，摩擦や対立を解消するために，普遍主義的立場を重視するか個別主義あるいは相対主義的立場を重視するかという選択を迫られるようだが，この両者の間にも二重性がある。いずれにしても，一旦は自己の相対化を行い，既存の市民社会の枠を超えて，討議の場を成立させる共通基盤の構築がまずは望まれることは，これまでも述べてきた通りである。

　シティズンシップを成員資格とする市民社会は，シティズンシップと同様に共時的には，ローカル，ナショナル，リージョナルというように多元的であるし，それらの幾つかに同時に帰属している場合もあるため多重的で複雑に絡んでいる。また，市民社会を集合的に構想する機能体と機能体間，共同体と共同体間，機能体と共同体間で表出する差異は，社会集団を形成する当事者にとって意味ある特徴が結果として取り上げられたもので，客観的にある他の社会集団との差異によって固定的に定義づけられているものではない（名和克郎 1992，pp. 298–300）[6]。このような社会集団間の差異も，通時的には流動的かつ可変的である。つまり，差異を自認しつつ市民社会の集合性を構想するということは，多重的かつ多元的であり，流動的かつ可変的な他者との関係性の中で，相互応答的に自己を範疇化していくことでもある。しかも，多重的かつ多元的であり，流動的かつ可変的ではあるが，確かに市民の関係の総体としてそれぞれの市民社会がそれぞれに境界を維持しているため，それを基盤とせずに市民社会相互のよりよい関係性を考えていくことはできない。

　このことは，特定の市民社会に自己が範疇化されているからといって，ある人間は必ずしも一つの市民社会に対してのみ範疇化され，アイデンティティを保持するとは限らないということでもある。様々な市民社会にアイデンティ

ティを同時に保持しているというのが実際のところであろう。多重的かつ多元的であり，流動的かつ可変的である市民社会やその成員資格であるシティズンシップに対しては，一点を除いて小関一也が以下に述べることには頷くばかりである。

　ローカルも，ナショナルも，リージョナルも，独立した一つのシステムであると同時に，それぞれが矛盾や対立を孕みながらグローバルな世界に混在していると考えられる。さらに，パーソナルなレベルに焦点を合わせれば，多元的で多層的な自己の内面世界には，矛盾対立する複数のシティズンシップが混在することになる。そのいずれが表出されるのかは，自己と世界との関係性の編みなおしのプロセスに負うている。複雑に多様化し変化する世界と不断に関係を組み替えながら，自己は，その都度，適切なシティズンシップを選び取っているのである。（小関 2011, p. 52）

　集合的に構想された市民社会は，多元的かつ多重的であり，流動的かつ可変的ではあるが，集合的に構想された他の市民社会に対して相対的な存在である。しかし，シティズンシップは一方的にそれを選び取ったと自ら宣言することによって特定の市民社会へのアイデンティティを実感できるわけではない。他の市民社会に帰属している他者によって，そうであると眼差され，語りかけられる相互応答的な関係の中で実感できるものであろう。しかも，自分が選び取りたいシティズンシップと実際に保持していると自覚しているシティズンシップとが一致しているとは必ずしも限らない。その間に乖離はしばしばどころか多分に起こることである（名和 1992, pp. 307–308）。また，仮に，シティズンシップを選び取ることができたとしても，自らが意図した集合性を保持し続けることができるとも限らない。シティズンシップの多元的，多重的，流動的，可変的な構造を認識することは，極めて重要であり不可欠な視点ではあるが，シティズンシップを，自分がその都度，適切に選び取ることができるものとして構想することはあまりに楽観的である。その点は，慎重でありたい。

(2) 生活や実践としての相互転換論からの示唆

　他者との関係性の中でアイデンティティが相互応答的に自覚されていくし，様々な市民社会に対してそれぞれが多様にアイデンティティやシティズンシップを保持しているとしても，それをその都度，自分の望んだ通り適切に選び取ることができるとは限らない。それでも，自らが望むシティズンシップを有するためには，現実の生活の中で，アイデンティティやシティズンシップがどのように立ち現れてくるのか，明らかにしておく必要がある。そうすることによって，公共圏で出会う異なる市民社会に帰属意識を保持する人々が，互いにいかに接していけばよいか見通しが立つからである。

　そこで，文化人類学の立場から松田素二が，ナイロビにおける社会秩序の生成を題材にし，個人の自由と共同体という問題規制に新たな光をあてた概ね次のような分析に着目してみる。

　共同体と自己をつなぎ合わせようとする志向と，共同体から自己を隔離しようとする志向は相互に転換可能である。その両者は，一方から他方へと「発展」するものでも，通時的に「変化」するものでもない。それらは，相互に転換の可能性を帯びながら，生活の場にランダムに押し寄せてくる生活条件を，生活を安定させるため一定の基準に合わせて整序する生活意識に基づいて，選択される動態的折衝の過程である。ある生活条件によっては，個人主義の外見をとる場合もあるし，別の生活条件に拘束されて，閉鎖的で排他的な共同体として現象する場合もある。双方は，生活全体を表象するものとしての生活意識によって生活の場に於いて多様で一見背反的な社会関係を相互に転換させられる可能性をもちながら表出している。もちろん，ここでいう共同体も，固定的静的なものではなく，常に生活条件によって複数の形態類型が相互に転換する可能性をもっている。これまでの個人の自由と共同体の抑制の議論には，このような生活論の視点が欠けていた（松田 2004, pp. 247-264）。

　不可逆的でもなく必然的でもなく変転する個と共同体，あるいは共同体間の頻繁な相互転換の現実と可逆的で生活を充実させる便宜的な実態が見えてくる。社会生活において，様々な共同体の類型は生活の必要に従って相互転換的に活用されてきたということだ。個人の自由と共同体の抑制の議論ということは，

市民社会が有する機能体と共同体との間に見られる二重性という特性とも重なる。それは，普遍主義と個別主義ないし相対主義との関係性においてもいえることである。また，市民社会の対立概念として共同体を挙げ，一方的に，市民社会が，自由で平等な個人という能動的主体が集まる空間で市民社会の正当性や優位性を自明のものとしてもいない。市民社会の集合性が機能体だけではなく共同体からも構想されるシティズンシップに依拠する以上，この相互転換論を市民社会にも当てはめてみることには妥当性がある。意図した通りに保持できないにしても，様々な市民社会にアイデンティティを保持しているという現実も，生活の場にランダムに押し寄せてくる生活条件を，生活を安定させるため一定の基準に合わせて整序しようとする生活意識に基づく動態的折衝の過程だと捉えることができる。生活条件を踏まえて，その時，その場，その状況，対する他者との関係性の中で，シティズンシップは，いかによりよい生活をつくり上げるかという視点から相互応答的に結果として保持さるということになろう。

　シティズンシップは，一方から他方へと発展するものでも，通時的に予定調和的に変化するものでもない。そして，不可逆的でもなく必然的でもない。様々にそれぞれの市民社会に位置づく人々は，そのシティズンシップを，同時に同じ体に投企し，同じシティズンシップを保持することはあり得ない。また，幾つかの市民社会のそれぞれの市民が，共通の集合性を認識し一つの市民社会を構想したとしても，それ以前の市民社会が消失したり固定化して永続したりするわけではない。このような考えに立つならば，市民社会と公共圏とを識別し，コスモポリタンな公共圏をコスモポリタンな市民社会に優先し，その実現を目指すという G. デランティ（2004）の考えも，さらに重みを増してくる。討議空間である公共圏が重なり合うネットワークは，単一に統合されることはなくその時，その場，その状況，対する相手との関係性の中で常に新たに紡ぎ直される。自文化中心的普遍主義のように，特定の市民社会によって予定された規範や制度が全く正しく普遍性を有することを前提として，当為としてのシティズンシップを構想することには妥当性がない。だからこそ，市民社会やその成員資格であるシティズンシップを，多重的かつ多元的であり流動的かつ可

変的であるし，しかも相互転換するものとして再定義し，生活や実践の中から
シティズンシップを構想し育成していくことには意味がある。

　以上のことを確認してくると，既存の市民社会への帰属意識を重視しつつ，
討議の場を成立させる共通基盤の構築を肯定的に捉え，討議空間である公共圏
や，公共圏が重なり合うネットワークへ積極的に参加していく意義の共有に価
値を見いだすことは欠かせない。そういう意味で，自己の相対化とともに，仮
構としてしかあり得ない普遍性，再定義が常に必要な普遍性を希求し続けるコ
スモポリタンなシティズンシップの育成が求められているということを暫定的
ではあるが現時点での一定の結論としておきたい。それは，先に述べた A〜C
の多様な機能体や共同体に依拠した多様な市民社会に帰属する人々が同一空間
で共存していこうとするためのシティズンシップが具現化される過程というこ
とにもなる。

7. おわりに

　本章では，近代のシティズンシップの構成要素の関心が，権利と義務から参
加とアイデンティティへと移行してきたことに伴い，シティズンシップの概念
が普遍主義から個別主義へと完全にではないにしても重心を移してきた軌跡を
踏まえて，シティズンシップの育成について検討する必要性をまずは指摘した。
そこで重視すべきは，シティズンシップを集合的に構想するため文化的共同体
への依拠が進行しているという現実である。そこでは個別主義の行き過ぎが懸
念されたため，「普遍主義と個別主義のバランス」が喫緊の課題として上がっ
てきた。そのため，条件付きの個別主義あるいは差異化された普遍主義を構想
することによって課題を解決しようという検討がなされている。しかし，本
章では，「バランス」をとるという発想ではなく，本来の可能性の中心として，
普遍主義にも文化相対主義にも共通して存在する自文化の相対化の運動に注目
することによって両者の止揚を図ることに今後の方向性を見出した。

　一方で，集合的に構想されたシティズンシップや市民社会間の相互応答的な
関係性を前提としたシティズンシップを育成するための学校教育は，未だ為さ

れているとは言い難く，浜本満（1996, p. 93）が，「普遍主義が単一の普遍性を夢見ており，夢見ている者はしばしば事を急ぎすぎる」というように懸念される点も見逃せない。そのような中，昨今，複数のシティズンシップの混在が注視されていることは，学校教育におけるシティズンシップの育成を考えていく上で，よい機会となると考える。多重的，多元的，流動的，可変的シティズンシップや市民社会を俎上に上げると，少なくとも，当為としての普遍性の追求は影を潜めざるを得なくなるであろう。加えて，本章では，新たに相互転換するシティズンシップや市民社会を構想するという視点を加えたことで，相互応答的な関係性を前提としたコスモポリタンなシティズンシップを育成し討議の場としての公共圏を構想し続ける意義をさらに明確にしたと考える。また，それは，規範や制度といった次元で当為的な理念ではなく，生活や実践といった次元からよりよいシティズンシップの育成を検討していくことにもなる。生活や実践の場である学校教育でこのような存在としてのシティズンシップの育成を考えることは意義があると考える。

註

1) 例えば，小西（2010, p. 148）は「考えてみれば，一世を風靡した地球市民育成論も，地球外生命体という『他者』の存在なしに，はたして人類は地球市民という『自己』認識を獲得しうるのかという単純にして根源的な問いには，ついに正対することはなかった」と述べている。

 また，北村（2006, p. 66）は「地球市民社会は，同質的な地球市民の存在を想定しているために，暗黙のうちに地球市民として承認されない異質な他者をつくりだしている。もし，地球市民社会の概念が，包摂された自己としての地球市民と排除された異質な他者との間の境界線に対して敏感でないならば，それはあまりにもナイーヴ素朴な概念であると言わざるを得ない。たとえ，地球市民社会の概念が戦争や飢餓，貧困などに苦しむ他者への共感から生まれたものであるとしても，地球市民というアイデンティティをもたないそうした他者を地球市民社会に包摂していくには限界がある」と述べている。

2) 臼井（2006, pp. 10–17），滝田（2006, pp. 206–209）や北村（2006, pp. 57–59）にも，市民社会を考察する際の概念規定の争点についての言及があり，これらからすると，地球市民社会の実現を考えた場合と，国民国家との関係性に限定されない市民社会という考えで一致しているといっていいだろう。

3) ジェラード・デランティ（2004, pp. 97-131）は，グローバリゼーションを地理的な限界が消滅する結果，文化同士が互いに曝け出され緊張を強いられる場として捉え，それは普遍的なものつまり「グローバル」なものよりも，特定の「ローカル」なものを高める可能性のある枠組み同士が相互作用する場だと考えている。
4) 図3-2は，Taguieff（1987, p. 403）の人種差別と反人種差別の関係図（下図）をもとに作成した。

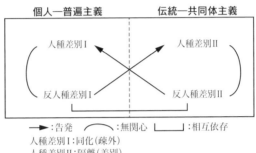

タギエフによる人種差別と反人種差別の関係図
（出所）Tagguieff（1994），p 403.

5) Osler and Starkey (2005, pp. 10-14)。シティズンシップを「地位」，「感覚」，「実践」という三つの次元で捉えていることがオスラー／スターキー（2009, pp. 11-19）にも記述されている。
6) 名和克郎（1992）は，民族集団を規定する特徴について述べているが，本書の筆者は集合性に注視して民族を社会集団に読み替え，その特徴として援用できると考える。

引用・参考文献

アンダーソン，ベネディクト（1997）：白石さや・白石隆訳『増補 想像の共同体——ナショナリズムの起源と流行』NTT出版．

池野範男（2014）「グローバル時代のシティズンシップ教育——問題点と可能性：民主主義と公共の論理」『教育学研究』81（2），日本教育学会，pp. 138-149.

臼井和久（2006）「地球市民社会の系譜と課題」「地球市民社会論の再構築——コスモポリタン的公共秩序の構想」『地球市民社会の研究』7，中央大学出版部，pp. 3-27.

宇土泰寛（2000）『地球号の子どもたち——宇宙船地球号と地球子ども教室』創友社，

pp. 82-132.

大津和子（2000）「地球市民的資質」大津和子・溝上泰編著『国際理解重要用語300の基礎知識』明治図書出版，p. 34.

オスラー，オードリー／スターキー，ヒュー（2009）：清田夏代・関芽訳『シティズンシップと教育——変容する世界と市民性』勁草書房．

小関一也（2011）「多元性・多層性から読み解くグローバル・シティズンシップ——『グローバルなものの見方』を基軸として」日本国際理解教育学会編『国際理解教育』17，明石書店，pp. 47-54.

小田亮（2003）「共同体という概念の脱／再構築——序にかえて」『文化人類学』69（2），日本文化人類学会，pp. 236-246.

片桐雅隆（2000）『自己と「語り」の社会学——構築主義的展開』世界思想社．

金野誠志（2007）「多文化主義批判の再検討——普遍性の行方をめぐって」『異文化研究』4，国際異文化学会，pp. 167-177.

河村茂雄（2010）『日本の学級集団と学級経営』図書文化社．

岸田由美・渋谷恵（2007）「今なぜシティズンシップ教育か」『世界のシティズンシップ教育——グローバル時代の国民／市民形成』東信堂．

北村治（2006）「地球市民社会論の再構築——コスモポリタン的公共秩序の構想」『地球市民社会の研究』，中央大学出版部，pp. 55-78.

経済産業省（2006）『シティズンシップ教育と経済社会での人々の活躍についての研究会報告書』．

小西正雄（2010）「不完全性の相互承認」『教育文化人間論——知の逍遥／論の越境』東信堂，pp. 141-158.

サイード，エドワード（1986）：今沢紀子訳：板垣雄三・杉田英明監修『オリエンタリズム』平凡社．

滝田賢治（2006）「地球市民社会論の射程と限界」『地球市民社会の研究』，中央大学出版部，pp. 205-228.

デランティ，ジェラード（2004）：佐藤康之訳『グローバル時代のシティズンシップ——新しい社会理論の地平』日本経済評論社．

名和克郎（1992）は，「民族論発展のために——民族の記述と分析に関する理論的考察」『民族學研究』57（3），日本民族学会，pp. 297-317.

浜田寿美男（1999）『「私」とは何か』講談社．

浜本満（1996）「差異のとらえかた」青木保・内堀基光・梶原景昭・小松和彦・清水昭俊・中林伸浩・船曳建男・山下晋司編『思想化される周辺世界』岩波書店，pp. 69-96.

松田素二（2004）「変異する共同体——創発的連帯論を超えて」『文化人類学』69(2)，日本文化人類学会，247-270.

松田素二（2013）「現代世界における人類学的実践の困難と可能性」『文化人類学』78（1），

日本文化人類学会，pp. 1–25.

嶺井明子（2011）「多元的シティズンシップによる国際理解教育概念の再構築 ―― ユネスコと日本を事例として」日本国際理解教育学会編『国際理解教育』.17，明石書店，pp. 37–46.

横田和子（2011）「葛藤のケアからみる国際理解教育の課題」日本国際理解教育学会編『国際理解教育』Vol. 17，明石書店，pp. 23–32.

Osler, A. and H. Starkey (2005), *Changing Citizenship Democracy and Inclusion in Education*, Open University Press.

Taguieff, Pierre André (1987)，*La force du préjugé*，Éditions La Découverte.

第4章
「多元的」シティズンシップを
どう理解するか

1. はじめに

　ある共通性によって括られ，他から区別される人々の関係性の総体である空間を社会と見なすことに異を唱える人はいないだろう。そして，シティズンシップ教育が特定の社会の構成員教育である以上，必然的に「社会への包摂」と「社会からの排除」を直視せざるを得なくなる。ある共通性に基づき人々を特定の社会に包摂しようとすると，共通性がみられないと判断された人々は，その社会から排除されるからである。谷口和也（2021, pp. 34-35）が，絶え間ない自己省察と「包摂の再定義」がシティズンシップ教育には必要だと指摘する所以である。

　日本教育学会では，学会誌『教育学研究』64巻3号の特集，〈価値多元化社会における教育の目的〉の論文募集に際し，「社会の急激で大きな変化と著しい機能分担化に伴い，『古きよき』習慣や価値秩序，生活様式が揺らぎ，また多文化共生が進む中で，社会の構成員の価値志向においても，著しい個別化・多様化が進行している社会」を「価値多元化社会」と1997年には捉えていた（山崎高哉 1997, p. 255）。この後，多元的シティズンシップに言及したオードリー・オスラーとヒュー・スターキー（2009, pp. 196-299）の著書が邦訳されたことも頷ける。このような社会的変化が，多元的シティズンシップを教育上，重要なワードとして押し上げるとともに，多元的シティズンシップの育成が求められてきたことは間違いない。

　デレック・ヒーター（Derek Heater）（2002, p. 197）は，階層及び並列という語を用い多元的シティズンシップを説明する。階層性は，ある個人が有する自治体—国家—国家間—世界といったレベルのシティズンシップの関係性

を示す。並列性は，個人が二つの異なる市民社会のシティズンシップを有したり，同時に，異なる労働組合，教会，慈善団体，女性団体，環境保護団体，エスニック集団等，無数の自発的集団の一員でもあったりすることである。そして，階層的・並列的シティズンシップそれぞれのメンバーシップ間で生まれる対立を理解し，解決策を考えなければならないという。オスラーとスターキー（2009）は多層，多重，複合などのことばを使い多元性の内実を表現するが，デレック・ヒーターとの差異はみられない。

　このような状況を基盤としながら「多元的」シティズンシップは，日本の教育界においても語られてきたが，ヒーター（2002）やオスラーとスターキー（2009）を超えて，多元的シティズンシップをどのように理解し，教育という俎上でどのように扱えばよいか具体的に示されてきたとはいい難い[1]。そこで，本章では，学校教育に携わる者として，このような社会における多元的シティズンシップをどのように捉え，理解していけばよいのか考察していきたい。

2. 境界への着目

　池野範男は，学校教育の中でのシティズンシップ教育について，次のように説明する。

　　　教育，とりわけ，学校教育は，構成員教育であったし，現在もそうである。教育基本法第一条（教育の目的）は「教育は，人格の完成を目指し，平和で民主的な国家及び社会の形成者として必要な資質を備えた心身ともに健康な国民の育成を期して行われなければならない。」と規定している。「国家・社会の形成者」および「健康な国民」は，国家や社会の構成員のことであり，わが国の教育は，構成員教育を進めているのである。構成員教育とは，メンバーシップの教育のこと，家族，地域社会，市民社会，国家（社会），世界（社会），学校，会社，役所，諸団体など，いずれの社会のメンバーをその社会の一員にするとともに，その社会を作り出す人員として育てることである。シティズンシップ教育はこの一形態であり，一人

ひとりがグローバルな社会を含む市民社会の動因を構成しその社会を変革するメンバーを作り出す教育のことである。(池野 2014, p. 138)

このように，シティズンシップ教育が社会の構成員としての資質を備えるための教育だとすると，シティズンシップという語には，単なる市民権や公民権というような意味だけではなく，第3章でも触れたように（経済産業省 2006, p. 20)，社会の構成員資格ということが含意されることが明確である。

このようにシティズンシップが社会の構成員資格だという共通理解に立つとき，自己が帰属する社会とは異なる社会やその構成員の存在が前提にあり，境界の向こう側にいる他者を鏡として自己認識が促されている。このような境界の捉えには，一次元の線である「バウンダリー」と，二次元の地帯である「フロンティア」とがある。前者は境界が明確かつ正確に画されており，内向きで求心的である。後者は，限界がはっきりとした形では規定されず，中心からの距離に比例して少しずつ影響力が衰退していき，外向きで遠心的である（バートン 2000, pp. 23-24)。「バウンダリー」の境界意識が強化されると，属性に基づく社会間の関係性は，全体性，固定化，本質という考えと結びつき，流動や変容する性質を隠蔽しやすくなることには留意が必要である。このような境界によって隔てられ，そのとき重視されるメンバーシップは，自己と他者との関係性の中で，歴史的あるいは社会的文脈の下で個別に判断され，移動したり，選択されたり，相互に浸透し合ったりして変容していくものである。ここでいう他者とは，具体的な社会や社会集団であったり，組織はもちろんのこと，社会的地位であったり，ジェンダーなど，一般的で抽象的な属性をも含んでいる。そして，階層的にせよ並列的にせよ，その表現には，多様な社会に帰属する多様な社会集団の複雑な重なり合いが「多元的」という語には込められている。

唯一存在する社会が唯一存在する社会集団にしか対応していないような関係性は，他者との対照関係での自己認識ができないため，そもそも存在し得ない。また，「多」ある社会と，そこに帰属する「多」ある社会集団とが，各々1対1の関係にあれば，一枚が単色の多様な色のピースが，平面に敷き詰められたモザイク模様のようになる。そして，それぞれの社会間や社会集団間で相互に浸

透し合う必要性がなく，各々がそれで満足していれば，「メンバーシップ間で生まれる対立を理解し，解決策を考えなければならない」という状況も生起しない。もし，このような関係性において，摩擦や対立，争いなどが生起すれば，それらは，世界が特定の単色に染まるまで止まらないだろう。しかし，現実には，そのような「多」ある社会と「多」ある集団との関係性もあり得ない。理念上，そういう結果を望み目指したとしても，意図的そして無意図的に，人々は，社会の境界を越えて相互に浸透していく。それゆえに，それぞれの社会はますます複雑に「多元化」していくからである。

　そういう状況の中でも，自己が帰属できる社会を統合し維持し続けることができる構成員としての市民を求めることになる。そこで，「多元的」で変容しながらも，統合された社会が希求する構成員資格を「多元的」シティズンシップだと解しておきたい。そうすると，摩擦や対立，争いが生起した際には，自己が「多元的」に帰属する社会の中でどのような位置にあり，「多元的」社会を構成する市民としてどのように存在し，行為し得るのかということに関心が集まってくる。すると，「多元的」に存在するし相互に浸透し合う社会やそこで顕在化するシティズンシップの関係性の枠組みを明らかにすることが，まずは，欠かせないだろう。

　この枠組みが，シティズンシップの階層性や並列性といわれている。これを前提にしつつも，「多元的」であるということをより具体的に理解できる方途を探っていきたい。そこで，シティズンシップの階層性や並列性の中で，重視したい枠を検討しておきたい。

　クロード・レヴィ＝ストロースは，人びととの生きた直接的な接触による小規模な社会を「真正な社会」の様式といい，より近代になって出現した，印刷物や放送メディアによる大規模な，「非真正な社会」の様式といって，両者を区別し，その区別の基準を「真正性の水準」と表現する。そして，階層的あるいは並列的な属性に伴う他者と代替可能な単なる役割ではない，他者の顔が直接見える「真正な社会」の関係を重視した，社会集団の「複数性」について言及している（レヴィ＝ストロース 1972, pp. 407-408）。ここでいう「複数性」とは，本章でいう「多元性」と同義といえよう。

小田亮は，この考えに沿い，社会の概念を再定義する。「非真正な社会」では，国民や労働者，消費者というように，自己や他者が機械の部品のよう捉えられ，階級や職業や世代といった比較可能で代替可能な属性の束に人々は還元される。すると，代替不可能であるはずの「非真正な社会」までが，他の社会集団の「複数性」によって提喩的に隠蔽されていく危険性が懸念される。比較不可能で代替不可能な「真正な社会」でこそ確認できる人々は，一人ひとりの人柄や行動を，決して階級や職業や世代といった比較可能で代替可能な属性や属性の束に還元されることはない。「真正な社会」であれば，人々は，一人ひとり異なる人柄や行動，考えが醸し出される。それらは，時間をかけることで見えたり，確認したり，自覚したりしやすいという特性がある。このような「真正な社会」は「非真正な社会」に包摂されながらも，近隣や職場の関係として存在し，人々はこの社会の二層性の中で生活している。「非真正な社会」が肥大化する中で，「真正な社会」における存在論的安心を確保して初めて個人が入れ替え可能な存在として扱われるグローバルな流動性に対抗も可能となるという（小田 2009, pp. 242–250）。

人々は，「真正な社会」で具体的な他者を意識しながら日々生活しているという現実や，このような身近な社会自体も「多元的」であるという現実から目をそらすことはできない。したがって，この「真正な社会」を「多元的」シティズンシップの階層性や並列性を表現する語の中に加えておきたい。

3. 「エトノス／デモス」 二元論の克服

公共空間を形成する市民を性格づける際，他集団とは異なる伝統的な文化を共有する集団であるエトノスを，社会契約を基盤として成立した集団であるデモスと対照し，両者を対立的に捉え，デモスの優位が説明されがちである。例えば，樋口陽一は，自然の所与をまるごと前提にしたエトノスは，「民族文化」や「黒人」，「女性」といった属性に依拠した「類」的文脈に基づいているとして忌避する。同時に，自然の共同体から解放された諸個人が取り結ぶ社会契約という人為のフィクションによって説明されるデモスを「西洋近代」が生み出

した普遍性の理念を貫く市民社会を構成する市民として位置づける（樋口1999, pp. 72-76）。その根底には，民族などの属性を自然で所与であるがゆえに，エトノスが創り出す共同体は閉鎖的で固定的な社会をつくるため，属性を超えた共通基盤を構築し，個人の考えに基づく市民社会を成立させることはできないという考えがある。このような，「エトノス／デモス」二元論は，「市民社会／共同体」の二元論とも，当然，重なっており，教育界への影響も大きい[2]。

翻って，あらゆる文化や民族や伝統は人工的な虚構であるという見解は，かなり以前から公認のものとなってきている。文化人類学では，「純粋で単一の文化など存在したことはなく，民族（ネーションやエスニック集団）も，もともと存在しなかったところに創り出されたものであり，民族集団やその伝統は意図的に『発明』されたもの」とされている（小田1996, pp. 99-100）。このような立場は，ある事象を自然的・生得的な事柄と捉える「本質主義（essentialism）」へのアンチテーゼとして使われる「構成主義」や，ある事柄を客観的な実在と捉える「客観主義（objectivism）」へのアンチテーゼとして語られる「構築主義」と非常に親和性が高い[3]。文化は常に境界やその内実を流動，変容させつつ人々の思考を規定し，それによってさらに再規定されていく。こうした存在が重複しながら無数に生成され相互に差異化しながら世界をダイナミックに構築しているということだ。したがって，社会契約とは異なるが，エトノスも「人為」による社会結合が説明可能で，自然の所与に依存しない点ではデモスと同様ということになる。また，共同体を一体化し構想することを否定し，そういう概念はもはや無効だといっても，生活の中でシンボル化した民族（ネーションやエスニック集団）の文化や伝統に依拠する諸事象から心の安寧を得ている人々がいる限り，現実に社会で流通しているエトノスを簡単には無効化できはしない。

実際の社会生活において共同体は，必然的不可逆的に現出するのではなく，様々な共同体の類型はいかによりよい生活をつくり上げるかという生活の必要に応じて活用され，その内実も変転していく。また，個人主義の外見をとったりメンバーシップを開放したりして，内実を巧みに変異させて流動的な集団が形成される。一方で，いかに激しく変転していても，その共同体自身がいか

にオリジナル不在の構築・仮想されたものであっても，それらにリアリティを付着し正当性を付与する言説によって，これらの共同体の外延は確定され，生活世界の中で確固としたリアリティを獲得する。そして，明確な境界をもち構成員に連帯を呼びかけ発し続けるリアルな存在でもある。この二つの方向性をもつ共同体の性質は，不可逆的変化でも必然的変化でもなく，可逆的で便宜的，そして相互に転換していく（松田2004, pp. 257-258）。

　このように考えると，「エトノス／デモス」や「市民社会／共同体」の二項対立的な理解は，見直さざるを得なくなる。現実に，抑圧された人々は不利益を被るがゆえに，形式主義的で普遍主義的なシティズンシップの理念だけでは，コミュニティの成員を一つにまとめ上げる集合的な構想は困難になっている。そのような状況において，シティズンシップの集合的な構想のため，政治的共同体をそれに先立つ文化的共同体の中に据え，成員の集団的権利や差異を承認することも顕在化している（デランティ2004, pp. 19-94）。そうであれば，市民社会と共同体とを対置させるのではなく，市民社会そのものが，「機能体」と「共同体」の両側面を有し[4]，その時々の歴史的社会的文脈に応じて，一方より他方が表出しやすくなることがあると考える方が妥当であろう。同様に，市民は，エトノスとデモスの両側面を有しているともいえるはずである。現実の社会を踏まえると，「多元的」シティズンシップを語る際，「市民社会」や「市民」について，このように理解しておく必要があろう。

4.「多元的」シティズンシップの理解を促す枠組み

（1）「外的世界」と「内的世界」におけるシティズンシップ

　「価値多元社会」という社会現象が，語彙化され日本社会で共有されてきたことによって，克服すべき社会問題として注目を集めるようになった。その渦中に「多元的」シティズンシップはある。そこで，人々は，複雑に錯綜する「多元的」社会に帰属する一員として，自己の周りの社会的な境界を意識するようになってきた。階層的シティズンシップも，並列的シティズンシップも，それらは，「価値多元社会」という現象に対応した「自己のまわりの社会」の

メンバーシップという意味合いがある。このような意味でのシティズンシップを，自己の「外的世界」における「多元的」シティズンシップと名付けることにする。

　自己意識や自己意識の一形態である自己アイデンティティも，それ自体として存在するものというよりは，人がその中を生きる社会の諸関係の産物として成り立っている。このような考えの下に，1980年代以降，近代社会の変容に伴う自己とアイデンティティの変容について様々な議論が提起されてきた。それらの中心的な論点が，自己の一貫性の弛緩，すなわち多元化である（浅野2022，pp. 119-120）。社会やアイデンティティのあり方も連動して変容するということだ。自己の位置の理解ないし社会の一構成員としての生存（存在）の認識，つまり，社会的存在としての自己の認識（小西1992，pp. 12-14）も，当然，「多元化」してくる。このような意味でのシティズンシップを《自己の「内的世界」における「多元的」シティズンシップ》と名付けることにする。確かに，変容し続ける自己の「外的世界」は，自己の「内的世界」に先がけて存在しているが，変容し続ける社会の下でその影響を受けつつ，人々はそれぞれに多様で異なる他者と出会い成長し，他にはない《自己の「内的世界」における「多元的」シティズンシップ》を自覚していく。

　《自己の「外的世界」における「多元的」シティズンシップ》と《自己の「内的世界」における「多元的」シティズンシップ》は，いずれも自明でも生得的ではないし，相互に影響しつつ，それぞれの世界において動的に変容していく。そこには，容易ではなくとも可能性としての操作性は残っている。「多元的」シティズンシップというとき，このような「外的世界」と「内的世界」における双方のシティズンシップやそれら相互の影響も注視しておかなければならない。「価値多元化社会」への到達がクレーム化されていく過程で，「多元的」シティズンシップが追求されてきたと考えると，どうしても自己の「外的世界」におけるシティズンシップの方が自己の「内的世界」におけるシティズンシップよりもクローズアップされがちになる。そのため，「外的世界」と「内的世界」における「多元的」シティズンシップや両者の関係性を理解し意識していく必要がある。

（2）当為としてのシティズンシップと現象としてのシティズンシップ

　多様な人々が同一社会内で，多様な社会集団への帰属意識をそれぞれに保ったまま安寧に生活していけるような民主的な「市民社会」の統合を誰もが期待し，それぞれに誰もが自らの生に関わる規範的期待を損なうことのない自己の在り方を探り続けている。同時に，誰もが自己や他者の関係性の中で，納得できる対話や合意がないまま，包摂や排除が一方的暴力的になされることを恐れている。だからこそ，人それぞれが実感しているメンバーシップを挟んで生まれる対立を，理解し解消する解決策を考えることが重要になる。

　しかし，それぞれの境界領域での相互浸透や「多元的」シティズンシップの変容を柔軟に考えたとしても，皆が望ましいと考える「多元的」シティズンシップは予定調和的に一致することはない。自己の外的世界では，市民である個人のエトノス的側面とデモス的側面，市民社会における社会集団の機能体的側面と共同体的側面，そして，内的世界と外的世界とで，それぞれにおいてシティズンシップの「多元性」を，どういう組み合わせでどの程度の順序や割合で考慮したり重視したりすべきかが，社会集団と社会集団，社会集団と個人，個人と個人の間で思惑が異なっている。また，《自己の「内的世界」における「多元的」シティズンシップ》は，自己の「外的世界」に表出している社会の「多元性」とも異なっている。これらの異なりは，摩擦や軋轢，紛争等を生じさせ，社会統合を不安定にする。

　小関一也は，私たち自身が，今，「内的世界で」意識している空間と，「外的世界」の多元な空間とのつながりを発見していくことで，私たちが意識する多様な空間が一つの空間として編み直されていくことを指摘する。そして，対立概念である「画一性」や「一様性」も排除せず，しかも，単純な二項対立とは異なり，時間軸に沿って変容する流動的で複雑な矛盾や対立も含み込んだあらゆるものが混在する多元性をありのままに捉えようとする。そうすることで，未来をつねに「可能性の領域」とし，「オルタナティブな未来」を志向しようという（小関2011，pp. 50–52）。

　まずは，何がどのようにどのような社会で社会問題化しているのか，現象としての「多元的」シティズンシップを，好むと好まざるとに関わらず一旦受

け止めて，冷静に捉え理解する。それは，共通の社会で生活する多様な人々が議論のテーブルに着くことを優先し，共通の社会問題を共通の社会の中で，当為としての「多元的」シティズンシップについて改めて検討する姿勢を整えるためである。その上で，「可能性の領域」として「多元的」シティズンシップを追求し続けようというのである。予め，理想的で自明だとする「普遍的な価値」に基づく「多元的」シティズンシップを想定しておくと，それぞれに望む当為としての「多元的」シティズンシップの中には頭から否定され，議論のテーブルから排除されかねないものが出てくる可能性があるからである。《自己の「外的世界」における「多元的」シティズンシップ》にしても《自己の「内的世界」における「多元的」シティズンシップ》にしても，現象として現状を自覚している「多元的」シティズンシップが，当為として自己が希求する「多元的」シティズンシップと齟齬が生じるがゆえに，それらの在り様に不安や不満が募り，自己の中で，あるいは社会の中で摩擦や対立を生じさせクレーム化していく。このように考えると，《自己の「外的世界」におけるシティズンシップ》と《自己の「内的世界」における「多元的」シティズンシップ》を峻別することは重要である。一方で，《自己の「現象」としての「多元的」シティズンシップ》と《自己の「当為」としての「多元的」シティズンシップ》を峻別しておく必要もあろう。

（3）相互行為の継続に必要な「役割取得」と「多元的」シティズンシップ

　これまで述べてきたことからすると，「多元的」シティズンシップの理解を促すために留意すべきことは，以下の5点である。

　① 「多元的」シティズンシップとは，境界によって隔てられた複数のメンバーシップの有り様で，その時々で重視されるメンバーシップは，歴史的あるいは社会的状文脈ごとに判断され，移動したり，選択されたり，相互に浸透したりして変容していくこと。

　② 「多元的」シティズンシップには，階層的シティズンシップと並列的なシティズンシップがあるが，いずれの場合にも「真正な社会」でのシティ

ズンシップを含むこと。

③　市民はエトノスとデモスの両側面，市民社会は「機能体」と「共同体」の両側面を有し，いずれも，生得的で自明なものではなく，その時々の歴史的社会的文脈に応じて，一方より他方が表出しやすくなること。

④　「多元的」シティズンシップは，《自己の「外的世界」におけるシティズンシップ》と《自己の「内的世界」における「多元的」シティズンシップ》の有り様をそれぞれ意識していく必要があり，それらは，相互に影響しつつその時々に応じて規定されること。

⑤　「多元的」シティズンシップには，《自己の「現象」としての「多元的」シティズンシップ》と《自己の「当為」としての「多元的」シティズンシップ》があり，共通の社会で生活する人々が，それらを相互に確認したり，を改めて検討し直したりしていくこと。

　これらを総合し，市民や市民社会について性格づける語を表頭に，市民や市民社会の階層性を表す語を表側に置いて表現した「多元的」シティズンシップの枠組みが表4-1である。この表では，個人や社会を取り巻く社会問題を通して表出する現象としての「多元的」シティズンシップと，当為としての「多元的」シティズンシップをそれぞれ別に分けて表現する。

表4-1　階層性から考えたシティズンシップの「多元性」

性質／階層	現象				当為			
	内的世界		外的世界		内的世界		外的世界	
	エトノス	デモス	共同体	機能体	エトノス	デモス	共同体	機能体
真正ローカル	A	B	K	L	a	b	k	l
非真正ローカル	C	D	M	N	c	d	m	n
ナショナル	E	F	O	P	e	f	o	p
リージョナル	G	H	Q	R	g	h	q	r
グローバル	I	J	S	T	i	j	s	t

　片桐雅隆は，自己や他者をどのように位置づけ，どのように行為すべきかについての視座（パースペクティブ）を示すものが，シンボルとして特徴づけ

られた役割（カテゴリー）であるという。ここでいうシンボルとは，社会的現実を映し出す名前ではなく，むしろ社会的現実を映し出す素材である。行為者は，シンボルを「自由」に想像したり，変革したりできるという意味での主体ではなく，行為を構造化するシンボルの使用の仕方を習得した担い手であり，同時に，シンボルは一義的に行為を規定するのではなく，その使用は相互行為に委ねられた試行性を伴う。このシンボルとして特徴づけられた役割（カテゴリー）は，自己の特性や行為の動機を他者に説明し，正当化する働きをもつ（片桐2000, pp. 16-38）。改めて確認しておきたいが，このようなときの自己や他者とは，自己を位置づける枠組みとしての具体的な集団であったり，組織であったりすることはもちろんのこと，社会的地位であったり，ジェンダーであったりとかいう属性など，一般的で抽象的なそれらも含んでいる。それらは，「多元的」シティズンシップの枠組みを構成する素材ともいえる。要するに，社会問題に応じて，シンボルとして特徴づけられた役割（カテゴリー）によって，自己や他者は表象され，その都度，定義づけられていく。結局，自己が他者に対し，具体的行為において，特定の役割（カテゴリー）を用いることがなければ，社会的秩序は構築されないし，自己と他者との相互行為と離れてその社会秩序のありようは語れない。

　また，あらかじめ役割（カテゴリー）の体系があるわけでもない。そのため，社会秩序の構築は，相互行為の過程で，自己と他者の支持がどこに集約されるかにかかっているということである。しかし，他者の行為の予期は，外れることもあれば，そもそも予期そのものができないときもある。それは，その時々において，自己の認識や行為のさらなる変更や修正が求められるということでもある。だからこそ，役割（カテゴリー）に沿った自己の定義や呈示のあり方，即ち，「役割取得」は，他者に開かれていなければならない（片桐2000, pp. 216-226）。

　これは，小田（1996, 2010），松田（2004），浅野（2022），小関（2011）らの考えとも整合する。このような考えを基にすると，「多元的」シティズンシップの階層性や並列性を表現する語彙は，シンボルとして特徴づけられた役割（カテゴリー）と重ねて捉えることができる。そして，特定の「価値多元化

社会」の中で，統合された「多元的」シティズンシップを追求し続けるためには，シンボルの使用の仕方を習得した担い手を育成する必要がある。そしてその担い手には，「役割取得」とともに，自己のある行動に対する他者の反応を他者の立場に立って前もって予期し，その予期に基づいて，互いに他者の考えや気持ちを推しはかったり，もともと予定していた自己の対人行動を調整したり修正しようとする力が要求されよう。したがって，シンボルとして特徴づけられた役割（カテゴリー）ともいえる「多元的」シティズンシップの階層性や並列性を表現する語彙と，個人や社会との関係性を表に整理することで，シティズンシップの「多元性」をそれぞれにおいて，どういう組み合わせでどの程度の順序や割合で重視したり考慮したりしているか，あるいは考慮すべきかを可視化し意識できるようにする意義は大きい。

　シティズンシップは「多元的」で複雑に重なり合い，複雑に錯綜しているため，その有り様や関係性を表現したり理解したりすることはなかなか難しい。そのため，「多元的」な他者の存在を意識しつつ，「多元的」な自己を映す鏡として表 4-1 のような枠組みを活用し，自己や他者がそれぞれに取得したシンボルとして特徴づけられたどの役割（カテゴリー）をどの程度重視したり考慮したりしているか明確にすることで，「多元的」シティズンシップの理解を図ろうというのである。この枠組みは，社会問題を議論する端緒となるベースマップともなる。その際に，顔の見える「真正な社会」やその一員との関係性も留意しておくことはいうまでもない。

　表 4-1 を例に考えてみよう。とある現象が社会問題としてクレーム化されるまでを想定してみる。それが個人である自己にとって，確かに社会問題で「ある」か否かを判断する過程で，「内なる他者」との対話の中で，自らがA〜Jの何者として判断しているかということに着眼する。その時，どれか一つの枠組みだけを基盤として判断が行われるわけではない。「多元的」な枠組みの中で，どのような順序や割合で，複数の枠組みを考慮するかを示すことが肝要である。その取得した「役割（カテゴリー）」の複数性が，《現象としての内的世界における「多元的」シティズンシップ》ということになろう。

　また，自己を取り巻く一定の空間で，特定の現象が社会問題としてクレーム

化されようとしている場合，自己と他者との相互行為の中で，それが確かに社会問題で「ある」か否か判断をする過程で，自己や他者がK〜Tの何者として判断しているかかということに着眼する。その時，どのような順序や割合で考慮するかを示す取得した「役割（カテゴリー）」の複数性が，《現象としての「外的世界」における「多元的」シティズンシップ》ということになろう。そして，問題で「ある」と認知した人が一定程度に達し，情報発信され共有されながら社会問題が構築されていく。

　つまり，社会問題が新たに構築されていく度に，自己や他者の属性も，その問題に応じてその度に，意識されていくということになる。

　さらに，自己を取り巻く一定の空間で認知された社会問題に対して，「内なる他者」との対話の中で個人として自らがどう解決すべきか判断する際に，どのような順序や割合でa〜jを考慮するかを示す取得した「役割（カテゴリー）」の複数性が，《当為としての「内的世界」における「多元的」シティズンシップ》ということになろう。また，自己と他者との相互行為の中で，自己が位置づく社会の一員としてどう解決すべきか判断する際，自己や他者がどのような順序や割合でk〜tを考慮するかを示す取得した「役割（カテゴリー）」の複数性が，《当為としての「外的世界」における「多元的」シティズンシップ》ということになろう。

　このような枠組みを示すことは，「多元的」シティズンシップの可視化にも繋がる。具体的には，特定の社会空間の中で，生起している現象や社会問題に対して判断する人々が，各々「役割取得」し考慮した「役割（カテゴリー）」の順序や割合の有意な順に，A〜J，a〜j，K〜T，k〜tをそれぞれ五つ並べ，その順に5・4・3・2・1とポイントをつける。そして，各人がつけたポイントを加算したり，その多少を色の濃淡として表現したり比較したりすると，その場，その時，その状況における人々の個人と個人，個人と社会，社会と社会の間での，「多元的」シティズンシップの階層性や並列性のばらつきや重なりも明確になる。つまり，摩擦や軋轢，紛争を生みだす源が明確になる。こういう活用もできるということである（金野, 2018）。「多元的」シティズンシップをこのように理解する試みは，教室といった小さな社会空間においても，人々

の相互行為によって構築され変容していく「内的世界」や「外的世界」の現象として，あるいは当為としての「多元的」シティズンシップの様相やその齟齬について理解できる。そして，容易ではないが，社会統合に資する「多元的」シティズンシップについて考える出発点を明確にすることができると考える[5]。同様のことは，並列性から考えた「多元的」シティズンシップの枠組みにもいえる。

5. おわりに

　個人や集団がその時々に重視するシティズンシップの規模や種類，性質は，状況依存的で，常に一定ではない。しかしながら，我々は，様々に帰属を意識し，階層的あるいは並列的な「多」ある集団の様々な可変的組み合わせの中で，その時々に，いずれかの属性に郷愁や憧憬，あるいは後悔や嫌悪の念を抱いたりもする。しかし，共通の社会で共通の幸福や未来も指向する。このような，自己や他者の「多元性」，自己が属する社会や他者が属する社会の「多元性」の理解と自覚こそが，「多元的」シティズンシップを追究しようとする契機になると考える。

　池野範男（2014, p. 138）は，「シティズンシップ教育は教育的概念として，学校やコミュニティにおいて民主主義社会の構成員に一人ひとりの子どもたち（や成人たち）を置き，自らの経験において構成員として必要な資質を自ら形成させる教育であり，批判的な視野をもって市民社会とその発展への寄与・貢献を積極的に進め，自らのアイデンティティを複合化することを目的にするものである」という。このように指向する個人や社会集団，そして，それらのシティズンシップは，それ自体として客観的に存在する世界ではなく，対話や討議の中で間主観的にしか生み出されず，共有もできない。だからこそ，まずは「多元的」シティズンシップを捉え直そうとして，差異を構築するいくつかの視点に着目しつつシティズンシップを取り巻く社会問題の分析と考察を重ね，例示としての「多元的」枠組みを示した。「価値多元社会」におけるシティズンシップ教育を展開する極初期の段階で，この「多元的」シティズンシップをど

う理解するかという試みは，僅かながらかもしれないが意義あるものと考える。

　そうはいいつつも，ふりかえると，書き綴りつつ，しばしばある不安に駆られていたことがある。それは，二元論の問題点を指摘しつつ，結局は，「多元的」であることを二元論に依拠して表現してしまっているのではないかということである。境界の向こう側にいる他者を鏡として自己認識がなされているという前提に立つとき，既にこの問題を孕んでいたということだろう。異なった二つの原理で，様々な事象や問題が生起していることが説明されている現状からは，その説明の仕方自体を否定し乗り越えることは，論者には力不足であることをあらためて実感している。

　現に社会問題化している事象は，言語化して表現される。その問題を表現している言語が構築され共有された時点で，それは社会問題となる。そう考えると，その言語を使わずに，「多元的」シティズンシップについて語ることはできない。つまり，論者にとっては，「階層性」と「並列性」の「多元的」有り様について，二項を立てて考えることそのものを排除することは現段階では難しい。しかし，多項（二項も含めて）が立って，そこで対立しているように見える現象を，それぞれの項に優劣をつけ一方的に包摂したり排除したりすることなく，対立とは異なる二重性の中で捉えようとしたことで，シティズンシップが「多元的」であることの関係性を理解する可能性は広がったとは考えている。

註

1)　2000年以降の日本国際理解教育学会，日本グローバル教育学会，日本公民教育学会の紀要及び学会誌に掲載されている論文を一覧したが，「多元的」シティズンシップの内実を総合的・体系的に理解するための手立て言及したものは見当たらない。

2)　例えば，日本国際理解教育学会における特定研究課題プロジェクト『グローバル時代のシティズンシップと国際理解教育』のプロジェクトリーダー嶺井明子は，特集論文（嶺井2011）の中で，「樋口（1999）の指摘は極めて重要である」と言い切っている。

3)　上野（2001, pp. 63-66）を参照。「構成主義」や「構築主義」については，その使用や意味について多様な見解があるが，本章では，それらを明らかにすることが目的ではなく，また，本章において意義あることとは考えられないため，これ以上の言及は控えることとする。

4）　「機能体」と「共同体」については第3章44ページ参照。

5）　このような考えに基づく試みの事例としては，管見ながら金野（2018）いがいに見当たらない。

引用・参考文献

浅野智彦（2022）「大学生における自己の多元化とその規定要因」『東京学芸大学紀要．人文社会科学系』Ⅱ（73），東京学芸大学教育実践研究推進本部，pp.119-133. 池野範男（2014）「グローバル時代のシティズンシップ教育——問題点と可能性：民主主義と公共の論理」『教育学研究』81（2），日本教育学会，pp. 138-149.

上野千鶴子（2001）『構築主義とは何か』勁草書房.

オスラー，オードリー／スターキー，ヒュー（2009）：清田夏代・関芽訳『シティズンシップと教育　変容する世界と市民性』勁草書房.

小関一也（2011）「多元性・多層性から読み解くグローバル・シティズンシップ——『グローバルなものの見方』を基軸として」『国際理解教育』17，明石書店，pp. 47-54.

小田亮（1996）「しなやかな野生の知」青木保・内堀基光・梶原景昭・小松和彦・清水昭俊・中林伸浩・船曳建夫・山下晋司編『思想化される周辺世界』岩波書店.

小田亮（2009）「共同体と代替不可能性について——社会の二層性についての試論」『日常民文化紀要』27，成城大学，pp. 219–260.

小田亮（2010）「真正性の水準と『顔』の倫理——二重社会論に向けて」『グローカル研究叢書』1，グローカル研究センター，pp. 245–274.

片桐雅隆（2000）『自己と「語り」の社会学』世界思想社.

金野誠志（2018）「世界遺産として文化遺産を保存する意味や意義を考える世界遺産学習——『顕著な普遍的価値』の解釈や適用に視点を当てて」『グローバル教育』20，日本グローバル教育学会，pp. 31–47.

河村茂雄（2010）『日本の学級集団と学級経営』図書文化社.

経済産業省（2006）『シティズンシップ教育と経済社会での人々の活躍についての研究会報告書』

小西正雄（1992）『提案する社会化——未来志向の教材開発』明治図書出版.

谷口和也（2021）「シティズンシップ教育の系譜と現代的課題——ナショナル・アイデンティティからグローバル・シティズンシップ，そしてその先へ」『シティズンシップ教育研究』1，日本シティズンシップ教育学会，pp. 27–39.

デランティ，ジェラード（2004）：佐藤康之訳『グローバル時代のシティズンシップ——新しい社会理論の地平』日本経済評論社.

バートン，ブルース（2000）『日本の「境界」』青木書店.

ヒーター，デレック（2002）：田中俊郎訳『市民権とは何か』岩波書店.

松田素二（2004）「変異する共同体——創発的連帯論を超えて」『文化人類学』69（2），日本文化人類学会，247-70.

嶺井明子（2011）「多元的シティズンシップによる国際理解教育概念の再構築——ユネスコと日本を事例として」『国際理解教育』17，日本国際理解教育学会，pp. 37-46.

山﨑高哉（1997）「価値多元化社会における教育の目的」『教育学研究』64（3），日本教育学会，pp. 255-263.

レヴィ=ストロース，クロード（1972）：荒川幾男・生松敬三・川田順造・佐々木明・田島節夫訳『構造人類学』みすず書房.

第 2 部
〈教育〉と〈国家の統合〉

第5章
他者との境界はいかに自覚されるか

1. はじめに

　他国と対峙する境界の内に広がる国土は，社会的に構築されている。決して自然で所与の空間ではない。「眼前にあるものを繰り返し参照し資源としてその都度利用することによって，振り返ったときに古代から連続した伝統をたどりうる，しかしその実質においては新しい」国家の広がりが国土であるとするならば（新田一郎 2004, p. 94），国土とは，その中で暮らしてきた人々がともに環境に働きかけ受け継いできた結果として成り立ち，それが保持されてきたものである。それは，国土上の環境に対する人々の意図的で共同的な絶え間ない働きかけなしには維持できない空間である。このように考えると，国土は社会的に構築されているという理解を欠いたまま，「国土に対する理解」を深めたり「国土に対する愛情」を育てたりすることは無意味である [1]。

　したがって，「国土に対する理解」の学習は，地理的学習を基盤としつつも，歴史的学習とも関連づけながら展開していくことが肝要となる。このように「国土に対する愛情」を学習する意義がつかめれば，自ずと市民社会の一員である市民及び国家の一員である国民といった公民としての態度や能力の育成を直接的に目指す公民的学習と連携していくことにもなる。

　しかしながら，管見の限り，学校教育において，このような国土理解を進めようという研究や実践は，金野誠志（2009, pp. 12-22）を除いて見当たらない。そこで本章では，国土の構築性はどのように理解し得るのか，国土の古地図の特徴や変遷を基に検討してみたい。

2. 国土を眺める四つの視点

　日常，私たちは，生活の中で意図的・無意図的に国土を眺めているが，直接眺めることができるのは，そのごく一部分だけである。国土を一望するためには遙か上空から眺めなければならないが，日常生活では通常そのような位置を取ることはできない。仮にできたとしても，国土の周辺に国境線が引かれていたり国土が色分けされていたりするわけでもない。国境の存在を現に示している地図や地球儀などを用いて，確かにここに存在しているはずである国土のイメージを，他国との対照関係から推論しているにすぎない。このよう考えると，限られた範囲の空間的な広がりとして「国土に対する理解」を促す視点は二つある。一つは，国土内部の特定の地点に立ち，そこを基点として認知空間を広げていくような帰納的な視点である。もう一つは上空から対象とする地理空間の境界を広い視野から限定し，その内部へと認知空間を広げていくような演繹的な視点である。

　国土は，それぞれの時代に生きた人々が環境への意図的で共同的な働きかけにより共有してきた限られた範囲の空間的な広がりのイメージでもある。したがって，一定の境界が存在するその空間的な広がりとしての「国土に対する理解」を促すには，本来，時間的な視点が欠かせない。時間的な視点の一つは，特定のある瞬間の時間を取り上げて固定し，その時点で空間の広がりを認知していくような共時的な視点である。もう一つは，特定の時間的経過に沿って，空間の広がりの変容を認知していくような通時的な視点である。このような境界に隔てられた空間的な広がりとして「国土に対する理解」を促す視点を整理するために図 5-1 を示した。この四つの視点を峻別して国土を眺め理解していく必要があると考える。いずれにしても，この範囲

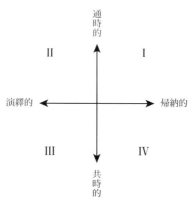

図 5-1　国土を眺める四つの視点

が国土だと理解するためには，第III象限の視点で地図や地球儀を活用し，国境の存在を意識して「国土の位置や範囲，近隣諸国の国名と位置，国旗」などを調べることに頼らざるを得ない。

3. 国土の構築性の理解を阻害する要因

（1）国土を眺める視点との関係性

　小学校社会科の教育課程では，第4学年で，47都道府県の名称と位置を理解することから国土学習は始まる（文部科学省2018, pp. 51–53）。ここでは，都道府県の集合体としての国土を眺める図5-1の第III象限の視点からの空間認知がなされる。しかし，境界の向こう側に「彼ら」を意識し，その「彼ら」を鏡として「我々」を措定するように，他国との対照関係から国土を眺めることはなく，既に自明で存在している国土の理解へと誘われよう。

　第5学年では，世界の大陸と主な海洋，主な国の位置，海洋に囲まれ多数の島からなる国土の構成などに着目して，我が国の国土の様子を捉え理解していくことになる。その後，国土の自然環境の特色やそれらと国民生活との関連を考える学習へと進んでいく（文部科学省2018, pp. 73–76）。ここでは，一旦，国境に注目し，他国との対照関係から国土を眺める図5-1の第III象限の視点からの空間認知がなされ，社会的に構築されている空間的な広がりとしての「国土に対する理解」を促す契機がある。その後，国土の自然環境の特色やそれらと国民生活との関連の学習へ移行するにつれて，自然環境という側面から，国土内に限定された特徴ある社会空間の学習へと移行する。これは，他国との対照関係に拠らない特徴ある国土の限定された社会空間の学習となり，図5-1の第IV象限の視点からの空間認知である。他の国土内の限定された特徴ある社会空間と比較がなされ，国土空間全体を把握するようになる。つまり，第5学年では，視点が次第に第III象限から第IV象限へと移動して国土を眺めることになる。視点が移動し，国土の自然環境を扱う学習が始まると途端に，他国との対照関係から国土を理解する学習は姿を消していく。国土を理解するということは，本来，北海道と樺太を差異化し，北海道と沖縄を同質化するとい

うことである。しかし，自然環境だけに着目すると，北海道と樺太は同質化され，北海道と沖縄は差異化されていく。つまり，国土学習の自然環境に関する学習は，単なる自然環境の学習へと容易にすりかわり，我が国の自然環境や生活の理解は，それ自体が自明なものとされてしまう危険性を孕んでいる。これが，国土の構築性の理解を阻害する一つ目の要因である。

　もう一つの要因は，通時的な視点で見る国土の誤った前提である。黒田日出男（2003, p. 4）は，歴史家でさえ，日本通史の多くを，北は北海道から南は沖縄県までの科学的測量で製作された現代の日本地図を前提（ベースマップ）として叙述しているという。例えば，大石久和（2006, p. 8）の以下の記述をみてみよう。

　　　私たちは，国土に働きかけて，不毛であった大地を肥沃な土地に変え，あるいは河川を付け替えて耕地を生み出す努力を，江戸時代のはるか以前から今日まで続けてきて，今日の私たちが生産活動・消費活動できる世界を造り上げてきた。

　これは，まず，図5-1の第Ⅰ象限の視点から国土の幾つかの特定の地域を眺め，後に，それらを総合して国土の全体像をイメージしているようではある。確かに，国土の構築性について窺うことはできる。しかし，その国土の範囲については，明示されていないしその変容も垣間見ることはできない。このような表現は，無意図的であったとしても，現代において認知されている国土空間を直接過去に投影しがちである。

　日本の歴史を通時的に概観する際，それぞれの時代の日本の範囲はどのようにイメージされるか教科書を例に確かめてみよう。2021年度の小学校社会科教科書中，採択率50％以上を占有している東京書籍の教科書では，「米作りの広がりによって，むらの様子はどのように変わったのでしょうか」という課題の下に，沖縄や北海道も含めた現在の日本の国土図が記してあり，それに吉野ヶ里遺跡の位置が示してある（東京書籍 2020, p. 16）。そもそも，「日本」という国号が定まったのは，7世紀末，689年に施行された飛鳥浄御原令とする

第5章　他者との境界はいかに自覚されるか　　93

説が有力なようだが，それと異なる見解にしても，7世紀半ばを遡らないし8世紀はくだらない（網野 2000, pp. 88–94）。弥生時代にあろうはずがない「日本」やその国土の存在が既に画定された事実であるかのように記述されている。もちろん，吉野ヶ里遺跡は「日本」の版図であったはずはない。このように，現代において認知されている国土空間を直接過去に投影している例は珍しくない。これでは，現代と同じ境界をもつ過去の国土空間の存在が前提とされ，歴史と共に変容してきた国土の構築性の理解は阻害される。古代人も中世人も，そして近世人も，現代の日本地図には縁がなく，私たちと同様には日本の国土をイメージしてはいなかったという理解の欠如も生じてくる。

(2) 普遍的な視点で眺める地図

　鳥瞰図は，特定の誰かが特定の地点から眺めた視点から描かれている。したがって，描き手に近いところは大きく拡大され，描き手から離れるに従って遠いところは縮小されていく。しかし，地図を眺める視点は，これとは全く異なっている。

　地図の視点は，自分自身が眺めた視点ではなく，特定の「誰か」が眺めた視点でしかない。それは，航空機から撮った多数の画像を基に作られている地図をイメージすると納得できるだろう。多数の画像の一つ一つは，異なる時刻に別々の場所を別々の「誰か」の視点で撮られたものだ。このような地図を眺める視点は，地図の平面全体の上にいわば偏在しているということだ。しかも，その視点は，誰もが重ね合わせることができる視点である。同じ地図を眺めるときには，同一時刻に同一の視点で一度に撮影地点の直上から俯瞰するように，誰もが，地図全体を瞬間的に眺めることになる。現実には，誰一人として地図を眺めるような視点をから，大地を見ることができない人間業では到底なしえない認識を，地図は可能にしている。そういう意味では，地図を眺める視点は，超越的で普遍的な視点だともいえる（若林 2009, pp. 47–48）。

　通常，自己の視点と他者の視点とを完全に重ねることなどあり得ないが，地図ではそれが可能となるため，想像上であっても，情報の共有が可能となる。それは，あくまでイメージされた世界を表象しているにすぎないのではあるが，

誰もが表象された事象を不特定の他者との間でも躊躇なく受け入れる。このように考えると，超越的で普遍的であり，自己の視点と他者の視点とが完全に重なる視点で眺められる地図，特に，演繹的視点から眺めた地図がもたらす国土像は，想像されたものであるが，共時的な視点から眺めると揺るぎなく固定化されたものとして表象されやすい。北は北海道から南は沖縄県までの科学的測量で製作された現代の日本地図を前提（ベースマップ）として日本通史が叙述され続けると，通時的視点から眺めた国土の構築性は理解できなくなってしまう。また，一旦，確定した事実として自然で所与の国土ということが定着し活用され始めたなら，その影響は留まることなく広がっていくはずである。

4. 日本図の古地図を用いた国土の構築性の理解

（1）古地図としての日本図を用いる理由

　国土全体を概観するには演繹的視点で国土を眺めるほかない。また，その国土の構築性を理解するためには，自然で自明で所与の存在としての国土像は払拭する必要がある。それは，絶え間ない環境に対する意図的で共同的な働きかけによって，人々が受け継いできた結果として成り立ち保持されてきた国土像を形成していくということである。このように考えると，図5-1の第II象限の視点から国土を眺めていくことが効果的である。しかし，この視点で国土を眺める学習は，これまでなされてこなかった。

　古代人も中世人も，そして近世人も，現代の日本地図には縁がなく，私たちと同様には日本の国土をイメージしてはいなかった。それは，単に，技術的に国土を眺める術を欠いていたからというだけでない。国土が形成される過程で，時代により人々の環境への意図的で協働的な働きかけが異なっていたため，国土そのものの様子や範囲が異なっていたからである。時代的に，国土は不変で一定ではなく，変遷していくため，国土そのもののイメージが現代の日本人と過去の日本人とは異なっていたはずである。それぞれの時代の人々が共有していた自らが属する世界の空間意識とその変容を明らかにしていくことは，国土の構築性を理解する上での意義であり，その際，古地図としての日本図を用い

その変遷を辿る理由である。

　国土の境界意識について，ブルース＝バートンは，二次元の地帯である「フロンティア」と一次元の線である「バウンダリー」という二つの形態を示し，その混同を避けるべきだという。前者は，国土の限界がはっきりとは規定されず，国家の支配力が中心からの距離に比例して少しずつ減退しどこかで尽きたり，別の国家の支配力と滲み合い出現したりする曖昧な境界である。ゆえに，本質的に「外向き」かつ「遠心的」である。後者は，国土の限界が明確かつ正確に規定され，内と外とを隔てる機能を果たす境界である。ゆえに本質的に「内向き」かつ「求心的」である（バートン 2000, pp. 23-24）。いずれも，境界の向こう側に「我々」とは異なる「彼ら」を意識し，その「彼ら」を鏡として「我々」を措定する点は共通している。しかし，「我々」と「彼ら」の境界を挟んで対峙する他者が，「フロンティア」の場合は漠然とした他者であるが，「バウンダリー」の場合は明確な他者である点は異なっている。

　例えば，総称して「伊能図」といわれる「大日本沿海輿地全図」のように，古地図であっても科学的測量で製作されたものは，現代のように上空から国土を直接眺めることができずとも，国民国家制度の影響を受けるようになると，領土を画定しようとしてバウンダリーによって隔てられた空間として国土を描写するようになる。国民国家制度の影響を受ける以前では，領土の境界は曖昧で，国家の支配力が中心から外部へと広がることが反映されるため，地図を描く視点が上空からであるとしても，境界意識は「フロンティア」の傾向が強いことは予測されることである。いずれにしても，科学的測量で製作され国土の全体像を描こうしている地図は，第III象限の視点から国土を眺めることになる。そして，その古地図を眺める私たちの視点は，現代の地図と比較可能であるため通時的で第II象限にある。このように国土図としての古地図を関連づけて用いることで，国土の空間的な広がりのみならず，境界意識の変容をも垣間見ることもできる。

　このように考えると，用いる古地図としては，残存する最古のもの，初めて直接ヨーロッパを意識した安土・桃山時代のもの，異国船の来航による外圧を感じていた近世末期のものを選択したい。それらと，国土が最大化していた第

二次世界大戦が終わる前や現在の日本地図と関連づけたい。

（2）用いる日本図の古地図

①　仁和寺蔵日本図──現存する最古の日本図その1

```
日本八道　五畿　五ヶ国
東海道十五ヶ国　東山道八ヶ国　北陸道七ヶ国
山陰道八ヶ国　山陽道八ヶ国　南海道六ヶ国
西海道十一ヶ国　　巳上六十八ヶ国
行基菩薩御作
東西二千八百七十里　南北五百卅七里
郡数五百七十八　郷数三千七百七十里
人数六十九億一万九千六百五十二人
嘉元三年大呂，謝寒風写之，不可及外見，
```

晶紙書きには，左記の記述があり，嘉元3年大呂，即ち，1305年12月の模写だとわかる。国土は，南を上にして紀伊半島が突出し，棒状に陸奥国から西に延びる。国境や海岸線は平滑な曲線で表現されている。中心の山城国からのびる朱色の道線によって各国を結び，各々の国の境界内には国名の他に属する道名，郡数，関名なども記されている。

　海野一隆（1999, pp. 99-103）は，12月に作成されたことと，「不可及外見」と記してあり，外部の者には見せてはならぬとあるということから，この日本図を大晦日に仁和寺で行われた追儺の儀式（節分のもとになった儀式）と結びつける。この儀式では，国土の四至の内部から疫鬼を追い払うが，その範囲を視覚に訴える必要があったというのである。応地利明は，記述情報が行政的把握としての国土が主題で，追儺の儀式の目的にこの日本図は適っていることから追儺の儀式に関する推定は説得力があるとする（応地 1996, pp. 71-72）。これに対し黒田日出男は，「不可及外見」という記載は，中世の写本類によく見られるものでこの日本図を特別視できないことや，12月が写本の時点を示すもので使用時期ではないことから追儺で用いたことは説明し難いという（黒田 2001, p. 34）。また，中世という時代を鑑み仏教と結びつけて，密教的な潤色が施された仏具である独鈷になぞらえ国土を形容しているということは，定説として一般に認められている。

　この日本図が追儺の儀式に用いられたかどうかは学問上の争点だが，模写の基となった日本図が中世より前に描かれたとすると，10世紀に編纂された

『延喜式』追儺祭文にあるように，当時の国土の四至が，「東方陸奥，西方遠値嘉，南方土佐，北方佐渡」とされていたことは事実だろう。そして，東西北の「堺」は広がりのある漠然とした領域だが，西方は遣唐使南路の出立地にあたる現在の長崎県五島列島の小値賀島で指示が際立って細かいというという指摘をしている（新田 2004, pp. 53–65）。

　このことからすると，西方には国土の限界を画する地点として他とは異なる意識があったことは確かである。模写の元となった日本図が描写された中世より前に生きた人々には，大帝国である「唐」の強大さが意識され，「唐」との境界意識が際立って細かい地名の記述に反映されたことは想像に難くない。また，仏具である独鈷になぞらえ国土をイメージしたということであれば，地図使用の目的が正確な地理情報を要求していたわけではないことも明らかだ。残念ながら，本州の西の一部，九州及び四国のかなりの部分に傷みによる欠落があるこの日本図からいえることは管見ながらこのくらいまでだと考える。

②　金沢文庫蔵日本図──現存する最古の日本図その2

　略図は本書第1章19ページ図1-1参照。東半分が欠落している。南を上にして東西に伸びた国境や海岸線を平滑な曲線で表現している点は仁和寺蔵日本図と共通であるが，山城国からのびる道線はない。各々の国内には国名，上・大・中・小の等級，田数が記されている。特筆すべきは，列島を取り囲み内外を画すうろこ模様の龍体の描写である。また，列島とは明らかに異なる陸塊と列島の外周に位置する唐土，高麗，新羅，蒙古，龍及，羅利，鴈道といった異国の記述や描写も目を引く。

　異国の構成国数から，応地利明は内外の国勢把握のための日本図だと見る（応地 1996, p. 70–71）。黒田日出男は，独鈷の形をした本州を中心とした日本と，龍体で画された外側の曖昧で形をなさない異国あるいは異界といった描写に注目する。「女人あつまり，来たる人還らず」という羅利と「城有りと雖も，人にあらず」という鴈道は実在しない。また，また，私領郡の記載から雨見嶋（奄美島）の日本勢力による私的支配，身人頭鳥の異人が住む龍及国宇嶋（琉球大島）の異域が確認できる。人ではない何者かが存在している鴈道やたど

り着いてもそこから人が戻ってくることのないない羅利に比して，龍及国宇嶋は，体は人間だが頭は鳥の異人が住んでいるという。これは，国土のから離れるごとに，遠くなるに従って異なる文化や風俗が見られることを示唆している。このようなことから，東西軸に横たわる国土に対し南北軸にはという想像上の異国あるいは異界が想定されていること，国土の限界から遠ざかるごとに薄くなる日本の支配力を受けとめることができるという。さらに，蒙古来襲（弘安の役：1281 年）の激戦地「シカノ嶋」（志賀島）や竹嶋（鷹島）の意識的で明細な描写から，その戦後を本図の年記と推測する。つまり，新羅はこの日本図が描かれた中世には存在しない古代の国名だということになる（黒田 2001，pp. 61-77）。

　そう考えるとこの蒙古という強大で明確な他者に対して龍体が国土を守護しているというのもあながち間違ってはなかろう。また，正対する他者が強烈に意識される場合は，境界意識も明確となり高まっていき，国民国家の誕生以前においても，「バウンダリー」の境界意識が醸成されていることも明らかである。このことは，東西軸に横たわる日本の国土や明確な他者としての外国である唐土，高麗，蒙古に対し，南北軸には想像上や明確に把握し切れてはいないが存在するであろう他者の住む異国や異界が描写されているということの裏付けにもなると考える。もちろん，南北軸での境界意識は，「フロンティア」だということは想像に難くない。

③　日本地図屏風（二曲一隻）――安土・桃山時代

　北を上にして国境が平滑な曲線で表現されている。山城国から五畿七道の諸国へ引かれた朱線があり，近世社会の特質である石高も国別に記されている。料紙の縁には幾つかの陸塊の一部のようなものが描かれているが，それが陸塊を表すかどうかはわからない。北東方面には，そのうちの一つが北海道の位置にあるが，それが北海道を指すかも不明である。南西方面では，九州近辺の島々までは描かれているが，それより南の島々は描かれていない。全体的に，現代の地図からすると海岸線は平滑である。しかし，仁和寺蔵日本図や金沢文庫蔵日本図に比して，半島や河川が強調されているように意識的に描写されて

いる。東西軸に沿って伸びる独鈷の形をした本州を中心とした日本の国土といった様相ではなく，現代の地図にも通じる北東から南西へと続く列島の並びが描写されている。このように，これまで取り上げた日本図より地理情報がかなり増えており，大きな変化がある。とりわけ九州の海岸線は，本州や四国に比べて形態が詳細で，九州，特に西側とその南西近辺の島々は，有馬，長サキ（長崎），こたう（五島），あまくさ（天草），こしき（甑）といったように，他に比してかなり細かい地名までが記されている（DNP アートコミュニケーションズウェブサイト）。

　西洋と日本との最初の接近が生じたこの時代，南蛮貿易が盛んになり，南蛮文化がもたらされた。これらが，ポルトガル，スペインの大航海時代と結びついていたことには留意しておく必要がある。また，当時，倭寇が荒れ狂っていたことによる明の海禁政策の影響もあって，南蛮貿易では，日明間の中継貿易を明時代の中国人，ポルトガル人とスペイン人，琉球人，日本の商人が介在し利益を得ていた。長崎が日本側の拠点として，ポルトガルがマカオ，マラッカを，スペインがマニラを拠点としていたことも，周知の事実である。このことは，当時のスペインやポルトガルの世界貿易システムに，日本が組み込まれていたことの証でもある。つまり，南蛮文化や南蛮貿易を通して入ってくる文物や物品は，東南アジアや九州を経由して日本国内へ流通していったのである。

　これらのことから，スペインやポルトガルといった正対する明確な他者は，国土の南西方向からやって来ており，この地図を描写したり見たりした人々の国内の地域的関心は，九州の西側や南西方向の島々へ焦点化されていたといっても過言ではないだろう。もちろん，スペインやポルトガルの強大さやそこからの圧力も感じていたに違いない。その点が，他の国土に対して細かい描写や地名の記述がなされていると考えられる。

④　日本輿地図藁——文化 6 年（1809 年）編纂

　本図は，「特別な伊能図」とも呼ばれ，伊能忠敬が測量を完結する以前，幕府の要請を受けた高橋景保が既存の伊能図と他の地図を利用して暫定的に編集したものである。既測量部分の海岸線は朱線，未測量部分の海岸線は黒線で記

されている（伊能忠敬研究会 1998, p. 43）。

　朝鮮半島の南岸と北海道南岸から九州及び種子島・屋久島までを収めており，九州は未測量で，北海道の南岸から中国・四国までは，実測していたことがわかる。日本国内には，国境線・国名・郡・城・陣屋・駅並古町・神社・寺院仏閣・湊浦等が記されており，形態は現代のものに近いが，未測だったがゆえに，結果として九州だけが妙に南北に細長く描写されている。緯線や京都を中心とした経線が引かれている点は，日本の近代が近いことを予感させる。一方で，蝦夷と朝鮮の名は，他の国内の国名と異なり，大きく目立つ赤枠で囲んだ記述となっており，松前藩を除く北海道がなおも「日本」の外部であるというこの時点での国土の空間認識が窺える。

　国土の実測は，北東の蝦夷地から始まり本州東岸，羽越，東海から北陸と南西へと進んでいった（伊能忠敬研究会 1998, p. 97-105）。伊能自身は「緯度，一度の距離を測るため」に測量を始めたとはいっているようだが，実際には，何のために測量をはじめたのか定かではない。しかし，幕府は，当初から補助金を出したり，1回目の蝦夷地測量の後は，幕府直轄事業としたりしている（伊能忠敬研究会 1998, pp. 14-16）。幕府にとって，この測量の意義は何だったのかということは，国土の北東から測量が始まったということと無関係ではなかろう。この時代，まだ日本とロシアの間では，国境が画定されていない。

　寛政4年（1792年），ロシアの遣日使節アダム・ラクスマンらは，ロシア皇帝エカテリーナ2世の国書とともに軍艦で根室に入港した。国書の内容は，シベリアに近い日本との交易によって生活物資を調達したいということであった。

　文化元年（1804年）には，ロシア使節レザノフが，ラクスマンの持ち帰った入港許可証をもって長崎に来航するが，幕府は冷淡に追い返す。しかし，ロシアの脅威は，文化3年（1806）から翌年にかけて，レザノフの部下たちが樺太・択捉島ほかの日本人居住地を襲撃したことでさらに差し迫ったものとなる。文化4年（1807）末，幕府はロシア船の打払を命じると共に，南部・津軽・会津・仙台の各藩を動員して蝦夷地の防備の充実を図ることになる。その後も度々，ロシアとの緊張関係は継続していくことになる[2]。つまり，ロシアは，アメリカよりずっと以前から日本に対して開国の圧力をかけてきた最初の

国であり，その圧力は，国土の北東からかかっていたのである。このように考えると，ロシアの南下政策と，国土の南西方面の測量が後回しになったこととの関係も見えてこよう。

5. おわりに——古地図と近現代の日本図を比較して

　領有権を有する範囲である国土は，社会的に構築されているからこそ，常に一定であることはない。近代において，日本が国民国家制度の中に組み込まれて後，第2次世界大戦終結までの間で，バウンダリーである国境が明確になっていく過程での主な国土の変遷や画定は，以下の通りであった。

・安政元年（1855年），日本国魯西亜国通好条約で択捉島と得撫島の間に国境を画定
・明治5年（1872年），第1次琉球処分で領土化
・明治8年（1875年），千島樺太交換条約で得撫島以北の18島を編入
・明治28年（1895年），下関条約で遼東半島及び台湾本島と澎湖島割譲，
・同年，奉天半島還付ニ関スル条約で遼東半島返還
・明治38年（1905年）ポーツマス条約で北緯50度以南の樺太割譲
・明治43年（1910年），韓国併合ニ関スル条約で朝鮮併合
・昭和13年（1938年），南沙諸島（当時は新南群島）を編入

　現代の国土の四至は，東端は南鳥島，西端は与那国島，北端は択捉島，南端は沖ノ鳥島である。しかし，北海道も沖縄も，国土となったことが確認されたのは19世紀以降である。また，第2次世界大戦終結までは，南樺太，台湾，朝鮮までもが国土であった時期もある。このような近代以降のバウンダリーである国境線は，国土の全周において変遷し画定されていった。そこには，明確な他者としての他国が「バウンダリー」の向こうには意識されている。
　仁和寺蔵日本図の基となった日本図が描かれた時代では，大陸の強大な帝国を鏡として意識した明確な他国との対照関係から国土を措定する「バウン

ダリー」の境界意識も推測されるが，他の方向への境界意識は曖昧な「フロンティア」といっていいだろう。日本地図屏風においても，いわゆる南蛮を強く意識した国土の南西への注視は，「バウンダリー」意識の萌芽といってもいいかもしれないが，他の方向への境界意識は曖昧な「フロンティア」ということになろう。日本輿地図藁に至っても，松前藩領を除く北海道の帰属は画定していない。ロシアの南下による「バウンダリー」としての境界線の画定の必要性は実感していたとしても，北東の境界は曖昧な「フロンティア」のままである。また，他の方向も境界は明確に示されてはいない。

　このような国土の境界意識や境界への地域的関心の変遷と国土の実際の拡縮の変遷とを辿っていくことは，国土の構築性を理解していくことに直接結びつくはずである。なぜならば，このような国土意識や認識の変遷は，まさに，「バウンダリー」であっても「フロンティア」であっても，明確であっても曖昧であっても，境界の向こうにいる自分たちとは異なる他者である他国を鏡として措定されているからである。そのため，他者との関係性の中で，よくも悪くも，摩擦や軋轢，紛争，協議を重ねながら，人々の認識や活動によって社会的・文化的・歴史的に構築された人工物が国土だということが，その可変性と共に否応なく理解できるはずである。

註
1)　国家の広がりである国土は，人々の認識や活動によって社会的・文化的・歴史的に構築されたものであり，したがって可変的である。そのような性質を国土の構築性と表現する。
2)　国立公文書館ウェブサイトを参照のこと。

引用・参考文献
網野善彦（2000）『「日本」とは何か』講談社.
伊能忠敬研究会（1998）『忠敬と伊能図』現代書館.

海野一隆（1999）『地図に見る日本』大修館書店.

応地利明（1996）『絵地図の世界像』岩波書店.

金野誠志（2009）「小学校社会科における国土学習の改善 ——〈国土〉の構築性に着目して」『社会認識教育学研究』第 24 号，鳴門社会科教育学会，pp. 13–22.

黒田日出男（2001）「行基式〈日本図〉とはなにか」黒田日出男、メアリ・エリザベス・ベリー、杉本史子編『地図と絵図の政治文化史』東京大学出版会，pp. 3–77.

黒田日出男（2003）『龍の棲む日本』岩波書店.

国立公文書館「異国船来航 3. 北夷談」『激動幕府 ——開国の衝撃』 https://www.archives.go.jp/exhibition/digital/bakumatsu/contents/03.html　2023 年 9 月 1 日閲覧.

東京書籍（2020）『新しい社会』6 歴史編，東京書籍.

新田一郎（2004）：『中世に国家はあったか』山川出版社.

バートン，ブルース（2000）『日本の「境界」』青木書店.

若林幹夫（2009）『増補 地図の想像力』河出書房新社.

DNP アートコミュニケーションズ　https://images.dnpartcom.jp/ia/workDetail?id=KCM000083

第6章
国民教育の中での世界文化遺産
シンガポールの小学校社会科を例として

1. はじめに

　UNESCO は，世界遺産の保存に協力するため，革新的な教育手法の開発を目的とした世界遺産教育を推進しており（UNESCO 2000, p. 15），我が国でも世界遺産の価値や保護，活用に焦点を当てた教育が注目されつつある[1]。そこでは，世界遺産が有する「顕著な普遍的価値 = Outstanding Universal Value」の理解が欠かせない。

　我が国の小学校学習指導要領では，社会科において世界文化遺産の扱いについて言及はあるが，「国家及び社会の発展に大きな働きをした先人の業績や優れた文化遺産についての理解」が目的で，その手段として位置づいている（文部科学省 2018, pp. 124–128）。国家及び社会の発展に大きな働きをした先人の業績や優れた文化遺産が有する価値と世界文化遺産が有する「顕著な普遍的価値」とは一致しないため，いかに両者の関係性を考慮し実践の俎上に載せるかは喫緊の課題である。しかし，我が国の小学校社会科には，世界文化遺産を中核とした内容が示されておらず，管見ながらこの課題を解決しようという意識は一部の研究者や実践者を除いて極めて低いという感が否めない。一方，2012 年のシラバス改訂に伴い編集されたシンガポールの小学校社会科教科書では，世界文化遺産を中核とした内容の単元がある。本章では，その内，フィリピンの「歴史都市ビガン」の記述から，我が国の小学校社会科における世界文化遺産に関する内容の教育について示唆を得ようというものである。

2. シンガポールの社会科で世界文化遺産を取り上げる目的

　2012 年版シンガポール小学校社会科シラバスでは，国民やグローバル市民，コミュニティや国家，全ての民族による文化の多様性などの多重なシティズンシップ育成に関わる語句が広くみられる。また，教科の基本的考え方として，学習者が生活する世界に責任をもち貢献する見識があり，気づかいができ，参画する意思決定の質が高い市民の育成が目指されている（吉田 2013, p. 37）。しかし，以下の目指す学習者像からして，ここでいう市民とは国民国家の国民としての側面が強調されていることを確認しておく必要がある。

・グローバルな見通しをもつシンガポール人としての自分のアイデンティティに対する他者のアイデンティティを理解する。
・シンガポールの視点を理解し世界を見る。
・自分たちのコミュニティと国家に帰属する感覚をもっている。
(Curriculum Planning and Development Division Ministry of Education Singapore 2011, pp. 1–3)

　シラバスによると，世界文化遺産に関する内容が位置している第 6 学年の考察の焦点は，「東南アジアはシンガポールにとってどのように重要か？」ということで，「東南アジアにおける自然的な環境や多様な生活の様子」，「文化的，経済的，地理的な関係を通した結びつき」を理解し，さらに「ASEAN（東南アジア諸国連合）のなかで共有された共通の経験を探求することによる地域の協力の重要性」を理解していくことが期待されている。そのために必要な事実的な知識として，「東南アジアの国々の位置と自然の特色」「東南アジアにおける人々の生活の様子の類似点と相違点」「シンガポールと東南アジアの他の国々との結びつき」「ASEAN の役割と重要性」が挙げられている（Curriculum Planning and Development Division Ministry of Education Singapore 2011, p. 41）。
　このシラバスに基づき，シンガポール教育省カリキュラム設計開発部 (Ministry of Education, Curriculum Planning and Development Division：以後，

表6-1　教科書の単元名

6A	6B
1　東南アジアの人々と場所	1　東南アジアの成長への貢献
2　東南アジアの素晴らしさ	2　東南アジアに生きる道
3　東南アジアの古代王国の業績	3　ASEANを通じた協力

MOEと表記）が作成した教科書 *Inquiring Into Our World* は6A/6Bの2巻があり，単元名は，表6-1の通りである。

　以下に示した教科書6Bの最終単元の導入や学習の到達目標の記述からもわかるように，小学校での学習の集大成は，東南アジア地域，特に，ASEANに加盟している国々との協力によるこの地域の平和と安定の重要性について学習することである（Curriculum Planning and Development Division Ministry of Education Singapore 2014b, pp. 77–78）。

【導入の記述】
　ASEANは東南アジアで重要な地域的組織です。ASEANは，人々や文化の多様な集団が存在する東南アジアの国々をまとめています。ASEANの目的は，この地域に平和と安定をもたらすことです。ASEANのシンボルを見てみましょう。このシンボルを見て，どんなことを考えましたか？

【到達目標】
・ASEANの成り立ちと目的が説明できること。
・ASEANの国々がどのように，お互いに協力しているか表現できること。
・地域組織としてASEANの重要性が理解できること。

　多様なシティズンシップ育成に関わる語句が広く見られるが，MOEが作成したシラバスや教科書がナショナル・シティズンシップの育成を重視することは不思議ではない。この地域の平和と安定がシンガポールという国民国家にとっていかに重要かを正しく理解させたいという意図があることは，シラバスの考察の焦点「シンガポールにとって東南アジアはどのように重要か？」から

も容易に想像できる。このような考えに基づき世界文化遺産を取り上げた単元
は，教科書では表6-1の6A第2章「東南アジアの素晴らしさ」に位置づいて
いる。

　一方で，世界文化遺産の登録に際しては，他に比類なき「顕著な普遍的
価値」を有しているかが問われるが，その証明には，建造物や景観などに
ついてその文化がもつ独自性や伝統，技術を継承しているという「真正性
（authenticity）」と，保護のため十分な広さや法律など，遺産の価値を証明し保
護保全するための必要条件が整っているという「完全性（integrity）」とが要求
される（NPO法人世界遺産アカデミー2013, p. 26）。つまり，全人類のための遺
産として保存しなければならない特別の価値が「顕著な普遍的価値」であり，
世界文化遺産とは，国際社会全体で保護することが全世界の国民のために重要
だと認められた価値を有する遺産ということである（UNESCO 1972）。

　自国に世界文化遺産があれば，一国にとって重要な文化的価値を強調し国民
国家の凝集性を高めるため，世界文化遺産を国民文化の象徴として扱うことも
不可能ではないが，自国に世界文化遺産がなかった時期に，他国の世界文化遺
産をどのようにシンガポールの教科書が記述しているか非常に興味深い。その
記述内容からは，我が国で世界文化遺産についての内容を取り上げる際に大き
な示唆を得ることができよう。

3. 「歴史都市ビガン」の世界遺産登録の経緯とその影響

(1) 経時的な空間認識と相対的な空間認識の関係性から

　ルソン島にあるビガンは，マニラの北方約400 kmにある南イロコス州の州
都である。1572年，スペイン領となったビガンには，二つの保存中核地区が
ある。一つは広場（plaza）を囲むように位置づく大聖堂，大司教居住，地方
政府庁舎などが立ち並ぶ公的な空間である。もう一つは，主として先住民と華
人との混血者である中国系メスティーソが建造したバハイ・ナ・バトと呼ばれ
る2階建ての家屋が並ぶ商業的な空間である。これらの建造物群がスペイン植
民都市特有の都市計画の中にある（鈴木2016, p. 5）。

世界文化遺産「歴史都市ビガン」の登録の基盤には，「16世紀に始まるフィリピンのスペイン植民地支配期を通して，政治，宗教，商業の拠点であった。南シナ海に注ぐ河川に囲まれた中州に位置する。長らくメキシコのアカプルコとフィリピンとの間の太平洋を跨ぐガレオン貿易の中継地点であった」（鈴木2017, pp. 3-4）という前提での理解がある。

　ガレオン貿易とビガンの盛衰は無関係ではないが，ガレオン貿易のフィリピン側の起点はマニラであった。ビガンは，フィリピン内では，政治，宗教，商業の拠点の一つではあったが，ガレオン貿易という大きな経済的なシステムの中での地位はさほど高いわけではなく，マニラとの関係における一中継地点と解する必要がある。

　ガレオン貿易により植民者が潤う部分が大きかったが，フィリピン政庁の財政は大幅な赤字を続けていたため，ガレオン貿易やメキシコ政庁からの赤字補填金に依存しないように推進されたのが，1782年から導入された輸出用商品作物農業としてタバコの強制栽培及び専売制度で，その代表的な生産地がビガンを含むイロコス地方だった。ガレオン貿易が1815年に廃止されても，タバコの専売制度は1881年まで続けられた。これによって，フィリピン政庁の財政は黒字化し，その後も，タバコは輸出商品として重要な位置を占め続けた（池端・生田1977, pp. 41-47）。

　そして，イロコス地方に於いて，地方とマニラを結び，生産・集散・輸送まで幅広く掌握したのが中国系メスティーソで，富裕層となった彼らを施主としてバハイ・ナ・バトがこの時期に建築されたのである（山口潔子・布野修司・安藤正雄・脇田祥尚2003, pp. 1-2）。

　以上を顧みると，ガレオン貿易ではビガンが中心的な役割を果たしてたわけではなく，それがバハイ・ナ・バトの建築に直接影響を及ぼしたわけでもないことがわかる。経時的な空間認識への無自覚は，区割りされた土地上の公的な空間と商業的な空間の二つの保存中核地区が当初より同時に並立し融合していたという誤解をもたらしかねない。また，植民地首府マニラに対する地方都市ビガンという相対的な空間認識への無自覚は，ビガンこそがガレオン貿易の拠点であったという誤解をもたらしかねない。この誤解が覆い隠され修正されな

いままだと，16世紀の植民都市建設時から変わらぬ「歴史都市ビガン」が創造され本質化されていく危険性が憂慮される。

(2) 世界遺産登録と住民意識の変遷から

　マニラのような植民地の中心都市は，植民地経営の効率性と統治者の利便性を高めるため，他地域に比して極度に政治的・経済的機能が集約され，成長をとげて大都市となった。一方で，地方都市の政治的・経済的機能の向上は後回しとなり，衰退が進む事態が起きている。そのため，フィリピンの一地方都市ビガンは，生き残り戦略として外部の制度であるUNESCOの世界遺産登録を切り札として利用し観光を主体とした飛躍的な経済効果を期待しつつ，世界遺産の保護との間で難しい舵取りを進め，ある程度成功させて国際的評価を得た（鈴木 2016, pp. 4）。

　ビガンにおける世界文化遺産の登録は，2度申請されたが見送りとなった経緯がある。ビガンは，スペインの植民地支配に抵抗した人物や大統領など，フィリピン史で活躍した著名人を多数輩出しており，フィリピン国内に於いてはもともとビガンの歴史上の価値は極めて高いことが意識されていた。しかし，世界文化遺産の登録には，一国史の中での意義や価値はさして重要なことではなかった。UNESCOは，どのような人類普遍の価値があるのか説得力をもって語るだけの壮大なストーリーを問うたのだがそれには応えられなかった。そのため，UNESCOの基準に対して認められるように，同じスペインに植民地支配されたラテンアメリカとも異なる，ヨーロッパとアジアとの文化が融合した異種混交性こそビガンが世界に誇れる文化遺産の中身であるという「語るべき歴史」としてのマスターナラティブが試行錯誤を通し創造された（鈴木 2016, pp. 11–12）。

　世界文化遺産に登録される以前，バハイ・ナ・バトでさえ，登録を意識していた実質的な活動は，所有者による運動のみであった。同じ行政区に住む住民であっても，自らが帰属する文化集団内で各々その重要性を自覚していただけで，他の文化集団からすると，関心はあまりなかった。ところが，ビガン政府が観光開発の手段として遺産の登録や保護を活用し，公的プロジェクトとして

世界遺産登録へと繋がるよう展開していく過程で，文化集団間の壁を越え，バハイ・ナ・バトが「ビガンらしさ」を表現するものとして消費されていった。それがマスターナラティブの一つとして創造され，住民全体に認識されていった。それらを補完するローカルヒストリーとして伝統的な手工芸品（例えば陶器，テラコッタ，綿織物など）や地元特産品（例えばロンガニサと呼ばれるソーセージなど）の制作・製造までもが，世界文化遺産という文脈の中で観光資源開発として語られるようになった。つまり，世界文化遺産の保存中核地区を構成する二つの空間が存在することから，帝国と交易というグローバルヒストリーと連動したマスターナラティブ，即ち「語るべき歴史」が創造され，その上に，世界遺産観光の新たな資源としてローカルヒストリーも全体を構成する一部としてマスターナラティブに包摂し体現していったということである。ルソン島北部にはイロカノ語を母語とするイロカノ人が居住しており，以前は「ビガン人」を名乗る人はいなかった。しかし，ローカルヒストリーも全体を構成する一部としてマスターナラティブに包摂されていく過程でイロカノ人の中には「ビガン人」を名乗る住民が出てきているし，現地の世界遺産を扱った資料の中にも「ビガン人」の表記が散見されるようになってきている（鈴木 2016，p. 18）。

　以上を顧みると，観光を主体とした地域経済の発展を目的とし，その手段として世界遺産の登録及び保護が進んだことや，壮大なストーリーがビガン住民に実感あるものとして繰り返し創造され定着していった経緯が見えてくる。そこでは世界文化遺産の登録を契機に，ビガンで生活していたイロカノ人の意思とは別のところで「ビガン人」が創造され，さらに，社会集団としての想像が進む。そして，それらが，人々の間で均質化され，あたかもはるか昔から変わらぬ「ビガン人」がいたというような，先に述べたこととは異なる本質化の危険性が憂慮される。

第6章　国民教育の中での世界文化遺産　　111

4. シンガポールの小学校社会科の教科書における「歴史都市ビガン」

(1) UNESCO のいう「顕著な普遍的価値」

　シンガポールとビガンとは，植民地支配下で成立し中継貿易港として発展した過程で都市計画や植民地建築が進んだ点で共通性がある。世界遺産条約の40周年記念日に，世界遺産の管理における最もよい実践モデルとして表彰されているという点でも，「歴史都市ビガン」の記述に着目する意味は大きい。

　ビガンは，旧市街地が1999年に世界文化遺産に登録された。UNESCO の世界文化遺産についてのインターネットサイト "Historic City of Vigan" では，世界文化遺産への登録に関する「顕著な普遍的価値」の「基準」や「完全性」及び「真正性」が示されている。それを抜粋して表6-2の通り整理した（UNESCO 1999）。このような情報が，教科書記述に反映されていることは否定のしようがない。

表6-2　「歴史都市ビガン」の顕著な普遍的価値

基準（ii）：ビガンは，アジアの建築デザインや構造と，ヨーロッパの植民地建築や都市計画との他に類を見ない融合を表している。
基準（iv）：ビガンは，東アジアと東南アジアにおけるヨーロッパの貿易都市の中でも非常に無傷でよく保存されている例である。

完全性
　「歴史都市ビガン」の価値を明示するために必要なすべての要素は建造物群の中で含まれている。これは，十分に計画し保存されたスペインの植民都市としての意義を表現しているということを保証する。現在のところ，遠方にいる所有者が手入れをしないために状態が悪化している少数の家屋あるが，ビガンの家屋の重要な特徴の大部分は，保護されている。

真正性
　ビガンは，グリッド状の道路様式，歴史的な都市計画や空間の利用といった真正性を維持してきた。歴史的な建物は所有者の1階での商取引，2階では住居という彼らの伝統的な使用法を維持している。しかし，非常に少数の家しか，その当時ままの姿で残ってはいない。よりよく保存された住宅には，大規模な居住空間を小さなアパートに細分化したり，商業使用のために1階の空間を変更したりと，内部の変更が行われている。新しい使用を可能にするために完全に作り替えられた結果，多くの構造物が，真正性を失ってしまった。そして，放棄されたり，放置されたりして朽ちるがままにされた構造物もある。煉瓦，木材，カピス貝，漆喰や石膏のための石灰といったような建築資材は，全て周辺地域から入手されていたが，木や漆喰や石膏のための石灰のような伝統的な建築資材の欠如は，結果としてセメントや屋根葺きのための亜鉛メッキされた鉄の板のような近代的な資材の使用を促した。しかし，場所が（世界遺産リストに）登録されたときから，真正性を維持する必要性の認識は劇的に拡大している。現在では残っている伝統的な建築資材を利用しながら，過去3世紀にわたって培われてきた保存方法が再度導入されている。

出典：UNESCO 1999

「顕著な普遍的価値」があるという点で，ビガンは一つの地域として固有の要素により特徴づけられた一定の空間的広がりが認められ世界文化遺産に登録された。それが，他に類を見ず特別の価値を有しており，全人類のための世界の遺産の一部として保存しなければならないもので，しかも非常に無傷でよく保存されているということが登録の理由である。

「真正性（authenticity）」と「完全性（integrity）」を念頭に置くと，特定の世界文化遺産が「どこにあるのか」，「どのような状態か」，「なぜ，そこにあるのか」，「どのようにして現在に至るのか」，「どのような影響をもってきたのか」，「人類共通の遺産として保護・保存する必要性がなぜあり，そのための対処はどのようにあるべきか」という問いかけに答えることで，「顕著な普遍的価値」は理解できよう。これは「地理学者の問いかけ」と軌を一にしており「顕著な普遍的価値」を学習する際に，地理学研究の中心概念である「位置と分布」，「場所」，「人間と自然環境との相互依存関係」，「空間的相互作用」，「地域」を意識しておくことには大きな意味がある（国際地理学連合・地理教育委員会編 1993，pp. 48–49）。

そこで，地理学者である応地利明（2005, pp. 1–8）の植民都市建設に視点を当てたフィールドノートの記述を媒介することで，UNESCO のホームページ「歴史都市ビガン」の「顕著な普遍的価値」に関する「概要（brief synthesis）」の記述と，シンガポールの社会科教科書 *Inquiring Into Our World 6A* の記述とを，地理学研究の中心概念に基づき，表 6-3 の通り分類し比較して，その特徴を明らかにしておきたい。

(2) UNESCO と教科書の記述の特徴

「位置と分布」は，教科書も UNESCO の記述も，フィリピン国内での相対位置のみが示されている。「場所」についても，エイブラ川が作った三角州に位置するという記述以外はない。「人間と自然環境との相互依存関係」の記述はない。つまり，世界文化遺産としての文化的景観が造り出されるに至った特徴的で多様なはずの自然的人文的諸要素やその関係性については記述が見当たらない。

表 6-3　地理学研究の中心概念からみた UNESCO の記述と教科書の記述の比較

	UNESCO の Historic City of Vigan Brief synthesis の全文章記述	Inquiring Into Our World 6A Historic Town of Vigan の全文章記述	フィリピン　ビガン市でのフィールドノート 民都市建設と 1573 年植民例からの抜粋 （伊地 2005, pp. 1-8）
位置と分布	・フィリピン群島にあるルソン本島南イロコス州北西部の海岸線近くにある。	・歴史都市ビガンは、フィリピンのルソン島の北西部一角あたりにある。	・スペイン支配の浸透とともに、植民都市が北部に建設されていった中での最北部にあたり、中国・台湾・日本との関係を見据えた東アジア海域と太平洋の接点である。
場所	・エイブラ川の三角州に位置している。	・エイブラ川の三角州に位置している。	・東の太平洋岸を襲う夏の台風を避ける西海岸にある。 ・ルソン島北端部の沖合は、スエズ・エスパーニャに向かう太平洋横断のガレオン船が航路を北東方向に転じて、黒潮をとらえる転換点にあたる。 ・ボギド川がゴヴァンテスリにメスティーン川にとに分流した南シナ海から 3〜5 km 上流の分流点を都市域の北東コーナーとして、交通の便のよい両河川の間に建設された。
人間と自然環境との相互依存関係	・該当なし	・該当なし	・メスティーン川はビガンの東辺では切りたった断崖をなして都市部は段丘上に位置しているかのようである南西方向に流下し、ゴヴァンテス川は河川敷を大きく広げて西流していくため、産品の中継・集散のための船の通路としてだけでなく軍事的な防御上の意味がある。 ・南シナ海に注いでいるメスティーン川の河川部は、そこから延びる砂州によって内水面と外水面に別れており、内水面を利用した「村落兼港」がある。そこは風待ち場所、台風の避難場所、風待ち期間を利用しての船体修理や補修を行う場所として、鮫外浮材船や小型帆船時代には適地だったが、後には、港湾立地の場とはなりえなかった。 ・イロコス地方は、フィリピンの中で最も農業・工業（綿業）の発展していたが、1782 年からタバコの強制栽培およびその専売制度が導入され、村落経済が解体していった。

表 6-3 地理学研究の中心概念からみた UNESCO の記述と教科書の記述の比較（つづき）

	UNESCO の Historic City of Vigan Brief synthesis の全文翻訳	Inquiring Into Our World 6A Historic Town of Vigan の全文翻訳	フィリピン　ビガン市のフィールドノート 民都市建設と 1573 年植民例からの抜粋 （応地 2005, pp. 1-8）
空間的相互作用	・16 世紀からの植民地時代以前にも重要な交易拠点だった。 ・建築様式は、フィリピンの他の場所や中国からだけでなく、ヨーロッパやメキシコなどの様々な文化的な要素が集まり、東アジアや東南アジアには比類のない独特な文化や街並みに反映されている。 ・他のラテンアメリカのスペインの植民都市 (Mestizo 地区として知られている) との間には、ラテンの伝統が中国人、イロカノ人（ルソン島の一種族）、フィリピン人の影響を強く受けて顕著が現れる。中国人とイロカノ人との間で誕生した富裕中国系メスティーソたちが定住していた。その区域が街全体の歴史的な足跡を残している。 ・家庭用と商用の建築様式に加えて、ビガンには多様な、文化の影響を示す多くの重要な公共建築物がある。	・16 世紀には、フィリピンはスペインの民植地支配下にあった。 ・貿易の中心地として建設され、まもなく地域の経済の中心地となった。 ・多くの国から人々が交易のために集まり、ここに定住した。そのため、町を歩くとヨーロッパとアジアの融合した建築様式をみることができる。 ・16 世紀にスペイン人がフィリピン北部末にる前、地元の人々はスペイン人が機って inabel と呼ばれる特徴的な布を織っていた。スペイン人は強くて耐久性のある inabel に興味を示し、地元の人々が inabel を作った時には彼らの遠洋航海の船で同じように耐久性のある船の帆布を作ることにした。inabel は、今でも毛布を作るためにも使われている。 ・豊かな文化遺産があることによって、町で行われる年に一度の地域のお祭りを見ることができる歴史都市ビガンに多くの観光客がやってくる。 ・年を追うごとに、フィリピンの北部地域を訪ねたいという何万もの旅行者をビガンに引き寄せる重要なお祭りとなり、旅行者は伝統的なゲームをしたり歌を歌ったり、美人コンテストに参加したりと一連の活動に参加している。その中でも、最も有名なイベント inabel がどのように作られるかを示す Binatbatan ストリートダンスである。 ・1 月には、もう一つのお祭りである Bigan シティフィエスタがあり、この期間には、地元の人である Biguenos だけでなく、フィリピン全国にいう及ばず、外国からも家族や友人とともに、人々は祭りを祝うためにビガンにやってくる。	・1750 年に中国系人々の居住がマニラ周辺に限定されていたが、1850 年に地方移住が再び認められ、中国系メスティーソもビガンに回帰してタバコの生産過程に参入し生産・集散・輸送を掌握した。 ・ルソン島北部の拠点としては、中国・台湾・日本との関係を見据えるとカガヤン川河口部が理想ではあるが、中国・台湾・日本からの武装来航者（倭寇も含む）がカガヤン川河口部を占拠していたため、その代替地として確保された。 ・スペイン王権の領域支配の正当性は、キリスト教の布教という点にあり、港市だけでなく先住民の居住空間でもある内陸市が合む都市ネットワーク構築を志向していた。 ・ビガン建設の 8 年後、カガヤン川河口部を占拠していた勢力を 1582 年に追い出した後でにスエル・セビアが建設され司教領もそこに置かれて急速に成長した。 ・東アジア貿易中継センターとしての台湾の成長、新たに成立した清帝国の海禁強化（1656 年）により、スエル・セビアでの経済活動は衰退した。 ・1755 年には、北ルソン司教区の中心機能スエル・セビアの所在地からビガンへ移転し、1758 年にビガンは行政上のヴィジャ（villa）つまり町からシウダード（ciudad）つまり市となった。

地域

・ビガンは、計画的につくられたスペインの植民都市のうち16世紀に建設されたものでアジアにおいても最も無傷で残っている事例である。
・ビガンは、スペイン植民都市の多くの特徴、特に、グリッド状の道路様式と歴史的な都市計画を今でも維持している点で希有である。また、ビガンの重要性は、異なる建築様式が混ざり合っていながら、単一の町並みを創り上げている。
・指定された地域全体は17.25ヘクタールあり、伝統的なスペイン風のグリッド状の都市計画に隣接する二つの広場がある。Salcedo広場は、少し小さいBurgos広場とともにL字型の空間を作っており、この二つの広場は、セントポール大聖堂、司教の宮殿、市庁舎と地方議事堂の建物に囲まれている。
・街の都市計画は、植民地における地域社会の構築と管理について規定したインディアス法により指定されたルネッサンス格子計画にしっかりと則っている。
・中国系メスティーソたちが定住していた地区には、233の建物が25本のグリッド状に作られた街道に沿って並び、街全体の歴史的な足跡が残されている。
・2階建ての構造は、伝統的な中国の建築を彷彿とさせる急勾配の屋根で、レンガと木でつくられている。上部階の外壁は、スライドさせることができるカピス貝がはめこまれた格子窓で用いている。
・2階建ての既存の建物のほとんどは、おそらく18世紀半ばから19世紀後半に建設された。経済の中核地域であったビガンの衰退のため、第2次世界大戦後に、別の用途のために内部の改造された建物がほとんどの建物に、中国系の業者や商人は、2階を生活空間として、一階を店舗や事務所や倉庫として利用し商売をしていた。

・ヨーロッパ人が東南アジアに造った貿易都市の典型例としてよく保存されているということから、UNESCOの世界遺産リストに登録された。
・現代でもビガンでは、スペインの植民支配の時代における代表的な建築様式が残っており、その典型例を観ることができる。
・スペインの植民地時代の家に挟まれた狭い石畳の通りがある。クリソロゴ通りの両側には、交易商のものである瓦った家が並んでいる。それらは、屋根に独特の赤い瓦が敷かれたシンプルな家である。ぶ厚いさな戸ドアに、部屋に通じる階段、高い天井と引き戸になった窓などが特徴的である。
・ビガンでの魅力の一つは、時間が止まったように思われるクリソロゴと呼ばれる通りである。この石畳の通りは、自動車が通ることは許可されておらず、非常によい保存状態を保っている。
・石畳の通りの輸送手段は、自動車の代わりに、馬車や馬でにひかれた乗り物である。
・この石畳の通りは、夜、古い街灯によってライトアップされる。
・5月の第1週に芸術祭のお祝いがある。この祭りは、1993年から歴史的な町の価値に対する認識を深めようと始まった。
・1月の祭りでは、文化的なショー、パレード、ストリートダンス、フードフェア等が工芸物展とともにある。地域のスペイスを使った古年つづく昔ながらのソーセージであるビガン・ロンガニーサを喜ぶ客が集まるもこの時行われる。

・1573年にフェリペⅡ世のいわゆる植民都市建設の指針条項を有するインディアス法が公布された時期とビガンの建設は時期的には重なることから、同法に基づくスペイン植民都市のグリッド状の街路により区割りされた都市計画がビガンらしい特徴のある空間的広がりをつくった。
・ビガン旧市は17世紀中期に建設が始まるが多くは19世紀後半に中国系メスティーソによって建設されたハイ・ナ・バト（石の家の意）と呼ばれる2階建て家屋が並ぶ景観を誇り、これらが世界遺産登録を実現の時期とハイ・ナ・バトの建築時期との間には3世紀のずれがある。

「空間的相互作用」についても，ビガンの存在が，交易拠点であったという
事実のみが若干記されているだけである。財や情報の交換，人口移動などから
見た地域間の関係性から，交易拠点として機能した経緯や理由の記述は見当た
らない。世界文化遺産に登録される直接要因である商業的な空間の成立に関し
ても，UNESCO の記述が中国系メスティーソの存在と関与については触れて
いるが，成立の経緯や理由については，いずれからも読み取れない。

　「空間的相互作用」に関して，UNESCO の記述と教科書の記述の違いは，前
者にはない世界文化遺産の登録とは無関係の観光資源や地場産業など，経済発
展を意識したローカルヒストリーが，後者にはかなりあることである。このこ
とは，空間的にも時間的にも固有の自然的要素や社会・経済的要素により特徴
づけられた一定の広がりである「地域」の記述についてもいえる。

　「地域」については，いずれも，世界文化遺産に登録された理由が，表 6-2
の登録基準（ⅱ）及び（ⅳ）に沿うように記述されている。また，植民地支配
時代の建築様式の典型例として，商業的空間にある 2 階建て家屋を大きく取
り上げている点は共通である。経済発展を意識したローカルヒストリーの有無
以外に，「地域」に関して大きな違いが 2 点ある。1 点は，UNESCO の記述で
バハイ・ナ・バトがある商業的な空間に記述の重点があることは確かであるが，
教科書の記述では皆無のグリッド状の道路様式，歴史的な都市計画，二つの広
場を中心とした公的な空間やそこにある歴史的建造物についてかなり詳細に言
及されていることである。もう 1 点は，UNESCO の記述では，16 世紀から始
まった植民都市としての公的な空間やそこにある歴史的建造物の建設と，18
世紀半ばから 19 世紀後半にかけての中国系メスティーソにより行われた商業
的空間にある 2 階建て家屋の建築時期や用途が異なることを経時的な視点から
明らかにしていることである。教科書の記述では，公的な空間やそこにある歴
史的建造物の建設についての記述はなく，中国系メスティーソにより行われた
商業的空間にある 2 階建て家屋の特徴のみが記述されている。

　要するに，教科書の記述は，UNESCO の記述から見ると，以下の 3 点の特
色があるといえよう。

① 教科書の記述は，UNESCO の記述を簡略化し，しかも，バハイ・ナ・バトが集積している商業的な空間の内容に特化していること。

② 教科書の記述は，UNESCO の記述にはない経済発展を意識したローカルヒストリーを付加していること。

③ 教科書の記述は，UNESCO の記述には見られる公的な空間と商業的な空間の関係性を示す経時的な視点が見られないこと。

(3) 応地（2005）の記述を対照してみた教科書の記述の特色

ビガンは，スペイン植民都市特有の都市計画や公的な空間の建造物群を擁してはいるが，それだけでは他に類を見ないとはいえず世界文化遺産の登録はなしえなかった。よく保存されていた他に類を見ない商業的な空間の建造物群が登録に際して注目及び強調され，教科書記述にも大きく反映されたと考えられる。結果的に，公的な空間の建造物群やグリッド状の街づくりについては，全く触れられていない。したがって，商業的な空間のバハイ・ナ・バトだけに焦点があたり，ビガンの経時的な変容やビガン以外の他地域との相対的な関係性について理解する機会は失われ「歴史都市ビガン」の成り立ちの経緯や理由を考える余地はなくなっている。ガレオン貿易が停止された後，18 世紀半ばから 19 世紀後半にかけての中国系メスティーソにより行われた商業的空間の建設や利用は，もちろん，ガレオン貿易とは無関係であるが，そのことに言及せず，教科書記述が 16 世紀のまま変わらぬ「歴史都市ビガン」だということを記述している。そのため，学習者は，ガレオン貿易ではあたかもビガンが中心的な役割を果たしており，それがバハイ・ナ・バトの建築に大きく影響を及ぼしたという誤解をしかねない。そのため，なぜ「歴史都市ビガン」が全人類のための遺産として保存されるべき世界文化遺産に登録されたのかという学習は展開しづらくなる。

「歴史都市ビガン」が有する「顕著な普遍的価値」の理解を深めるためには，教科書の記述で重視されているとはいい難い「位置と分布」「場所」「人間と自然環境との相互依存関係」といった地理学研究の中心概念を意識した学習が，必要だと考える。それは，「歴史都市ビガン」が「どこにあるのか」「どのよう

な状態か」「なぜ，そこにあるのか」という問いかけに答えることになるからである。応地利明はビガンという特定の場所に植民都市が建設された意味を，他の場所群ととりむすぶ関係性の中で探ろうとする Situation の視座と，その場所に累積する局地的な諸条件から特定場所のもつ意味を考えようとする Site の視座の両方から，経時的に考えている。そこでは，政治時空間と商業的空間の成り立ち，特に，バハイ・ナ・バトの建設が，ガレオン貿易とは時期や目的の異なる無関係のタバコ栽培とその輸出に拠ることを明確に理解できるよう示している（応地 2005, pp. 1–8）。

　Situation の視座は，相対的な空間認識を促し，ビガンの特徴的な「位置と分布」「場所」「人間と自然環境との相互依存関係」を調べて，多様な自然的・人文的諸要素及びそれらの関係性を他地域群と比較し明らかにしようとする。そのため，「空間的相互作用」や「地域」を理解するための事実的な知識ともなる。しかし，教科書の記述は，これらの内容に浅薄で，「空間的相互作用」や「地域」に関する内容も含め Site の視座に偏っている。先に，UNESCO の記述と比較した教科書の記述の特色３点が相対的な空間認識への志向に欠けるのは，Site の視座への偏りによる部分が大きい。経時的な空間認識が見られるUNESCO の記述にも同様の傾向はある。

　一方で，応地の記述は，「空間的相互作用」や「地域」に関して景観に関すること以外，公的な空間や商業的な空間にある歴史的建造物そのものに対する言及はない。それは，彼の関心が，ビガンにおける植民都市建設や都市の特質そのものに向けられたためであろう。この点を Situation の視座から補う場合，以下のような事実的な知識が参考になろう（山口・布野・安藤・脇田 2003, p. 2）。

【「空間的相互作用」について】
・石造家屋は，従来の高床式家屋に比べ，通気性が悪く快適さに欠けた。
・1740 年頃には，１階部分を火事に強い木骨煉瓦（石）造とし，２階居住部分は，通風に優れた木造とする，後にバハイ・ナ・バトと呼ばれるフィリピン固有の都市住宅が生まれた。
・マニラで始まったバハイ・ナ・バト建築が，19 世紀には地方都市にも

広がった。

【「地域」について】
・フィリピンの植民地化当初は，スペイン人も現地住民と同様の木造高床式住居に住んだ。
・密集したスペイン人町では頻繁に火災が起きたため，スペイン人たちは石，煉瓦，瓦を用いた恒久的建造物を建て始めた。
・石造都市建設のため，石灰・煉瓦・瓦の製造をスペイン人は中国人職人に指導した。
・スペイン人たちが，恒久的建造物を建て始めたのは，「原住民（indios）」にスペイン帝国の威光を知らしめることも目的だった。

5. シンガポールで「歴史都市ビガン」を取り上げる意義とそこからの示唆

　シンガポールの第4学年の教科書 *Inquiring Into Our World 4A* では，「イギリスの港としてのシンガポールの創設」の単元には，貿易という側面から東南アジアを巡るポルトガル，オランダ，イギリスのせめぎ合いや勢力圏の様相，イギリスの貿易拠点がシンガポールへ移るまでの経緯，さらには自由貿易港としてのシンガポールの立地（深い水深・水の補給・航路）のよさ，港確保の際の地元のスルタンとの交渉まで記述してある（Curriculum Planning and Development Division, Ministry of Education Singapore, 2014b）。該当学年なりに地理学研究の中心概念に通底した記述があるということだ。つまり，上位学年の「歴史都市ビガン」の学習にそれらが見られないのは，教科書作成者が，それらに無頓着なのではなく，敢えて触れていないということである。
　その理由は，シンガポールと同様な「東南アジアの人々や文化の多様性」とシンガポールとも「共有されている東南アジア地域の歴史や共通の絆」の発見がここでの学習の主たる目的であり（Curriculum Planning and Development Division Ministry of Education Singapore 2011, pp. 1–3），世界文化遺産の「顕著

な普遍的価値」を理解することによってその保存に協力する児童・生徒を育成することではないからである。

　他方，教科書の記述にシンガポールとは異なるスペイン植民都市特有の都市計画や公的な空間の建造物群への言及がないことは，意図的でなかったとしても，植民地貿易港として栄えたシンガポールと「歴史都市ビガン」との共通性への意識を促すことにもなる。

　小学校社会科学習の最終単元での集大成は，東南アジア地域，特に ASEAN に加盟している国々との協力によるこの地域の平和と安定の重要性について学習することであった。この学習は，「東南アジアはシンガポールにとってどのように重要か？」ということを理解することに直接つながる。世界文化遺産を取り上げる意義は，最終単元の学習の目標へ到達するための手段の一つであり，その学習以前に，シンガポールと「歴史都市ビガン」との植民地貿易港として栄えた共通性への意識を促すことは，ナショナル・シティズンシップの育成に資するということである。

　国民国家としての存続をより強固に図るために世界文化遺産を取り上げるのであれば，東南アジアとシンガポールの「共通の絆」の象徴としては，自国の世界文化遺産を取り上げたいところである。ところが，教科書 *Inquiring Into Our World* の作成当時，シンガポールには世界文化遺産がなかった。そのためシラバスでは，第6学年「フィールドベースの学習体験」の対象として，ASEAN 文化遺産への登録がなされていたシンガポール植物園（2015年に世界文化遺産に登録）を取り上げたのだと考えられる。当時，この学習体験の焦点として，シンガポール植物園が果たしたシンガポール及び地域の経済的，社会的，科学的発展への貢献について学習者が学ぶことが明示されている。しかも，それに続き「世界遺産のリストに記載されるべきであると考えられる東南アジアの他の場所を特定する」という「推奨されるパフォーマンスタスク」も明示されている（Curriculum Planning and Development Division Ministry of Education Singapore 2011, pp. 44–45）。当然，学習者は「この場所の選定」の際，「歴史都市ビガン」と同様に，世界文化遺産に比類する遺産としてシンガポール植物園の存在を意識せざるを得なくなる。このような文化遺産の存在は，

一連の学習の過程で，自ずと国民国家統合の象徴としても機能する。「歴史都市ビガン」の教科書記述は4ページあるが，その内，2ページが観光資源や地場産業に関する記述で占められていることを併せて考えると，経済や観光産業の発展と関連づけて，植物園の世界文化遺産登録を推進する国民意識を高めることにもなるだろう。

　国民教育に資する社会科という枠組みの中で，世界文化遺産である「歴史都市ビガン」の教科書の記述がなされていることは当然といえる。それは，我が国の小学校社会科で，世界文化遺産を取り上げることが，国家及び社会の発展に大きな働きをした先人の業績や優れた文化遺産についての理解を目的とした手段となっていることと同じ方向性をもっているし，国民国家にとってはこのような学習は重要なことである。

　しかし，そうであるとしても，世界文化遺産が人類共有の遺産としてUNESCOの基準により登録される以上，「顕著な普遍的価値」とは何なのか，なぜそれが世界文化遺産といえるのかという問いかけに応える必要があろう。それは，「人類共通の遺産として保護・保存する必要性はどこにあり，そのための対処はどのようにあるべきか」を考えていく学習へとつながる。UNESCOの提唱する世界遺産教育に資することにもなる。

　また，UNESCOの記述を文字通りに理解したとしても「歴史都市ビガン」の登録を契機とした変容が創造され本質化されていく危険性は拭えない。ましてや世界文化遺産への登録が自明な事実として学習者に伝達されるだけでは，真にその価値を理解することはできない。取り上げた世界文化遺産が，「どこにあるのか」，「どのような状態か」，「なぜ，そこにあるのか」，「どのようにして現在に至るのか」，「どのような影響をもってきたのか」という学習を積み重ねることによって，世界文化遺産の経時的変容や「顕著な普遍的価値」について理解する基盤となる知識を得ることもできるはずである。シンガポールの教科書の記述からは，以上のような示唆を得ることができたと考える。

6. おわりに

シンガポールの教科書記述「歴史都市ビガン」からは，「歴史都市ビガン」が「なぜ，世界文化遺産といえるのか」という問いかけに十分応えることができるだけの「顕著な普遍的価値」に関する記述は見られなかった。世界文化遺産の「顕著な普遍的価値」について理解を深め，「人類共通の遺産として保護・保存する必要性はどこにあり，そのための対処はどのようにあるべきか」考えていく学習を進めるには，UNESCO の基準の自明性を声高に叫ぶだけでは事足りない。

そもそも，UNESCO の基準があっても，個別の物件の登録に関しその都度適否は判断されるし，登録の適否についての判断が分かれることもある。長い時間の経過の中で基準の解釈が変化してきてもいる（松浦晃一郎 2008, pp. 140-147）。だからこそ，なぜその物件を世界文化遺産に登録したのかということを学習することが，今後，ますます，重要になってくる。そのようなことを考慮すると，地理学研究の中心概念を意識することは，小学校社会科地理的学習のみならず，世界遺産教育の質を高めることにもなると考える。

また，世界文化遺産は，「顕著な普遍的価値」とともに，「国家及び社会の発展に大きな働きをした先人の業績や優れた文化遺産が有する価値」やそれ以外の多様な価値も同時に備えている。そのいずれかを唯一絶対的な価値として捉えたり，いずれかのみを取り上げたりすることは避けたいところである。本章においては，この点については検討することができていない。今後の課題としたい。

註

1) 田渕五十生を中心とした科学研究補助金基礎研究（B)『ユネスコの提起する世界遺産教育の教育内容と教育方法の創造』(2008-2010) 及び『「ESD」にアプローチする「地域・世界遺産教育」の創造』(2011-2014) の一連の研究はその代表例であり，2015 年度の日本地理教育学会第 65 回大会シンポジウムでは，「世界遺産と地理教育——自然と文化の継承を考える」がテーマとなった。

引用・参考文献

池端雪浦・生田滋（1977）『東南アジア現代史Ⅱ　フィリピン・マレーシア・シンガポール』山川出版社.

応地利明（2005）「フィリピンビガン市でのフィールドノート——植民都市建設と1573年植民令」『立命館地理学』17, pp. 1–19.

国際地理学連合・地理教育委員会編，中山修一訳（1993）「地理教育国際憲章」『地理科学』48, pp. 46–61.

鈴木伸隆（2016）「世界遺産と地域経済：フィリピン・イロコス・スール州の歴史都市ビガンの事例から」『国際公共政策論集』37, pp. 1–21.

鈴木伸隆（2017）「ユネスコ世界遺産一覧表記載とナショナルな歴史解釈——フィリピン歴史都市ビガンの事例から」『国際公共政策論集』39, pp. 1–21.

文部科学省（2018）『小学校学習指導要領解説　社会編』日本文教出版.

山口潔子・布野修司・安藤正雄・脇田祥尚（2003）「ヴィガン（イロコス，フィリピン）における住宅の空間構成と街区分割」『日本建築学会計画系論文集』572, pp. 1–7.

吉田剛（2013）「シンガポール小学校社会科教科書にみる人物の取り上げ方——ナショナルシティズンシップ育成のために」『社会科教育研究』118, pp. 28–38.

UNESCO（1972）「世界の文化遺産及び自然遺産の保護に関する条約（仮訳）」文部科学省　https://www.mext.go.jp/unesco/009/003/013.pdf　2016.10.10 閲覧.

UNESCO（2000）『若者の手にある世界遺産——学び、育み、行動する——教師用世界遺産教材』日本語版，協同学校プロジェクトネットワーク.

Curriculum Planning and Development Division Ministry of Education Singapore (2011) *Primary Social Studies Syllabus 2012.*

Curriculum Planning and Development Division Ministry of Education Singapore (2014a) *Inquiring Into Our World 6A.*

Curriculum Planning and Development Division Ministry of Education Singapore (2014b) *Inquiring Into Our World 6B.*

UNESCO (1999) "Historic City of Vigan", *UNESCO World Heritage Centre*　https://whc.unesco.org/en/list/502/　2016.11.18 閲覧.

第7章
シンガポール植物園における
「世界遺産教育」の特色と意義

シンガポール教育省の世界文化遺産を扱う教育との
比較を通して

1. はじめに

　2015年まで世界遺産がなかったシンガポールでは，世界遺産を扱う学習が既に2012年版シラバスで取り上げられていた。このシラバスの下で，2014年度から2016年度まで，小学校第6学年社会科教科書では他国の世界文化遺産を扱った教育が行われてきた。しかし，それは国民教育に資する社会科という枠組みの中にあった（金野2017, pp. 26-27）。世界遺産を既に保有し，我が国の先人の業績や優れた文化遺産が有する価値の理解が目的で，その手段として世界文化遺産を取り上げている我が国（文部科学省2018, pp. 106-110）と，シンガポールの社会科とはそういう点で同じ土俵に立っている。

　シンガポールでは，2015年に，シンガポール植物園が世界文化遺産に登録された。シンガポール植物園は，1859年に，農業園芸協会によって設立された。18世紀からこの時期までの英国の庭園や公園のデザインに影響を与えた英国庭園様式を反映しており，ローレンス・ニーブンによってデザインされた。今日，このレイアウトだけでなく，その後，拡張され，建設されたBurkill Hall (1868)，Ridley Hall (1882)，EJH Corner House (1910)，Holttum Hall (1921) などの建物もほぼ完全なままである。初期には，世界中から集めた潜在的に有用な植物を栽培し，実験し，適地に分配することにより，この地域の農業開発を促進する上で重要な役割を果たした。最も成功した事例は，ブラジルからのゴムノキの移転，実験，そして，海峡植民地への情報伝達と導入

だった。これは地域を変革する主要作物となった。1920年代，無菌培地で蘭を育てるための新しい技術を先導し，地域のラン繁殖産業の礎を築いたことの貢献も大きい（National Parks 2018, pp. 1-3）。

2017年にシンガポールでは教科書改訂が行われ，2015年に世界文化遺産に登録されたシンガポール植物園に関する記述が新たに加えられた。シラバスは変わっていないため，国民教育に資する手段としての扱いも変わらないはずだが，その記述を分析することで，自国の世界文化遺産を扱う意図が一層明らかになるだろう。一方で，シンガポール植物園は，国立公園局という行政組織の一部門ではあるが，シンガポール教育省（以後教育省と記述）の管轄外で独自に世界文化遺産を扱う教育プログラムを提供し，子どもたちや教育者の教育推進を図っている。このシンガポール植物園は世界文化遺産であるがゆえにUNESCOの理念を重視せざるを得ない組織だともいえるだろう[1]。そこでは，「顕著な普遍的価値」を有する人類共有の遺産としての位置づけを無視することはできないはずである。教育省とシンガポール植物園が進める世界文化遺産を扱う教育の異同を明らかにすることで，世界遺産の価値や保護，活用に焦点を当て，我が国の世界文化遺産を扱う教育に対する示唆を得ることができよう。

2. 教育省が進める世界文化遺産を扱う教育

2012年版シンガポール小学校社会科シラバスでは，国民やグローバル市民，コミュニティや国家，全ての民族による文化の多様性など，多重なシティズンシップ育成に関わる語句が広くみられる。また，教科の基本的考え方として，学習者が生活する世界に責任をもち貢献する見識があり，気づかいができ，参画する意思決定の質が高い市民の育成が目指されている（Curriculum Planning and Development Division Ministry of Education, Singapore 2012, pp. 1-2）。しかし，ここでいう市民は，国民国家の国民としての側面が強い。そのため，自国に世界文化遺産が存在したならば，自国にとって重要な文化的価値を強調し国民国家の構成員としての国民の凝集性を高めるため，世界文化遺産を国民文化の象徴として扱いたいところである。

ところが，自国に世界文化遺産がなかった 2014 年の時点で，シンガポール教育省カリキュラム設計開発部が作成した第 6 学年の教科書 *Inquiring Into Our World 6A* には，大単元「東南アジアの素晴らしさ」中に世界遺産に関する小単元「UNESCO 世界遺産」があり，シンガポール以外の東南アジアの世界遺産，とりわけ世界文化遺産に多くのページを割いていた。この教科書が，2017 年に一部改訂されるまで継続して使用されていた。その一端は，第 6 章において紹介したが，やはり，ナショナル・シティズンシップの育成に資する教育内容として他国に存在する東南アジアの世界文化遺産が取り上げられていたのである。

その後，2017 年に一部改訂された *Inquiring Into Our World 6A* の小単元「UNESCO 世界遺産」においては，2014 年版教科書で扱われていた「ボロブドゥール寺院遺跡群」「歴史都市ビガン」の記述はそのままに，シンガポールで唯一の世界遺産（文化遺産）「シンガポール植物園」について，p. 67 と p. 68 が付加されている。しかし，そこには，人類にとって共通に重要であるという世界文化遺産が有する「顕著な普遍的価値」に対する説明やその世界文化遺産であるシンガポール植物園を保存する意義についての記述は一切ない (Curriculum Planning and Development Division 2017, pp. 64–68)。

p. 67 の記述は，以下の通りである。

シンガポール植物園

シンガポール植物園は，ドイツのボンにある世界遺産委員会 (WHC) の第 39 回会合で，2015 年 7 月 4 日にユネスコの世界遺産に登録されました。

この植物園は，UNESCO 世界遺産リストの最初の熱帯植物園で，アジアで最初に登録された植物園です。この植物園は 1859 年に設立されました。デザイン・レイアウトはイギリスの庭園様式を反映しています。今日では，Burkill Hall, Ridley Hall, EJH Corner House, Holttum Hall などの歴史的建造物を含むほとんど全てがそのまま残っています。

東南アジアの農業への貢献

　初期の頃には，植物園は，潜在的に有用な植物を集め，栽培し，実験し，それを分配することによって，東南アジアの農業業の発展において重要な役割を果たしました。最も重要な成功の一つは，一般的にゴムノキとして知られているパラゴム（Para Rubber, Hevea brasiliensis）の導入，実験，宣伝でした。

　植物園の最初のディレクターである Henry Ridley は，ここでのゴム栽培の方法を完璧なものに確立しました。そして，1917 年までに，植物園から約 700 万のゴムの種がプランテーションに供給されました。

蘭の研究への貢献

　植物園は熱帯性の蘭を栽培し，交配するためにリニューアルされました。設立以来，植物園は蘭の研究の中心地として機能しています。交配蘭の繁殖は，1920 年代後半に植物園のディレクターの Eric Holttum が，現在 Holttum Hall と呼ばれている事務所に研究所を設立し，蘭の種子を滅菌ガラスフラスコの中で生育させることを実証して以来続いています。

　p. 67 では，まず，植物園が世界遺産であることを確認し，植物園がイギリスの庭園様式を反映していることや歴史的建造物を含む多くが残存している事実が，次に植物園の農業に対する貢献が東南アジアという範疇で記述されている。最後には，蘭の研究に対する貢献が記述されている。貢献の範囲は明記されてはいないが，シラバスを念頭に置くとシンガポールを中心とした東南アジアということは，容易に想定できる。もちろん「シンガポール及び地域」というときの「地域」は東南アジアである。

　このように p. 67 では，2014 年版教科書では実現できていなかったシンガポールにある世界文化遺産を通して，「シンガポールにとっての東南アジアの重要性」だけでなく，「シンガポール及び地域の経済的，社会的，科学的発展への貢献について学ぶ」ことができるようになった。そのため，「東南アジアにとってのシンガポールの重要性」も顕著になってくることはいうまでもない。

実際に，シンガポール植物園が与えた世界的影響は，次の通りである。

　イギリス人の Henry Wickham によって約 70,000 粒のゴムノキの種がブラジルのタパホス渓谷で収集され持ち出された。これらは英国キュー王立植物園で栽培が試みられ，その内 4 ％が発芽した。後に，1876 年，発芽した苗が，セイロン島とシンガポールの植民地植物園に送られた。これが，イギリスの海峡植民地で栽培されるようになったゴムノキの種の起源である。シンガポール植物園で，天然ゴムのプランテーションでも木に害をなさない栽培技術や新しいタッピング技術，その他の製品化に関わる技術が確立され，キュー植物園を介した植物園ネットワークから世界へ伝播した。このようにシンガポール植物園で開発された栽培方法や樹液の採取方法などが，空気圧タイヤと自動車の大量生産や多くの産業に関連する技術の進歩や生産をも促進することになる。それに伴い，世界市場でアマゾンを追い抜いた。結局，シンガポール植物園で開発された効率的なゴム生産が拡大すると 1920 年までに世界のゴム生産の半分以上をイギリスの海峡植民地が占めるようになった（黎宝鴻 1980, pp. 20–24）。アマゾンではゴムノキは，自然林から出すと病気にかかるためプランテーションでの栽培ができなかった。いわゆるゴムノキの原産地であり世界生産の半分を占めていたアマゾンのゴムが，プランテーションによる東南アジアでのゴム生産の進展とともに淘汰されたのである（山岸 2017）。

　しかし，この教科書では，このようなシンガポール植物園が果たしてきた世界に影響を与えた重要な役割についての記述がないのである。

　p. 68 の記述は，以下の通りである。

　　今日，栽培されている蘭のほとんどは野生植物ではなく，交配種です。交配種は異なる親種間での交配によりできます。ほとんどの交配種は，人為的なものです。

　私たちの国家の緑化
　　植物園は，シンガポールの緑化に重要な役割を果たしました。そして，シンガポールを "a City in a Garden" に変えるために重要な役割を果た

しました。今日，シンガポール植物園は，シンガポールの植物研究，教育，保全活動を通じてシンガポールの緑化への努力を引き続き支援し続けています。

人々が集う場

1959年，最初の"人々のバラエティーショー"を意味するAneka Ragam Ra'ayatが植物園で開催されました。これらのバラエティーショーは，シンガポールに住む人々の団結と理解を促進するためのものでした。シンガポール初の総理大臣，Lee Kuan Yew氏が公式にショーを開いたのです。推定22,000人がこのイベントに参加しました。今日，植物園は人気のある観光スポットでもあり，記憶が創造され，親しまれ愛されている国民の植物園です。

シンガポールの緑化事業は，1963年に当時のLee Kuan Yew首相によって"Tropical Garden City"というビジョンで始められ，急速に発展するシンガポールを投資家や観光客，そしてシンガポール人にとって魅力的な東南アジアのオアシスに改善しようと継続された。シンガポール植物園が，国土の緑化のために必要な植物や樹木の栽培に専門知識を提供してきた結果，緑化プログラムは成功し，シンガポールは清潔で緑豊かな環境の都市として国際的な評判を得ている。現代的な焦点は，シンガポール本来の生物多様性を再確立することである。このようなシンガポールの緑化事業の成功は，クアラルンプール，マニラ，バンコクなど，東南アジアの都市を中心に世界の多くの熱帯都市再開発モデルとして大きな影響を与えてきた。

また，"Aneka Ragam Ra'ayat"は，1959年に当時の首相Lee Kuan Yewによってシンガポール植物園で開催された国民文化の向上と民族統合の促進を目的とした多文化的祝典である。シンガポール国内のコミュニティと民族の結びつき，多文化交流を促進し独立国家としてのシンガポールの誕生と新しい文化の創造を目指した重要な一里塚として意識されている。シンガポール植物園は，民族的な起源や性，年齢等に関わらず，社会的に全ての国民に開かれた多様な

国民が集う場としてうってつけで，国民国家の結束と社会的関係を構築する契機となった出来事を記憶する重要な場となった（Wong 2014, pp. 65-66）。

「私たちの国家の緑化」に関する記述では，他国の熱帯都市の緑化モデルとして，シンガポール植物園が及ぼした影響については全く触れられてない。また，「人々が集う場」に関しても，シンガポールの社会的・文化的・歴史的な事象とシンガポール植物園の貢献との関連性を踏まえてはいても，他国への影響や貢献については全く触れられていない。

つまり，p. 67 ではシンガポール植物園が果たした地域への経済的，社会的，科学的発展への貢献が記述されているのに対して，p. 68 ではシンガポール植物園が果たした自国への経済的，社会的，科学的発展への貢献についてのみが記述されているということである。この p. 68 の記述については，シラバスの考察の焦点が「過去に生じたことから，今日のシンガポールではどんな生活となっているか？」という第 4 学年での学習における教科書の大単元「シンガポール人のアイデンティティの創造」あるいは，「一つの国家として共に進もう」で取り上げた方が内容的に合致する（Curriculum Planning and Development Division Ministry of Education, Singapore 2012, pp. 34-35）。

このように，シンガポール共和国にとって，国民国家や国民の形成に重要な役割を果たしてきたシンガポール植物園がいかに重要かという強調を敢えて第 6 学年の本小単元で行っているため，p. 68 は，シラバス構成上だけでなく，大単元「東南アジアの素晴らしさ」中の小単元の内容としても，他のページに比して明らかに違和感がある。本来，本小単元でねらっていたはずのシンガポール植物園が果たしてきた「東南アジア地域への経済的，社会的，科学的発展への貢献」という点だけでなく，大単元の学習の主たる目的であるシンガポールと共通点の多い「東南アジアの人々や文化の多様性」の理解，シンガポールとも「共有されている東南アジア地域の歴史や共通の絆」という価値観の発見とも齟齬があるということだ。p. 68 の記述は，多様な民族を国民として統合する「ナショナルな価値」を優先し，その象徴として世界文化遺産を利用しようとする意図が極めて明確に表れている。以上のことから，シンガポールの社会科がナショナル・シティズンシップの育成を目指していることが，

2017 年版教科書の登場で改めて確認できる。

3. シンガポール政府，ICOMOS，世界遺産委員会の 「顕著な普遍的価値」の理解とその異同

　世界遺産委員会において審査し，シンガポール植物園を世界遺産に登録する決定を下した際に採用されたシンガポール植物園が有する「顕著な普遍的価値」に関する「総括的なまとめ」「基準」「完全性」「真正性」の記述は，132ページの表 7-1 の通りである（UNESCO 2015）。これは，世界遺産委員会の諮問を受けて，ICOMOS（国際記念物遺跡会議）がシンガポール植物園の有する「顕著な普遍的価値」について審査し，その正当性の決定を記した調査書類の総括的なまとめの該当部分と全く同一（ICOMOS 2015, p. 126）で，この一致は，ICOMOS の評価と勧告を世界遺産委員会がそのまま受け入れ，世界遺産一覧表への記載を決定したということを示している。

　一方で，シンガポール植物園を世界文化遺産として推薦するにあたり，シンガポール政府が世界遺産委員会へ提出した調査書類の中で，その正当性を訴えたシンガポール植物園が有する卓越した「顕著な普遍的価値」を 133ページの表 7-2 に示したが，そこには表 7-1 とは異なる価値が記述されている（Wong, 2014, p. 89）[2]。

　表 7-2 には，「シンガポール植物園の継続的な存在によるシンガポール人や観光客の世代に対する島の地元の文化史と持続可能な感覚と固定装置の提供」，「シンガポールの緑化における役割と島のアイデンティティの形成」，建国の父といわれている「Lee Kuan Yew の 'Garden City'（現在は 'a City in a Garden'）ビジョンを計画通りに実現した」ことがあるが，表 7-1 にはそれがない。世界遺産委員会がこれら自体を否定しているわけではなかろうが，世界遺産に登録するに足り得る「顕著な普遍的価値」というよりは，多様な民族を国民として統合するために貢献した「ナショナルな価値」だったがゆえ，「総括的なまとめ」には明確に示されなかったと考えて差し支えなかろう。

　さらに，「基準（ⅱ）」の部分でも，「シンガポールの緑化に重要な役割を果

表7-1　ICOMOS と世界遺産委員会が認めた「顕著な普遍的価値」

総括的なまとめ

　シンガポール植物園はシンガポールの中心に位置し，英国景観様式の 'Pleasure Garden'，園芸や植物研究のための施設を備えた植民地経済園，そして現代的で世界的に有名な植物園，科学施設や保護の場，レクリエーションや教育の場といった英国熱帯植民地植物園の進化を示している。シンガポール植物園は，豊富な多種多様さを含む歴史的な景観の特徴がよく定義された文化的景観で，1859 年に設立されて以来，明らかに植物園の発展をはっきりと証明している植え付けや建物がある。

　保存のよい景観デザインや目的の連続性を通して，シンガポール植物園は，特に，ゴムプランテーションを含む熱帯植物や園芸分野に関する科学知識の進歩に於いても，重要な役割を果たした英国熱帯植民地植物園の顕著な例である。

基準

(ii)：シンガポール植物園は，19 世紀以来の東南アジアにおける植物研究の中心地であり，20 世紀のプランテーションゴムの拡大に大きく貢献しており，熱帯植物及び園芸学におけるアイデア，知識及び専門知識の交換において主導的役割を果たし続けている。英国キュー王立植物園が最初の苗を提供したことから，シンガポール植物園は，東南アジア諸国の他地域の多くに植栽，開発，流通の条件を提供した。

(iv)：英国の熱帯植民地植物園の顕著な例であり，その保存された景観設計と設立以来の目的の連続性が注目されている。

完全性

　シンガポール植物園には，顕著な普遍的価値を表現するために必要な全ての特質が含まれ，完全に植物園のオリジナルのレイアウトを含んでいる。歴史的な樹木や植え付け，庭園のデザイン，シンガポール植物園の重要な目的を説明するために多くの特定の特質が，その歴史的建造物／建築物と組み合わされている。資産の完全性は，重大な植物の置き換え及び保全に向けた追加の方針を策定することによって，さらに強化された。

真正性

　シンガポール植物園の真正性は，植物園としての継続的な利用と科学研究の場として実証されている。資産に残っている物質的な真偽は，よく調査・研究された歴史的な木々やその他の植え付け（歴史的な植物標本），設計された空間レイアウトの歴史的要素，及びそれらの本来の目的に使用されているか，またはその価値に適合する新しい用途に適合した歴史的建物／構造物の要素によって例証されている。

出所：UNESCO 2015

第7章　シンガポール植物園における「世界遺産教育」の特色と意義　　　133

表7-2　「顕著な普遍的価値」の特性

1.　植物科学と保護の主要なセンターとしての植物園の役割。19世紀後半以降，この場所の重要な機能となっています。

重点分野には以下が含まれます。

－植民地時代のプランテーション作物に関連した植物交換と経済植物学

－植物育種・観賞植物の研究

－植物分類学と体系的植物学

－生物多様性と植物の保全

－能力開発と共同研究

　　植物園は知識とスキルを広く共有し，共同研究を奨励するよう引き続き努力しています。

2.　明確に定義された多層的な文化的景観。豊富な歴史的特徴が含まれ，この植物園の進化を明確に示しています。

これには以下のものが含まれます。

－1860年代の，この植物園の元々の庭園レイアウト。これは熱帯地方では珍しい景観デザイン（曲線を描き連なる小道と遊歩道，軍楽隊が音楽を演奏するために整地されたパレードエリア，原生植物の低地熱帯雨林の地域）です。また，1866年に造られたスワンレイクもあります）。

－その他の歴史的景観には，受け継がれてきた木，植物コレクション（例えば様々なプルメリア），パームバレー（1879），デル（1882），サンダイルガーデン（1929）そして，第二次世界大戦中に建設されたレンガ階段などがあります。

－現存する諸々の歴史的建造物や構造物（バーキルホールや野外ステージなど）

3.　この植物園の科学，保護，教育，レクリエーション機能を支える，貴重な生きた植物と保存された植物のコレクション。

これらは次のもので構成されています。

－226の科に相当する，登録された36,400の植物を含む生きたコレクション。一般植物1,739。6,544種と9,021分類群。登録されているものの多くはこの植物園の設立より前からあるもので，中には珍しいものもあります。この植物園には遺伝子コレクションもあります。

－国際的に認定された植物標本館に保管されている（保存）コレクションには，乾燥した紙に貼り付けられた植物標本750,000点が含まれており，そのうち8,000点は標準標本です。6,000個の菌類標本と6,200個の植物/菌類標本をアルコールで保存しています。

－図書館及びアーカイブに保管されている書誌及びビジュアルリファレンスのコレクションには，28,000冊の書籍/パンフレット，300タイトル（種類）の雑誌，2,000点の絵画/イラストが含まれます。

4. シンガポールのアイデンティティーの発展と社会発展へのこの植物園の大きく貢献。

－植物園が存在し続けていることは，シンガポール人に強い場所の感覚とアイデンティティを伝えています。

－この植物園は，大切にされ人気のある重要な緑被地であり，観光客を引きつける場所となっており，シンガポールの地域社会の結束と文化的，社会的絆を促進し続けています。

5. 世界の他の都市計画に影響を与えた，シンガポールの緑化へのこの植物園の貢献。

－この植物園はLee Kuan Yewの'Garden City'（現在は'City in a Garden'）という構想を（実質的な，訓練と研究の能力の点で）実現する上で中心的な役割を果たしました。

－現在，この植物園はシンガポールにおける国土保全活動に専門知識と植物材料を提供するにあたっての中心的な役割を果たしています。そして，重要な教育活動を提供し，依然としてシンガポールのグリーンインフラネットワークの重要な構成要素となっています。

出所：Wong 2014

たし，東南アジアの他の都市への都市計画に影響を与えている」ことがシンガポール政府提出の調査書類では言及されているが，表7-1では，「英国キュー王立植物園が最初の苗を提供したことから，シンガポール植物園は，東南アジア諸国の他地域の多くに植栽，開発，流通の条件を提供した」ことをゴム産業に関することを事例として極めて限定的に挙げるに留まっている。これも，「シンガポールの緑化に重要な役割を果たし，東南アジアの他の都市への都市計画に影響を与えている」意義を否定しているわけではないが，「シンガポールの緑化」は国内問題であるし，それが「東南アジアの他の都市への都市計画に影響を与えている」としても，世界文遺産一覧表への登録を念頭に置くと，ゴム産業に関する事例よりも，「顕著な普遍的価値」を有する事例としては，優先順位がさほど高くないためであると考えられる。

　今まで述べてきたことを顧みると，ICOMOSや世界遺産委員会は，あくまでも「顕著な普遍的価値」を有するシンガポール植物園を捉えようとしていることが，これらの記述の違いから見えてくる。また，シンガポール政府が，世界遺産一覧表に登録しようとして根拠として調査書類で挙げたシンガポール植物園の「顕著な普遍的価値」の中には，意図的か無意図的か定かではないが，明らかに，多文化多民族国家であるシンガポール共和国を，不可分な統一体として維持することに貢献している「ナショナルな価値」が含まれているということは確かな事実だということもわかる。

　これらを裏付けるように，シンガポール植物園の園長を務めているDr. Niger Taylor [3] は，「シンガポール政府がシンガポール植物園を世界文化遺産に登録しようとした理由」について，次のように語っている。

　　　シンガポール共和国は若い国で，非常に早く発展しました。シンガポール政府は，このような急速な発展にもかかわらず，遺産は依然として重要であり，十分に見守ることができていることを示したかったと思います。そして，2015年は，シンガポール共和国が成立した1965年から50周年を迎えたということもあります。それはシンガポール共和国にとってとても素敵な誕生日でした。

シンガポールでは，民族が数多く混在しています。実際には，これは過去100年以上にわたるシンガポールの課題の一つです。150年にわたる英国の植民地であり，過去わずか53年間が，独自の地位と政府をもつ独立した共和国だったというだけです。ですから，シンガポールの文化的伝統は日本に比べてはるかに若いのです。明らかにそうですが，それはシンガポール人が遺産を非常に誇りに思っているというわけではありません。確かに，ほとんどのシンガポール人，老人ではない人にとっては，1965年からの歴史を，学校で教えられているだけなのです。

しかし，来年，シンガポール成立200周年を迎える今，政府，とりわけ教育省は，シンガポールの歴史に関する理解をLee Kuan Yew時代以前にまで拡大しようとしています。そして世界遺産への植物園の登録は，確かに，この指示を推し進めることにおいて，大いに役に立ちました。カリキュラムは変化していますが，以前よりも，独立前のシンガポールの歴史について教えられています。そして，UNESCOの植物園の登録は，実際には島の初期の歴史理解を促進する触媒となっていることをお伝えしたいと思います。

　Dr. Niger Taylorの言は，これまでで述べたことが的を射ていることを示しており，シンガポール政府がシンガポール植物園の世界遺産登録を意図的に「ナショナルな価値」観の醸成に利用しようとしている姿勢も覗われる。

　また，シンガポール植物園の世界遺産一覧表への登録作業の過程で，Dr. Niger Taylorにとって，ICOMOSや世界遺産委員会からのよい評価や勧告，決定を受けることも，シンガポール政府の考えを反映させることも，重要な役割であった。そのため，Dr. Niger Taylorは，双方の考えやその異同を見抜いていたはずである。とはいえ，最終的には，ICOMOSや世界遺産委員会からのよい評価や勧告，決定を受けなければならないわけであるから，表7-1の内容にあるようなICOMOSや世界遺産委員会の考えに従う形で，調整しながら決定までの手続きや対応を進めなければならない。つまり，全人類のための世界の遺産の一部として保存しなければならない文化遺産としてシンガポール植

物園を位置づけ，この植物園が「顕著な普遍的価値」を有していることを証明していくという困難な任にあたっていたのが，Dr. Niger Taylor だったということである。そこで，Dr. Niger Taylor に，表 7-1 の内容とシンガポール政府の提案した調査書類の内容に齟齬が生じている理由を尋ねた。その返答が以下の通りである。

　ICOMOS は国家的よりも国際的な影響により関心があったからです。シンガポールについて私が前に言ったことを心にとめておく必要があります。シンガポールは多民族，多文化な社会です。シンガポールには中東や中国のような遠くからやってきた人々がたくさんいます。これは，単にシンガポールという地域だけのこととして考えることはできません。シンガポールに来た外部の文化的影響をすべて見なければなりません。そしてその理由から植物園はなぜ重要なのでしょうか。それは，植物園が，多民族共同体と人々が出会った場所で，統合された場所だったからです。19 世紀には，特に，見合結婚の出会いの場になりました。1950 年代には，この多文化，多民族社会を国家として結集するという表明された目的で，Lee Kuan Yew が200 以上の一連の文化的イベントを開始した場所でした。そして彼は誰もが共有しているという実感のある場所として植物園を考慮に入れて使用しました。植物園は皆がよく訪ねる場所でした。だからそういうイベントをするにはとても適した場所だったんです。もしそれを街の他の場所で行っていたら，同じような多民族の多文化的な影響を国民は受けていなかったでしょう。実際に，もし ICOMOS が歴史のこの様相を見なかったなら，これが実際に極めて重要であるから彼らは怠慢だったといえるでしょう。統合が始まったところであるから，現在のシンガポールには，植物園に拠点を置く国家遺産があると論じることさえできます。しかし，ICOMOS は「顕著な普遍的価値」としてはこれを好ましく思っていません。植物園はより顕著な普遍的価値に当てはまる方を ICOMOS は好んだのです。

特定の文化遺産が「ナショナルな価値」を有することと，「顕著な普遍的価値」を有することとは，必ずしも矛盾はしないが，ICOMOS にとって，必須なのは「顕著な普遍的価値」であって「ナショナルな価値」ではない。シンガポール共和国にとって重要な「ナショナルな価値」と世界遺産一覧表に登録されるためにシンガポール植物園が有していると証明する必要のある「顕著な普遍的価値」とのいずれの重要性も認識されながら，まずは，ICOMOS が好むグローバルな効果が期待され，後者が優先されたということが如実に語られている。

4. シンガポール植物園が進める世界文化遺産を扱う教育

UNESCO が重視する「顕著な普遍的価値」の理解を促す教育の実践が，シンガポール植物園において進められている可能性は大きい。ここで進められている教育を考察する基盤であり鍵ともなるのは，「ナショナルな価値」とは異なるこの植物園が有する全人類のための遺産として保存しなければならない「顕著な普遍的価値」の理解がどのようになされているかということである。

具体的に取り上げる教育プログラムは，小学校第6学年社会科大単元「東南アジアの素晴らしさ」中にある小単元「UNESCO 世界遺産」との関連が深いガイドツアー "SINGAPORE BOTANIC GARDENS HERITAGE TRAIL" である（National Parks 2018, pp. 1–6）。

このプログラムは，Tanglin Core（歴史的ゾーン）にある遺産の木や象徴的な木，歴史的建造物について教育スタッフの説明を受けながら，図7-1 に示された点線の経路を徒歩で90分程度かけ案内してもらうものである。図7-1 は，この教育プログラムの参加者に配布するパンフレットの片面に記されている [4]。

説明対象の物件は図7-1 の①〜㉙に記されており，①から出発し，㉕世界遺産博物館として整備されている Holttum Hall が実質上のガイドツアー最終地点となっている。㉕を出た後，解散前の集合地点㉙へ移動する途中，㉖〜㉘は，児童各々が物件の側に設置してある解説板で確認する。

教育スタッフによるガイドの典型例を3例考察する。

138　第2部　〈教育〉と〈国家の統合〉

図 7-1　SINGAPORE BOTANIC GARDENS HERITAGE TRAIL の行程
出典　National Parks 2018

　まず，⑭テンブスである。教育スタッフは，物件の側にある解説板の記述について説明する。

【現在の解説板の記述】

テンブス

　150 年以上前の報告によると，このテンブスは，7.8 m 以上の周囲に広がり，30 m の高さでした。これは，下方の形か椅子のようになっていて容易に認識されます。テンブスは，深い割れ目のある樹皮の常緑樹です。木は，丈夫で堅く，昔，幹は，まな板をつくるのに使われました。テンブスは比較的規則的な開花パターンをもっています。これは年に２回起こります。通常は５月か６月の早い時期，そして，10 月か 11 月です。

開花期には，クリーム状の白い花が魅力的な香りを放ちます。
夕方遅く，特に香りが強いときは，香水のようです。

「シンガポールのどの木が特有なのか尋ねられたら，標本のためにタングリンのテンブスの木を指摘するでしょう。なぜなら島のどこに行っても，同じぐらい素晴らしい検体を見つけることはできませんから。」

E. J. H. Corner
マラヤの道端の木々（1940）

この木は，歩行による土壌圧縮を減らすためにフェンスで囲まれています。木が強く健康な根をはるのを助けることに協力していただきありがとうございます。

遺産樹

　そして，5 ドル紙幣を取り出して，この木が紙幣に印刷されていることや，目立つこの木を目印にして，移民としてシンガポールにやって来た多くの人々がここで待ち合わせたり，仕事の休み時間や休日にここに集ったり，故郷をなつかしみながら友人や知人と楽しく会話し合ったりした身近で親しみのある場所だったというエビソードを加える。現在の解説板は，Dr. Niger Taylor が着任後，それ以前にあった解説板を廃し，シンガポール植物園の世界遺産一覧表への登録を意識して設置し直したものである。
　2008 年撮影の解説板の記述と比較してみる。

【2008 年撮影の解説版の記述】

遺産樹テンブス
（学名 Fagraea fragrans）

　このテンブスの樹はおそらくシンガポールの中で最も有名な木です。それは 5 ドル紙幣にこの木が印刷されているからです。1859 年に植物園が造成される時には既にここに立地していました。シンガポールの固有種で，木材としては堅い木ですが，痩せ地にも繁殖しています。もし剪定しない

ままでおくと，低い枝などの枝先は上に向いて成長します。

テンブスは夕方に蛾を引き付けるクリーム状の良い匂いの花をつけます。果実は小さなオレンジ色です。

遺産樹計画

地域社会と共に我々が協力し，自然遺産を守りましょう。

Dr. Vivian Balakrishnan による公式発表

国家開発担当国務大臣

2002 年 9 月 23 日

　　この木が現在も印刷されている 5 ドル紙幣の記述と国家開発大臣名で木の保護を促すスローガンの記述とが現在の解説板にはない。スローガンでいう我々とは国民で地域社会とはシンガポール共和国である。また，現在の解説板は2008 年の解説板よりも具体的に，ここでの研究を支えた人物の一人である E. J. H. Corner の著書を引用し，この木の貴重さや特徴を示している。つまり，現在の解説板には「ナショナルな価値」と関連する記述はなく，口頭でその一部に触れるにすぎない。

　　次に，⑰バンダ・ミス・ジョアキムの展示についてである。現在の解説板は二つあり，一方はシンガポールの国花という題の小さな文字だけのもので以下の記述がある。

【現在の解説板小の記述】

シンガポール国花

バンダ・ミス・ジョアキム

　Vanda hookeriana と Vanda teres との交配は，自然において開花することは困難です。1893 年にシンガポール植物園の最初のディレクター，H. N. Ridley によって書かれたことによると，これは，シンガポールで最初の人工交配種でした。Ridley は後に，この交配種が最初に誕生した Agnes Joaquim の庭に因んで，この植物を命名しました。この花は，

第7章　シンガポール植物園における「世界遺産教育」の特色と意義　141

1981 年にシンガポールの国花に選ばれました。

　話題は，「ナショナルな価値」に関連するようなシンガポール一国内の話題にとどまっている。

　大きな解説板には，花の構造がわかるような写真と大量の花が密集して咲いている写真とともに以下の記述がある。

【現在の解説版大の記述】

　バンダ・ミス・ジョアキム

　バンダ・ミス・ジョアキム（Papilionanthe Miss Joaquim）は，自然な開花ではなく，Vanda teres と Vanda hookeriana との間の交配種です。（最近では papilionanthe 属に分類されています）。バンダ・ミス・ジョアキムは，植物園の記録によると 1893 年 6 月 24 日，シンガポール植物園の園長，H. N. Ridley によって命名されました。そこでは，Ridley は「シンガポールに住んでいた数年前，ミス・ジョアキムが，シンガポールのほぼすべての庭で栽培された二つの植物の Vanda hookeriana と V. teres を交配するのに成功した」と記しています。

　これは世界初のバンダの交配種で，1897 年に英国王立園芸協会によって名誉ある第 1 級証明書を授与されました。1981 年 4 月 15 日，美しさ，回復力，一年を通して咲くという品質からシンガポールの国花に選ばれました。Ridley は V. hookeriana を最初の親（通常それは種子をもつ母植物であると考えられている）として挙げましたが，現代の分子技術を用い植物園で行われた研究では，V. teres という結論が導かれています。

　バンダ・ミス・ジョアキムは日向を好み，太陽を愛する丈夫な植物で，多くの肥料を必要とし，そして，まっすぐ高く成長させるには垂直の支持，風通しがよく高湿度の環境が必要です。支柱の上に 40〜50 cm 茎が伸びた後，開花します。各花は通常 5 × 6 cm の大きさで，最上部の花びらはローズ・バイオレット，下半分の二つの外側のセパールは薄い藤色です。蘭の広い扇形の唇は対称的な細かい斑のあるローズ・バイオレットで火の

> ようなオレンジがコントラストを呈し混ざり合います。
> 　1926年に，バンダ・ミス・ジョアキムは "Prince Aloha" のランとして採用され，ハワイのおもてなしの象徴であるレイや花冠に使われるようになりました。
>
> 遺産標識

　そこには，「ナショナルな価値」に関わることとしては，この蘭が国花であるということのみが記されているだけである。他は植物としての性質，この蘭が交配種であること，この植物園の研究を支えた重要人物の一人であるRidleyの命名によること，イギリスやハワイとの結びつきなど，小さな解説板に比して歴史性が他国との関係性とともに強調されている。教育スタッフは，大きな解説板に書かれている内容のみを説明した後，持参したこのランの構造図を見せ理科の学習との関連で花の構造や部分の名称を説明する。

　最後に，世界遺産博物館として整備されている Holttum Hall の展示である。この建物は2階建ての遺産建築物で，各階にパネルを中心とした展示がある。1階の主たる展示物は，それぞれが写真と解説文で構成された13枚のパネルである。1枚目は，英国景観庭園運動 (English Landscape Garden Movement) の影響を受けて誕生した "pleasure garden" としての植物園に関する解説と写真からなるパネルで，入り口付近にある。2枚目は，過去から現在にわたるこの植物園のシンガポール及び東南アジア地域に対する経済的・社会的・科学的・教育的発展への寄与が概観されている。3枚目は，"pleasure garden" としての植物園ができる以前に，他の場所にあった植物園についての説明である。4枚目以降は，通時的なシンガポール植物園の姿や役割の変容が現代まで3壁面に沿って順に展示されている。

　以下は全パネルのタイトルである。

1　英国式庭園
2　娯楽の庭園を超えて
3　シンガポール初の実験的な庭園

第7章　シンガポール植物園における「世界遺産教育」の特色と意義　　143

4　始まり

5　方向転換

6　東南アジア経済への影響

7　専門と研究

8　戦後の発展と国民の熱意

9　主な人物

10　これまでの影響

11　絆を育む

12　シンガポールの緑化

13　シンガポールの主な庭園

　これらは，シンガポール植物園が有する「顕著な普遍的価値」に焦点を当ててはいない。3枚目の「シンガポール初の実験的な庭園」は，現在の植物園と直接の関係はない。また，8枚目のパネル「戦後の発展と国民の熱意」以降は，タイトルからしてもシンガポール国内での影響や意義に傾斜した内容で，「ナショナルな価値」観形成に資するような展示が続く。

　2階展示室に入ると正面壁中央には，英国キュー王立植物園を介して世界中から集められシンガポール植物園で試験栽培し栽培方法を確立した後，東南アジアをはじめ世界各地で生産されるようになった14種の経済作物が，写真で示されている。その各植物の写真は，世界地図上で原産地とともに，示されている。この展示は，これは，世界遺産博物館最大の展示である。その左には，以下の解説パネルがある。

【作物の試験】
東南アジアへの新しい作物の紹介

　シンガポール植物園では，この地域に世界中から熱帯作物を導入し，実験的作業を行いました。1879年までに，経済園で様々な種類のコーヒー，紅茶，カカオ，砂糖，ゴム，アボカド，カルダモン，木材，果樹が試されました。

これらの多くは最終的には新しい作物となり今も東南アジアで大きな収益を上げています。

　次に目を引くのが，この世界地図に向かい左側壁面中央にあるラテックス回収に関する写真パネルである。回収方法を開発した Henry Ridley と部下も写っている。このパネルの前には，Ｖ字型の切れ目を入れた実物大のゴムノキの模型が置いてある。また，以下の内容の解説パネルが，写真パネルの左にある。

　HERRING-BONE メソッド
　ゴムのタッピングによるブレークスルー

　　植物園長（1888-1912）であった Henry Ridley が行ったゴムノキに関する研究と実験は，それまでの限界を超えるために役立ちました。木に永久的な害を及ぼすことなくゴムノキに繰り返し切れ目を入れ，それをつなげ，ラテックスの流れを大きくしました。

　　以前は，樹木を深部まで切り取り，ラテックスを抽出してから放置していました。でも，この切削方法は木の樹皮につくられた規則的な間隔で入れたＶ字型切れ目を再び開けることができ進歩的でした。抽出しても樹木が癒えるため，ラテックスは，同じ樹から連続して，ほとんどの年を通して得ることができました。

　写真パネルの右にはシンガポール植物園での栽培から回収，製品化まで一貫した生産技術の確立と世界への伝播，東南アジアでのゴム栽培の世界席巻，産業上の重要性などについて解説した年表パネルが置かれている。
　ラテックス回収に関するパネル展示の反対壁面中央には，経済園を背景にディレクターを中心にした当時のシンガポール植物園スタッフの集合写真がある。その左右には，キュー植物園とシンガポール植物園の関係性，経済園に関する以下の解説パネルがある。

第7章　シンガポール植物園における「世界遺産教育」の特色と意義　　145

【英国キュー王立植物園の影響】
作物実験と植物交換の文化

　シンガポール植物園は，英国キュー王立植物園を中核とした植民地システムの中の一部でした。このシステムでは，植物の多様性と経済的植物の研究に焦点が当てられ，他の同様な植物園と植物の広範な科学的及び経済的な交流がありました。

　植物園にはキュー植物園の資格をもつ監督者が雇われ，高い研究員の質が維持されました。キュー植物園は，植民地植物園に，経済的価値の高そうな植物を供給し，それぞれの植物園の研究やその結果は文書化され，共有されました。

【経済園】
経済植物学の飛躍

　経済園は1879年にJames Murtonによって設立されました。以後40年間，ゴム，コーヒー，油ヤシ，パイナップル，吐根，及びサゴなどの作物の実験及び試験栽培が経済作物の栽培プロットとして役立ちました。

　後に，Henry Ridleyの指導の下，経済園は影響力が増しました。Ridleyは実用化に焦点を当てて，ゴムと油ヤシの栽培と収穫のための新しい方法の開発を導きました。1917年までに，700万のゴムの種子が経済園から供給され売られたと推定されています。これは植物園に有用な収入をもたらしました。

　以上が，2階の主たる展示である。これらの間には，当時の園内の様子の写真や解説のパネル，使われた道具・器具，発行された文献などの展示がある。このように，2階では，ICOMOSと世界遺産委員会が認めた「顕著な普遍的価値」に特化した展示となっている。
　教育スタッフは，1階は年代順に子どもたち自身が展示を観るように示唆し説明はしない。2階では，正面展示と左側壁面にある展示の説明をした後，自

由に観させながら子どもたちの質問があればそれに応じる。

　この教育プログラムを通して，教育スタッフの説明や展示内容は，「顕著な普遍的価値」に関連した事実的知識を中心に取り上げて，「ナショナルな価値」に関連した事実的知識とは明確に区別されていることが明らかになった。しかも，「顕著な普遍的価値」に関連した事実的知識を「ナショナルな価値」に関連した事実的知識よりも優先している。これがシンガポール植物園で行われている世界文化遺産を扱う教育の特徴で，教育省が進めるそれとは明らかに異なっている。Dr. Niger Taylor がシンガポール植物園の有する「顕著な普遍的価値」を，国民に理解してもらうため本植物園の解説板を一つ一つ作りかえ，数を増やし徹底して「顕著な普遍的価値」に関する事実的知識を提供してきたことを以下の通り語ったことからも確認できる。

　　　大きな変化は，いったんプロセスを始めると，特に植物園だけでなく，植物園の歴史的重要性に関するメディアに多くの情報を出したことです。2013 年に開館した遺産博物館を見たことがあると思います。今何百という解説板もあります。それは，7 年前に私がここに着任したとき，植物園に来る 99％の人々が，その歴史について全く知らないと思ったからです。彼らはそれが古かったことを知っていましたが，それは彼らが知っていた唯一のものです，彼らはなぜそれが歴史的に重要なポイントであったか理解していませんでした。

　これまで明らかにしてきたように，教育省が進める世界文化遺産を扱う教育には，「顕著な普遍的価値」に関する記述はなかった。第 3 節では，シンガポール政府が，世界遺産登録の審査のため ICOMOS に提出した調査文書には，「顕著な普遍的価値」についての説明があるのは当然だが，それとは関係ない「ナショナルな価値」がいくつか含まれていた。その理由は，Dr. Niger Taylor の聴き取りによって明らかになった。また，そこから推測できることは，シンガポール政府がシンガポール植物園の世界遺産登録を願った理由の中に，教育を通して国家としての歴史を国民に意識させ，多民族国家であるシン

ガポールの一体性と国民としての凝集性を醸成しようという意図があったことである。ところが，ICOMOS や UNESCO にとっては，世界遺産としての「顕著な普遍的価値」が重要なのであって，世界文化遺産の登録に必要な条件として，「ナショナルな価値」に単に興味がなかったのではなく，はっきりいうと邪魔であったということだろう。そのため，ICOMOS の文書や UNESCO の文書からは，「ナショナルな価値」に関する部分が，削除されたということだ。

　ただし，一度，世界文化遺産に登録されると，その事実をどのように使うかは，国家の意図でどのようにでも活用できる。教育省は，「ナショナルな価値」を最優先させたのである。一方で，シンガポール植物園は，国家の行政機関の一部門ではあるが，人類共通の財産としてこの物件を多くの人々に公開し活用してもらうことによって，コストをかけてでも国家として未来へと伝えていかなくてはならない旨を国民に理解してもらう責任もある。

　世界の文化遺産及び自然遺産の保護に関する条約（1972 年 11 月 16 日　第 17 回ユネスコ総会採択：1975 年 12 月 17 日効力発生）の第 5 条には，以下のように定められている。

第 5 条
各締約国は，自国の領域内に存在する文化及び自然の遺産の保護，保存及び整備活用のための効果的かつ積極的な措置がとられることを確保するため，できる限り，自国に適した条件に従って，次の通り努力する。

(a)　文化及び自然の遺産に対し社会生活における役割を与えること並びにこの遺産の保護を総合計画の中に組み入れることを目的とする一般的方針を採択する。

(b)　文化及び自然の遺産の保護，保存及び整備活用のための機関が設置されていない場合には，妥当な職員体制を備え，かつ，任務の遂行に必要な手段を有する機関を 1 又は 2 以上自国の領域内に設置する。

(c)　科学的及び技術的な研究及び調査を発展させ，かつ，自国の文化又は自然の遺産を脅かす危険に対処するための実施方法を作成する。

(d)　文化及び自然の遺産の認定，保護，保存，整備活用及び機能回復に

必要な法的，科学的，技術的，行政的及び財政的措置をとる。

(e)　文化及び自然の遺産の保護，保存及び整備活用の分野における全国
　　的又は地域的な研修センターの設置又は拡充を促進し，及びこれらの
　　分野における科学的研究を奨励する。

　つまり，「ナショナルな価値」ばかりを強調するわけにはいかないのだ。
UNESCO と国家の意図の両方を峻別しながらもうまく調和させて実現しよう
とする姿勢が随所にみられたのはそのためであるといえよう。

5. おわりに

　鈴木地平（2016）は，「顕著な普遍的価値」と「ナショナルな価値」との関
係性について，日本の国宝や重要文化財などの文化財よりも世界遺産の方に価
値があるというような考えが生じかねない現実があるが，「文化財保護法に基
づく文化財と，世界遺産条約に基づく世界遺産という異なる二つの体系がある
ということを冷静に認識し，知見を交換しつつ，両方が文化遺産の保存・活用
に貢献すればよい」という。そうではあるが，文化財保護法によって価値ある
ものとして指定・選定された文化財の中から，「顕著な普遍的価値」に照らし
て世界文化遺産として資産を推薦しようとする現状では，異なる体系があると
いうだけでは両者の異なりは簡単には理解できまい。「顕著な普遍的価値」と
「ナショナルな価値」を峻別する具体的な学習を行いつつ，両者が有する価値
の基準をも峻別し，価値の相対化が可能となるよう思考上の操作を具体化して
いく作業が必要である。管見ながら，そのような授業実践，実際の世界遺産の
説明や解説を筆者は未だ知らない。そのモデルの一つを，シンガポール植物園
が進める世界文化遺産を扱う教育は提供してくれている。
　「ナショナルな価値」に対していうとき，「顕著な普遍的価値」は，「グロー
バルな価値」ということもできよう。文化遺産を保存や継承には，人々が生活
する社会の中で，それが自分たちにとって価値あるものだという認識と愛着
が醸成され高まっていく必要がある。このような社会は，文化空間ともいえ

る。文化遺産の価値を共有する社会には，市町村レベルの「ローカルな社会」やそれより狭い具体的で特定の他者と繋がっている「真正な社会」もあり，特定の社会で，特定の異なる価値が共有されている。このような価値には，保存や保護の制度の確立以前から継承されてきたものもある。一方で，条約，国内法，条例等は，上位から下位へと体系化されており，それらに規律され明文化された価値基準も精緻に秩序づけられている。加えて，我が国は文化財保護施策の体系の中に位置づく国を代表する文化財の中から UNESCO に世界遺産候補を推薦していく（文化庁ウェブサイト）。この解釈しうる文化財の価値基準は，体系化され秩序づけられたそれぞれの位置で能力や資格を保証された語り手によって定義されている。つまり，誰がその価値を認めたのかということでお墨付きが与えられ，意図的ではないにせよ印象づけられた，世界遺産→国宝→国の重要文化財→都道府県の重要文化財……といったように，権威のヒエラルキーが構築され強固に根づいてしまう危惧を孕んでいる。

　「顕著な普遍的価値」と「ナショナルな価値」だけでなく，生活に密着した語りの中でこそ意味をもつ文化財保護法にも基づかないような他地域の人とは共有し難い，この場所に住んでいたからこそ理解し実感できる文化遺産もある。このような文化遺産の価値は，異なる社会でそれぞれに異なる基準で価値づけされ，そもそも，相対的なはずである。このことは，「顕著な普遍的価値」とそうではない多様な価値を峻別しつつ相対化していく必要性を物語っており，そこに学校教育が介在する意義は大きいと考える。しかし，このような考えに基づいた世界遺産を取り上げた学校教育は，金野誠志の試案や実践を除き，管見ながら見当たらない（金野 2018a，2018b，2021）。

註

1)　筆者は，シンガポール植物園にて 2018 年 5 月 23 日に同植物園の教育スタッフ Wong Wing Yee Winnie (Deputy Director / Education) と Janice You Chew Kuan (Senior Manager / Education) から教育プログラムについて聴取した。教育プログラムに関して，同植物園では教育省とは情報共有はするが合同で作ってはいない。また，同植物園が作成した教育プログラムに対して変更を求められたこともないという。

2) Lawrence Wong (2014), p. 89 には，次の5点ほど記している。

　1～3については，ICOMOSや世界遺産委員会の見解と重なる。一方で，4について
は，「植物園の存続は，シンガポール人にとって強い地位とアイデンティティを伝えてい
る」こと「シンガポールにおける地域社会の結束と文化的，社会的なつながりを促進し続
けている，愛され，人気の高い緑地と観光客の魅力を提供している」こと，5については，
「植物園は，Lee Kuan Yew の 'Garden City'（現在は 'City in a Garden'）ビジョンの提供に
中心的な（実践的な訓練と研究能力のある）場所だった」こと，「今日では，シンガポールに
おける現場保全活動のための専門知識と植物材料を提供する中心的役割を果たしている」
ことが具体的に示され，ICOMOSや世界遺産委員会の見解と異なっている。

3) 英国キュー王立植物園で世界遺産登録に携わり，後に，直接シンガポール植物園の世
界遺産登録の任にも当たったのがDr. Niger Taylor である。彼は，2011年から2021年
まで当植物園の最高責任者である。筆者は，当植物園で2018年5月23日に本人から聴
取した。

4) 筆者は2018年5月25日にWong Wing Yee Winnie（Deputy Director / Education）及
び Janice Yaw Chew Kuan（Senior Manager / Education ）のガイドで受講及び体験した。
Wong Wing Yee Winnie（Deputy Director / Education）提供の図7-1は，ガイドツアーの
パンフレットの片面に印刷してある。

引用・参考文献

金野誠志（2017）「社会系教科において世界文化遺産を取り上げる意義──シンガポールの
　　小学校社会科教科書の記述に着目して」『社会認識教育学研究』第32号，pp. 19-28.

金野誠志（2018a）「文化遺産の『顕著な普遍的価値』を相対化する世界遺産教育の試み
　　──『紀伊山地の霊場と参詣道』八鬼山問題を事例として」『地理教育研究』No. 22,
　　全国地理教育学会，pp. 20-29.

金野誠志（2018b）「世界遺産として文化遺産を保存する意味や意義を考える世界遺産学習
　　──『顕著な普遍的価値』の解釈や適用に視点を当てて」『グローバル教育』第20号,
　　日本グローバル教育学会，pp. 31-47.

金野誠志（2019）「問われ続ける『顕著な普遍的価値』の理解を促す世界遺産学習の試み
　　──文化遺産に関する知識と価値観の形成過程に着目して」『地理教育研究』24，全国
　　地理教育学会，pp. 10-10.

金野誠志（2020）「文化遺産が有する多様な価値の再検討──台湾世界遺産潜力點を取り
　　上げた中学校地域学習を基にして」『グローバル教育』22，日本グローバル教育学会,
　　pp. 2-16.

金野誠志（2021a）「地域遺産・世界遺産の価値を伝え合い自他の文化理解を深める授業試

案――『ウルル，カタ・ジュタ国立公園』と『紅毛城及其週遭歴史建築群』を対照して」『地理教育研究』29，全国地理教育学会，pp. 11–20.

金野誠志（2021b）「地域遺産・世界遺産の価値について考える第 4 学年社会科学習の構想――日本遺産『四国遍路』と世界遺産『紀伊山地の霊場と参詣道』を対照して」『社会認識教育学研究』36，pp. 21–30.

金野誠志（2023）「文化遺産への価値対応について考える ESD 授業モデルの開発と検証――世界文化遺産と世界遺産ではない文化遺産を対照する遠隔授業を基にして」『日本教育大学協会年報』41，日本教育大学協会，pp. 75–86.

鈴木地平（2016）「成熟した世界遺産の在り方を目指して」『文化遺産の世界』vol. 25，https://www.isan-no-sekai.jp/feature/20160113_01　2018 年 7 月 27 日閲覧．

文化庁「文化財」　https://www.bunka.go.jp/seisaku/bunkazai/

文部科学省（2018）『小学校学習指導要領（平成 29 年告示）解説　社会編』日本文教出版．

山岸照明（2017）「アマゾンのゴムブーム」『伯学コラム』日本ブラジル中央協会，https://nipo-brasil.org/archives/12628/　2018 年 3 月 1 日閲覧．

黎宝鴻（1980）：白坂蕃訳「マレーシアにおける天然ゴム産業」『新地理』28（1），pp. 19–27.

Curriculum Planning and Development Division Ministry of Education, Singapore (2012) "Primary Social Studies Syllabus".

Curriculum Planning and Development Division Ministry of Education, Singapore (2013) "Inquiring Into Our World" 4B.

ICOMOS (2015), "Date of ICOMOS approval of this report 12 March 2015 Singapore Botanic Gardens (Singapore) No 1483".

National Parks (2018) *Singapore Botanic Gardens Heritage Trail.*

UNESCO (2015) "Singapore Botanic Gardens", *UNESCO World Heritage Centre* https://whc.unesco.org/en/list/1483/　2018 年 5 月 3 日閲覧．

Wong, Lawrence (2014) (Acting Minister for Culture, Community and Youth, Chairman of the Singapore National Commission for UNESCO), "Candidate World Heritage Site Nomination Dossier".

第8章
「顕著な普遍的価値」への疑心
「淡水紅毛城及び周辺の歴史建築群」を例として

1. はじめに

　全人類のために保存が期待される「顕著な普遍的価値」を有する文化遺産が世界文化遺産である[1]。この価値を重視する「世界遺産教育」[2]は，地球社会の一員としての意識をもち，地球全体の利益を重視する市民を育成する「グローバル教育」と親和性が非常に高い。「世界遺産教育」でも「グローバル教育」でも，世界文化遺産を扱う場合「グローバルな価値」でもある「顕著な普遍的価値」の理解と自覚を抜きにして学習は成立し得ない。

　世界遺産を保存するコストや人材には限界がある。UNESCO内部でも登録数の増加が遺産管理を困難にするという懸念があり，各国からの推薦数を制限するようになった。世界遺産の数が増えるに従って，登録された遺産の価値が相対的に下がっていくという懸念もある。そのため「世界の文化遺産及び自然遺産の保護に関する条約」（以後，条約と表記）加盟国の文化遺産でさえ，世界遺産登録は以前より難しくなっている。台湾の場合，その上，厳しい国際社会の中で，国際連合にもUNESCOにも，条約にも加わることができない。したがって，台湾の物件が世界遺産に登録される可能性は極めて低い。

　にもかかわらず台湾では行政院文化部文化資産局（以後，文化資産局と表記）が，2002年以降，国内の専門家，県・市政府と地方の文化・歴史に関わる団体に「世界遺産」になりうる潜在力をもつ候補地の推薦を依頼し，潜在的世界遺産という意味の世界遺産潜力点（以後，潜力点と表記）の選出を進めてきた（行政院文化部文化資産局ウェブサイト）。「中華民国」と名乗るか，「台湾」と名乗るかは別として，長い時間を経る中で大陸中国と対照され続け，大陸中国と

は異なる「一つの台湾」,「一国」,「台湾人」という意識も高まっている（家永 2016, pp. 96–99）。文化属性の異なる「原住民」,「福佬」,「客家」,「外省人」を「四大族群」というようになったり, 大陸中国, スペイン, オランダ, ポルトガル, 日本などの外来勢力による文化的影響から眼をそらすことなく, 社会の多元性・多重性を直視しようという考えも広がってきた（若林 2001, pp. 30–31）。「顕著な普遍的価値」を意識しつつ, 台湾人としてのいわば「ナショナルな価値」や「四大族群」それぞれの文化的価値も同時に意識するという状況にある。

　このような状況下の台湾において, 潜力点が有する価値をどのように捉え, 潜力点を扱ったどのような学校教育を展開しているのか非常に興味深い。新北市では, 2016 年に潜力点「淡水紅毛城と周辺歴史建築群」を取り上げた小学校低学年・中学年・高学年, 中学校の地域学習教材を作成し 2018 年まで 3 年間, それぞれの年度に教材のテーマを設定し, 作成を続けた。中学校教材のテーマは, 2016 年が「集落と建築」, 2017 年が「文化と社会」2018 年版が「商業と貿易」である世界遺産教材と銘打ち作成された教材は, 市内の全小中学生に配布された。作成予算は, 文化資産局や市政府が負担し, 出版機関は市政府文化局, 企画機関は新北市淡水古跡博物館となっており, 内容的側面からは各機関からの助言を得ている。

　また, この教材は, 教育課程の中で社会科と関連づけつつ, 別時間設定である総合領域の授業で用いるため, 新北市淡水区淡水国民小学, 新北市淡水区鄧公国民小学, 新北市私立淡江高級中学をはじめとした市内の教員によって作成・編集されたもので, 彼らによって授業設計も行われている[3)]。なお, 新北市立淡水古跡博物館とは, 潜力点「淡水紅毛城と周辺歴史建築群」全体を総称したもので, 遺物や文化財等を展示するための建物として, 博物館が存在しているわけではない。

　この教材や教材を用い設計された授業, 論者による新北市での調査を基に考察し, 文化遺産を扱う日本の教育に対し示唆を得たい。

2. 世界遺産中学校教材『穿越淡水，走読世遺』の記述から

(1) 2016年版世界遺産中学校教材『穿越淡水，走読世遺　淡水世界遺産』
　　（淡水タイムトラベル，世界遺産学習）

　新北市淡水区に，潜力点「淡水紅毛城と周辺歴史建築群」がある。もともと原住民が住んでいた淡水には，17世紀から19世紀にかけて，大陸中国の他，スペイン，オランダ，ポルトガル，そして日本が進出して多元的・重層的な文化が形成され，今も様々な古跡や痕跡が大切に保存されている（平野久美子2017, pp. 99-104）。

　世界遺産教材全12冊中，潜力点に関する直接的な記述は，2016年版中学校教材のみにあり，その目次は表8-1の通りである（林：主編2016, pp. 2-3）。第

表8-1　2016年版中学校教材の目次

第一節　【淡水の集落及び建物】
・五虎崗の集落の変化と文化の発展
・漢人集落の成立と台頭と発展
・漢人集落の建築的代表例
・開港時の外国人の入植地の増加と特徴
・西洋の建築的代表例
・日本人集落の成立と近代建築の基礎
・日本人集落の建築的代表例

第二節　【淡水の世界遺産潜力】
・世界遺産を知る
・淡水世界遺産の競争力點

一節は16ページで，地形の特徴や形成理由，台湾と外国との間に生じた社会事象の典型事例と関連づけた漢人・西洋人・日本人集落の形成と分布，変容してきた集落及び建物の様子やそれらの関係等が経時的に記されている。第一節には世界遺産や潜力点の記述は全くない。第二節は8ページあり，前半4ページは，条約や世界遺産の意味や意義，登録基準，一覧表への登録の決定手順が記されている。後半4ページではこの潜力点「淡水紅毛城と周辺歴史建築群」が有する潜在的な「顕著な普遍的価値」の内容や該当する登録基準，遺産の範囲，最近の世界遺産の登録傾向とこの潜力点の登録の可能性が記されている。登録基準は，第2項「建築，科学技術，記念碑，都市計画，景観設計の発展に重要な影響を与えた，ある期間にわたる価値観の交流又はある文化圏内での価値観の交流を示すものである」，及び，第6項「顕著な普遍的価値を有する出来事（行事），生きた伝統，思想，信仰，芸術的作品，あるいは文学的作品と直接または実質的関連がある

（この基準は他の基準とあわせて用いられることが望ましい）」ということが示してある。最後に，登録基準の該当理由や中核区と緩衝地帯を指定する必要性と，以下の潜力点登録の願望や実現方法が示されている（林：主編 2016, pp. 4-27）。

　　世界遺産の審査はここ数年で厳格化が進み，建築物一つだけ，もしくは遺跡一つだけでは申請がますます難しくなっています。
　　新たなアプローチ方法は，国や地域を越えた同じテーマによるグループ式で「世界遺産リスト」への登録申請を行うというものです。現在の台湾の国際関係では，グループ式の登録申請が，台湾が申請を勝ち取るために最適な方法です。そのため，世界遺産としての潜力点にそなわっている特徴と，外国の世界遺産との共通点や相違点を十分に理解してください。そうすることで，台湾が「世界遺産登録」を申請する助けとなるでしょう。
（林：主編 2016, p. 27）

　全ての教材は，世界遺産教材「穿越淡水，走読世遺　淡水世界遺産」と銘打ち刊行されている。また，全ての教材には，本教材奥付には，世界遺産教材「淡水世界遺産」と記されている。しかし，世界遺産や淡水の潜在的世界遺産について書かれているのは，先に述べたように，2016 年版中学校教材のみであった。2017 年版の中学校用教材からは，2016 年版中学校教材第二節のような内容である条約や世界遺産の意味や意義，登録基準，一覧表への登録の決定手順，「淡水紅毛城と周辺歴史建築群」が有する潜在的な「顕著な普遍的価値」の内容や該当する登録基準，遺産の範囲，最近の世界遺産の登録傾向とこの淡水の潜力点登録の可能性について内容の記述はない。各遺産を紹介した本文中にも世界遺産や潜在的世界遺産について示した内容や語句さえ，全く出てこない。これらには，疑問が浮かぶ。作成指導は文化資産局及び新北市政府とあるため，作成に当たり，地方政府と国家レベルの行政院文化部の意向が働いているとも考えられる。そこで，まず，表 8-2 に示した 2016 年世界遺産中学校教材を使った授業の指導計画を参照し，教材の作成意図を探ることとする。
　次ページから示した指導計画とともに「能力目標」が併せて記載されてい

表 8-2　2016 国中教材指導計画（1 単位時間 45 分：4 時間扱い）

時	学習形態	主な発問
1 漢人と西洋人の集落	一斉	【五虎崗の物語】 1　五虎崗の形成と場所を説明する。
	グループ	2　Google マップを使用して五虎崗の場所を見つける。 (1)　五つのグループに別れ，各崗の場所について話し合う。 (2)　三つの主要な集落はどこか。 (3)　慎重に話し合い，話し合ったことを共有する。
	グループ	【漢人の集落の探索】 1　漢人の集落を成立時期によって幾つかに分けられるか。 (1)　寺院と場所——ある時期の漢人集落には，機能的つながりがあるか。 (2)　写真などから考えて集落機能をつかむ。 (3)　漢人集落について図にまとめる。
	一斉	2　話し合い結果の共有と教師の講評
	グループ	【西洋人の集落の探索】 1　西洋人の集落を時期によって幾つかに分けられるか。 (1)　紅毛城建築群の位置づけ。——この西洋の建物ができた時期は。 (2)　理學堂大書院の位置づけ。——この西洋の建物ができた時期は。 (3)　二つの大きな建物の建築上の特徴は何か。 (4)　グループで整理し，ポスターにまとめる。
	一斉	2　話し合い結果の共有と教師の講評
2 日本人集落との統合	グループ	【日本人の集落の探索】 1　日本人集落の最大の違いはどこか。 (1)　なぜ，日本人は淡水に来たか。 (2)　選択した地域はどこか。 (3)　なぜ，多田榮吉宅のように，日本統治期日本人住居は同じ場所に集まっていないのか。 (4)　日本の統治下の近代化とはどんなことか。 (5)　日本家屋の建築的特徴を整理する。
	一斉	2　話し合い結果の共有と教師の講評
	グループ	【主要な 3 集落についてのまとめ】 1　三大集落について話し合う。 (1)　地理的な場所 (2)　集落機能 (3)　建築上の特色 (4)　もし，あなただったら，どの集落群を選択しますか。その理由は。 (5)　グループで整理し，ポスターにまとめる。
	一斉	2　話し合い結果の共有と教師の講評
3 世界遺産を知る	一斉	1　導入発問 (1)　遺産とは何か。 (2)　世界遺産とは何か。 2　ビデオを再生する 3　教師はビデオに関する質問をいくつか考える。 4　教材を読む——教材 p. 20 を読む。 5　発問 (1)　世界遺産とは何か。 (2)　地球上の遺跡や自然環境は，どのような影響から次第に破壊されていったか。 (3)　UNESCO の設立の目的は何か？

時	学習形態	主な発問
	グループ	6　グループごとに話し合い発表する。
		（1）クラス全体をいくつかのグループに分けて，「考えよう」について話し合う。
		（2）教師はグループの代表者を指名し答えさせる。
	一斉	7　教材を読む——教材 p. 21 を読む。
		8　発問
		（1）なぜユネスコはエジプトのアブシンベル神殿とフィラエ神殿を救ったのか。
		（2）神殿を救うためにユネスコはどのような資源を使用したか。
		（3）世界遺産制度の起源は何か。
		（4）世界遺産制度と古代世界の七不思議から考えたことは何か。
		9　ビデオを再生する。——エジプトアスワンハイダム教育用ショートビデオ
		10　教師はビデオに関する質問をいくつか考える。
		11　教材を読む——教材 p. 22 を読む。
		12　発問
		（1）世界遺産を保護する最初の条約は何か。
		（2）どの文化遺産や自然遺産を世界遺産にするかは誰が決めるか。
		（3）世界遺産のエンブレムはどうして重要なのか。
	グループ	13　教材を読む——教材 p. 22 を読む。
		14　グループごとに話し合い発表する。
		（1）クラスでいくつかのグループに分れて二つの世界遺産の登録基準を理解する。
		（2）グループでインターネットから調べて確認する。——世界遺産登録基準と話し合ったことの共有
		15　まとめ
4 淡水の世界遺産	一斉	【動機づけ】
		1　最後の課題について話し合う。
		2　導入の発問：台湾に世界遺産はあるか。
		【発展活動】
	グループ	1　説明・質問と解答
		（1）台湾が世界遺産条約に加わることができない事実と理由を説明する。
		（2）ビデオで台湾にある世界遺産潜力点について説明する。
		（3）新北市の世界遺産潜力点を紹介する。
		（4）世界文化遺産の基準にそって「紅毛城及び周辺の歴史建築群」を紹介する。
		（教材 p. 24 の地図）
	グループ	2　話し合い
		（1）5 グループに別れ，グループごとに淡水区の三つの中心地域と緩衝地域が記されている図や教材 p. 26 の記述に沿って話し合う。
		（2）グループごとに，写真を選んで黒板に貼って共有する。
	一斉	3　説明・質問と解答
		例　世界遺産の最近の傾向を紹介・台湾と日本を例とした共同申請
		4　まとめ
		質問と回答をもって今日の学習のまとめをする。

【能力目標】

i 地域または地域の特性を形成する要因を分析し，維持または改善する方法を検討する。

ii 経験を解釈し，物事を扱い，表現し，文化の多様性に感謝するとともに，異なる文化的背景の人々の違いを探る。

iii 地域または地域の組織によって実施されている環境保護政策と実施結果を調べる。

iv 国際紛争及び協力の原因を調査し，協力を強化し，紛争を解決するための可能な方法を提案する。

る（新北市立淡水古跡博物館ウェブサイト）。教材のテーマ「集落と建築」は，世界遺産登録基準第2項に直接迫るものである。第1時から第2時は第一節にあたる。原住民が生活していた土地に，まず，淡水川に沿って漢人集落，後にその集落より河口近くに機能的に分けられた西洋人集落，さらに両集落をあちこちに点在する日本人集落が成立し，外国勢力の影響を受けつつ独特の文化的景観が形成された。それを受け継ぎ人々が生活してきた淡水の街について経時的に学習する。ここでは，潜力点の特徴や遺産保護の現状理解といった「能力目標」ⅰ及びⅱに重点がある。第二節では，一般的な「顕著な普遍的価値」の理解と「淡水紅毛城と周辺歴史建築群」が有するであろう「顕著な普遍的価値」の理解及び遺産保護に対する判断といった「能力目標」ⅲ及びⅳに重点がある。第3時で世界遺産登録制度の概略について学習し，第4時で「淡水紅毛城と周辺歴史建築群」が世界文化遺産に匹敵する潜力点である理由，世界文化遺産に登録される少ない可能性，登録のために取り得る方策について学習する。学習者には，実際に取り得る方策を検討し提案するところまで求めている。また，世界文化遺産にこの潜力点を推薦するため，他国の推薦を頼みとしたグループ登録の事例として，「台湾と日本の共同申請」を挙げている点が注目される。

　本教材のテーマである「集落と建築」の変容は，台湾と諸外国との関係に基づく「商業と貿易」の変容に拠る。原住民が住んでいた時代・スペインやオランダが来航していた時代・鄭氏統治時代・清朝時代・日本統治時代に区分した経時的な学習が展開される。15世紀末に新航路を発見したヨーロッパ人が16世紀半ばに東アジア海域で繰り広げた貿易競争（スペイン―オランダ間）や日本を含めた世界規模の貿易網の中での人・物・財の移動と抗争，それらを背景とした台湾や淡水の位置づけとその変遷は，2018年版中学校教材のテーマ「商業と貿易」でもある。つまり，本教材のテーマである「集落と建築」の学習は，2018年教材のテーマである「商業と貿易」の内容との関係性を意識しつつ，それを伏線として進む。そして，この「商業と貿易」に関する内容が，登録基準第6項「顕著な普遍的価値を有する出来事（行事），生きた伝統，思想，信仰，芸術的作品，あるいは文学的作品と直接的に関連する」の根拠を与えているといえる。

第8章　「顕著な普遍的価値」への疑心　　159

（2）2018年版世界遺産國中教材『穿越淡水，走読世遺　海陸交会的淡水貿易』の記述から

　「淡水紅毛城と周辺歴史建築群」は，世界文化遺産登録基準の第2項と第6項を満たすと台湾の行政院文化部は考えるがゆえに潜力点と銘打っている。これらは，「集落と建築」と「商業と貿易」との関係を抜きには語れない。他地域に見られない多元的・重層的な文化とともに，独特の景観や街並みが形成されたのは，長年にわたり，大陸中国以外の異なる国から西洋人や日本人がやってきたからである。そして，彼らがなぜ淡水を目指してやってきて居住したかというと，ここの貿易港としての機能に着目したからである。そのことが，淡水の特徴的な「集落と建築」を誕生させたということだ。この漢人，西洋人，日本人は，台湾と他地域との間で，それぞれに特徴的な貿易をしていたはずである。また，2016年と2018年の各世界遺産教材には，指導案が示されているが，2016年の各世界遺産教材には指導案が示されていない。そこで，2016年版教材と比較するため2018年版教材，及び，それを使用する指導計画を参照し，本教材を使った授業から教材の作成意図を探ることとする。

　2018年版教材の目次は表8-3の通りで，各節が経時的に記されている（林：主編 2018, p. 2）。原住民に関する記述はないが時代区分は2016年教材と同様である。また，2016年中学校教材にはない下記のような「はじめに」（林：主編 2018, p. 3）があり，内容や構成を概観できる。

表8-3　2018年版中学校教材の目次

第一節	【国際競争期の淡水海洋貿易】 ・スペイン人の来台 ・グローバルな取引システムの形成 ・オランダ人の台湾北部争奪 ・鄭氏の統治
第二節	【清朝初期の淡水の海洋貿易】 ・清朝初期の対岸貿易港としての役割 ・両岸の経済と貿易の発展 ・八里坌港の開港
第三節	【清朝末期の淡水の海洋貿易】 ・開港貿易 ・グローバル取引システムへの再編入 ・淡水港の変化
第四節	【日本統治下における淡水の海上貿易】 ・淡水税関 ・ダグラス洋行との競争期 ・淡水港の没落
第五節	【日本統治下における淡水の鉄道 及び航空輸送】 ・鉄道輸送 ・軽便鉄道 ・淡水水上機空港
第六節	【淡水の地元企業——施合発商行】 ・施合発商行の設立 ・創始者施坤山

「はじめに」

淡水は台湾北部の河川運輸の要所にあたる場所です。さらに世界規模の貿易網が形成されたことで，17世紀初めにはスペイン人，オランダ人が海を越えて淡水を訪れ多くの貴重な文化資産を残したほか，淡水を世界の歴史の舞台に登場させています。

淡水の発展史における重要な軸心は，これまでずっと早期の河川輸送，海運の勃興と隆盛，複雑に絡み合う商業，商人の往来にありました。日本統治時代以降，淡水河の河道の土砂堆積と基隆港の発展により，淡水発展の重心は次第に陸運へと移っていきました。

本教材では，はじめに，国際貿易の仕組みの中で淡水港が担った役割と地位の移り変わりを紹介します。海洋史を通じて，淡水の歴史と世界史の動きとのつながりを探るとともに，淡水が長い時間をかけ海を通じて築いてきた外界との様々な関係を総合的に観察し，次に，近代における淡水地区の陸上輸送の発展について論じ，最後に淡水の地元企業である施合発商行について，当時の経営の盛況ぶりを紹介することにしましょう。

第一節は5ページで，16世紀半ばからのスペインの海上貿易拡大とヨーロッパ，アジア，中南米，アフリカ間での人・物・財の移動と特徴，17世紀からのオランダの海上貿易拡大と東アジア進出に伴うスペイン―オランダの対立，及び，スペインの台湾撤退とオランダによる台湾北部の占領，中国大陸・日本・ヨーロッパ・南洋間での人・物・財の移動と特徴，スペインやオランダの世界貿易網における台湾の位置づけ，鄭氏と清朝の争いによる貿易の衰退と鄭氏統治下の台湾の様子が記されている。第二節は3ページあり，鄭氏降伏後，清朝の版図における大陸貿易に依存した台湾の経済や貿易の状況，この時期に重要性を増した淡水の様子が記されている。第三節も3ページで，18世紀からの欧米列強の進出とアヘン戦争後開港し世界貿易網へ再編入された台湾の状況，淡水の海上交通の拠点化に伴う人・物・財の移動と経済的軍事的価値の高まり，淡水市街地の商業発展と欧米商人の居住区の成立や街の変容が記されている。第四節は5ページで，日清戦争後の日本統治下での淡水の世界貿

易網中の位置づけ，人・物・財の移動と特徴，港や街の変容や発展や産業の振興，日本優位に進む欧米との海運競争，基隆港整備と土砂堆積による淡水港の没落の状況が記されている。第五節は4ページで，日本統治下での鉄道・港・航空等のインフラ整備と都市・産業の発展の様子とそれらの関係性，日本の敗戦に伴いこれらの国民党政府による接収と2000年に市が定めた古跡指定について記されている。第六節も4ページあり，インフラ整備に伴う人・物・財の移動と他地域と結びつき，台湾で有数の企業となった地元企業の発展，創設者の活躍と貢献，最後に日本政府からこの企業創始者への叙勲までが記されている（林：主編 2018, pp. 4–27）。

　2016年教材と比し，「商業と貿易」がもたらした淡水や台湾の盛衰，その影響による建築物や街の変容が記されている。全6節中，日本統治期が半分を占め淡水や台湾の発展への貢献が大きく扱われている点は大変興味深い。

【設計理念】

　淡水の独特な地理的位置は世界とのつながる機会をもたらしました。スペイン，オランダ，イギリス，日本などが淡水に足跡を残しています。港の開放は淡水に異国情緒を加え，淡水を国際貿易の舞台に押し上げたのです。

　本教材は，清朝末期の淡水の通商と貿易の状況を説明することで，淡水港の開放やその繁栄と衰退の背景を理解させるために学習者を導きます。そして，学習者の故郷の歴史的変遷に関心を喚起し，それらは，地域の文化を愛する心情を養います。

【能力指標】

i　過去と現在の台湾の重要な人物や出来事を認識する。

ii　台湾文化の起源を探り，その意味を理解する。

iii　人間社会の様々な芸術形態を理解する。

iv　産業と経済の発展に影響する地域の自然と文化の特徴を理解する。

v　文化間の接触や交流から生じる可能性のある対立，協力，文化的革新

第2部 〈教育〉と〈国家の統合〉

表8-4　2016 国中教材指導計画（1 単位時間 45 分：4 時間扱い）

時	学習形態	主な発問
1 国際競争期の淡水海洋貿易	一斉	①淡水はなぜ世界史の舞台に立ったのか。 ②スペイン人とオランダ人及び淡水とのつながりはどのようなものか。
	グループ	③航海者にとって嵐を避け水を得ることの重要性は何か。 ④スペイン人が淡水を占領した目的は何か。 ⑤大航海時代の国際貿易ルートと貿易商品はどのようだったか。 ⑥多くの「社商」は淡水で品物を購入したか。これらの品物の用途は何か。 ⑦各国が争いつつ淡水をグローバルな取引システムに組み込んだのはなぜか。 ⑧オランダ人が台湾に来た目的は何か。 ⑨なぜ、スペイン人が台湾を去ったのか。 ⑩台湾の南北の経営に対する鄭氏の態度はどのようだったか。
	一斉	【まとめ】 ※生徒の発言内容を整理し、淡水でのスペイン人やオランダ人の目的や行為、大航海時代における淡水の歴史的位置と国際貿易システムにおけるその重要性、及び鄭氏統治期における淡水の管理を理解させる。
2 清朝初期と末期の淡水の海洋貿易	一斉	⑪清朝初期の海峡両岸の貿易品は何か。 ⑫「正口（福建へ向けての指定渡航港）」とは何か。 ⑬清代後期、貿易港として淡水が開港してから貿易の特徴はどのように変わったか。
	グループ	⑭清朝の初めの台湾と中国本土の間の海運の様子はどのようだったか。 ⑮清朝初期に台湾と中国本土の間で取引されたそれぞれの商品は何か。その理由も説明すること。 ⑯清朝初期にもなぜ、台湾北部の染色産業が盛んになったか。 ⑰八里坌港の開放と衰退の理由は何か。
	グループ	⑱清朝後期、なぜ、列強は台湾をうかがいねらったのか。 ⑲なぜ、淡水は開港したのか。 ⑳台湾の開港後、外国貿易の輸入商品及び輸出商品は何だったか。それぞれの代表例は何か。 ㉑淡水河流域の貿易範囲はどのあたりまでだったか。 ㉒開港後に、例えば、どのような変化がもたらされた。
	一斉	【まとめ】 ※生徒の発言内容を整理し、清朝時代の淡水の経済と貿易の発展、香港貿易の開始によってもたらされた変化を理解させる。

　を探る。

　　vi　利益のための競争による国際社会間の対立、協力、同盟の例を挙げる。

　指導計画は、表8-4 の通りで、以下の「能力目標」とともに 2016 年にはなかった「設計理念」が併せて記されている。第 1 時は第一節、第 2 時は第二節から第三節、第 3 時は第四節、第 5 時は第五節から第六節を学習する。ど

時	学習形態	主な発問
3 日本統治下における淡水の海上貿易	一斉	㉓日本統治下で，淡水の貿易にはどのような変化が生じたか。 ㉔考えてください，なぜ現在の淡水はもはや国際港ではないのか。
	グループ	㉕日本の占領期間中，台湾のそれぞれの輸入及び輸出商品は何だったか。どこへ輸出されたか。どこから輸入さたか。
	グループ	㉖淡水税関が，淡水の重要な行政の中心になったのはなぜか。 ㉗淡水税関が多忙になったのはどうしてか。 ㉘なぜ，ダグラス洋行は繁栄し没落したのか。 ㉙陳澄波の作品《淡水夕照》に描かれている重要な淡水の古跡はどこにあるか。 ㉚日本統治初期の淡水港の出荷状況にはどのようだったか。 ㉛なぜ，淡水港は衰退したのか。
	一斉	【まとめ】 ※生徒の発言内容を整理し，日本統治期における淡水税関の発展，淡水の経済，貿易の発展，輸送ネットワーク及び淡水港の衰退の理由を理解させる。
4 日本統治下における淡水の鉄道及び航空輸送・淡水の地元企業	一斉	㉜淡水に鉄道が通っていたことを知っているか。淡水駅に関する情報をインターネットで調べたり，長老を訪ねたりして同級生と共有すること。 ㉝淡水に空港があったことを知っているか。その場所はどこか。
	グループ	㉞なぜ，台北淡水鉄道は建設されたのか。 ㉟日本統治下の台北淡水線鉄道と台北 MRT 淡水線の類似点と相違点は何か。 ㊱淡水軽便鉄道の用途は何か。 ㊲なぜ，日本政府は淡水に水上空港を建設したのか。 ㊳淡水飛行場の運行ルート，機種，及び乗客定員はどのくらいか。
	グループ	㊴施合発商行はどのような経営を行っていたか。 ㊵なぜ，施合発商行は急成長したのか。 ㊶施坤山は，淡水の産業活動にどのような影響を与えたか。
		【まとめ】 ※生徒の発言内容を整理し，日本統治下における陸上輸送と海運の発達，淡水の開発を理解させ，地元企業施合発商行及びその創始者施坤山について認識させる。

の節でも淡水は台湾と世界との結節点として記述され，様々な外来勢力がなぜ淡水に注目したか，人・物・財がどのように移動したか，世界で生起した様々な社会事象がどのように影響し淡水や台湾を変遷させたかという因果関係を理解できるように事実的知識を経時的に学習していく。2018 年版中学校教材では「商業と貿易」の理解を深める手段として「集落と建築」の内容が記されているといえる。逆に 2016 年教材では「集落と建築」の理解を深める手段として「商業と貿易」の内容が記されていた。したがって，2018 年版中学校教材では「集落と建築」について理解や保護に関すること，即ち世界遺産登録基準

第2項に関する内容は副次的に扱われている。同第6項に関する「商業と貿易」の内容が記されていても，第2項に関する「集落と建築」の内容が十分ではないため，潜力点の様子を十分説明できているとはいい難い。また，「設計理念」にあるように，ここでの学習が「淡水港の開放やその繁栄と衰退の背景の理解」を基にし「地域の文化を愛する心情を養う」という意図があることを注視しておく必要があろう。どの節も淡水は台湾と世界との結節点として記述されていることは，淡水という場を通して，台湾全土の歴史的な流れの中での変容を把握し，その有り様を考えていくことになる。そのため，「台湾の文化を愛する心情を養う」ことへも必然的に繋がっていくだろう。そこでは，世界文化遺産の「グローバルな価値」である「顕著な普遍的価値」観の形成は考慮されていない。「はじめに」や「能力指標」からも同様のことがいえる。

3. 世界文化遺産を扱う日本の教育への示唆

(1) 潜力点を巡る新北市民の意識と潜力点を取り上げた地域学習の関係

　新北市淡水古跡博物館事務局で，この潜力点が世界遺産登録を目指すことについての市民の意識を尋ねたが，「博物館としては積極的に発信しているが，残念ながら潜力点について認識してない人が多く，国際情勢からすると登録は不可能だと自分も含め皆わかっている」ということだった[4]。翻って，潜力点やその周辺，潜力点から淡水駅に至る経路，淡水駅周辺を見渡すと個々の古跡に関する表示や解説はあるが，世界遺産や潜力点に関するものは皆無だった。また，観光客や一般市民を対象に潜力点で活動する市公認のボランティアガイドの説明でも潜力点への言及はなかった。ボランティアガイドの一人に尋ねたところ「本当の世界遺産じゃないから正面きっていえない。どうせ世界遺産にはなれないから。」と答えた。このようなことに鑑みるに潜力点の意味や潜力点として保存する意義，「顕著な普遍的価値」についての情報発信に新北市当局やボランティアが積極的だとはいい難い。それどころか，彼ら情報発信者でさえ断定的で悲観的な表現で，卑屈とも受け止められかねない視線を潜力点に投げかけているようでもある。彼らから情報を受け取る一般市民はいうまでも

なかろう。

　本来，潜力点にとって最も強調すべき「顕著な普遍的価値」の理解を深める
どころか，「顕著な普遍的価値」の理解が進まない状況とも受けとめられよう。

　2016年版以外の中学校用教材での世界遺産や潜力点の記述は，新北市政府
文化局局長が「淡水世界遺産教材を通じ，独特の魅力をもつ淡水の世界遺産に
ついて学習しよう」と述べた序文と，表紙及び奥付に「世界遺産」とあるだけ
である。教師も含めて先に挙げた情報発信者の投げかける潜力点に対する視線
の影響を受けた学習者は，教材の表紙や序文かに，この潜力点が世界遺産級の
価値を有するらしいというわずかな情報を得るだけになる。また，2018版中
学校用教材の指導計画では，淡水や台湾という特定の地域や国家の限定された
空間で重視され流通する「ローカルな価値」や「ナショナルな価値」の理解や
自覚を促す展開となっていた。学習が進むほど社会的な影響や不確実な知識か
ら憶測で価値づけが進みかねず，世界遺産になれない潜力点という印象が強ま
る可能性を，2018年版の中学校教材の内容や指導計画は備えている。

（2）忌避できない文化やアイデンティティ

　国民国家は，他国との間での相互承認により，形式的ではあるにせよ初めて
他国と対等に国際社会で位置づけられる。国家単位で推薦される世界遺産候補
は，他国の遺産候補や既に登録された遺産と比較され，「顕著な普遍的価値」
を有するか否かを UNESCO の世界遺産委員会で審査されている。つまり，世
界遺産候補を推薦しようとしている国家の国民は，世界文化遺産を話題に挙げ
た時点で，他国や他の文化遺産との対照関係によって，自国や自国の文化遺産
の存在を自覚していく。つまり，政治体と文化とは深く関連づけて現状が受け
止められることになるのである。

　台湾は，他国や他国の文化遺産と対照される土俵に上がる資格さえ与えられ
ていない。世界遺産は，全人類が共有する価値ある遺産だが，推薦さえ叶わな
いとなると，国家としての台湾に帰属意識を保持した人々は人類から除外され
た感覚を抱きかねず，「顕著な普遍的価値」は望んでも届かない絶対的な価値
として意識される。そうであるとすると，自己が望まぬ自己措定を他国から強

いられた国際社会の中に台湾人は位置づけられているため，あえて「顕著な普遍的価値」に触れないでおこうとする状況が生起していると考えることに矛盾はなかろう。これは，台湾人として，自分たちは他者としての他国や台湾以外の社会から肯定的に認められているかというアイデンティティの問題でもある。

　文化はつねにその境界を流動させ，内実を変容させながら人々の思考を規定し，またそれによって再規定されていく。そして，こうした存在が重複しながら無数に生成され，相互に差異化されながら世界をダイナミックに構築していくことは否定しようがない。このような考えに沿って，文化とアイデンティティを一体化し構想することは問題視する動きもある。もともと，文化やアイデンティティに本質はないということで，文化やアイデンティティの概念はもはや無効だということにはならない（太田好信 2013, pp. 250-255）。文化とアイデンティティとは相互に絡み合い，今でも重要な概念として現実に流通し機能している。それは，多くの人々が，実際に，自分たちの文化やアイデンティティに愛着を求め，それを有していることに心の安定を感じているからだ。

(3) 世界文化遺産を巡る文化の理解や自覚の止揚を目指して

　特徴ある文化遺産を保存しようとする考えの根底には，前代の人々が残した業績を象徴する物件を，価値あるものとして共有してきたという意識がある。それは，同じ文化を共有する人々の文化空間の意識であり，他の地域や国家との対照関係に基づく空間的な差異の意識でもある。その意識が，特定の社会空間で醸成されていなければ，文化遺産の保存はされてこなかったはずだ。これらの意識があることが「ローカルな価値」や「ナショナルな価値」の特徴の一つである。これまで言及してきた世界文化遺産は，特定の国家や地域に存在するがゆえに，「顕著な普遍的価値」を含め複数の価値を内包している。これらの諸価値は「誰にとって保存する価値があるか」という点で，諸価値を共有する文化空間が異なるし，文化空間ごとに登録する価値基準も異なる。そのため基準の異なるこれらの諸価値に序列はないということが建前のはずである。

　一方で，「顕著な普遍的価値」は条約で，多くの「ナショナルな価値」や「ローカルな価値」は国内法や条例等に基づく文化遺産保護制度で規律され，

制度として基準が系統的に精緻に明文化され秩序づけられているという点で，異なっている。また，国内法や条例等に基づかない「ナショナルな価値」や「ローカルな価値」を有する文化遺産も存在している。つまり，どこが，あるいは，誰が，文化遺産の価値を決めたのかという点では，それぞれ異なっている。また，「グローバルな価値」ともいえる「顕著な普遍的価値」については，全人類が共有できる価値である。理念的には「ローカルな価値」や「ナショナルな価値」との比較でその価値が決まりはしないという点で，他の価値との異なりもある。

　世界文化遺産は，全人類が「この物件を誰もが失いたくない」と納得できれば，自ずと価値づけられるだろう。しかし，世界文化遺産は各国の法制度によって最上の価値を有すると考えられた遺産の中でから推薦され候補が選定される傾向が極めて強い。そして，その候補が，今迄に登録された世界文化遺産と比較され，登録の前例のない「顕著な普遍的価値」を有しているか否かという議論を通して UNESCO の世界遺産委員会で登録の決定が下される。つまり，この登録の過程が意識する文化空間の広狭と重なることで，「顕著な普遍的価値」を最上位とする文化遺産の価値のヒエラルヒーを構築する構造を強化してきたともいえる。

　文化遺産の世界遺産登録を推進していた広島県尾道市や香川県小豆島町は，夢叶わず日本遺産の登録を目指し実現した。郷土の文化遺産を取り上げた学習が両市町で行われた場合，世界遺産になれなかった日本遺産という烙印を UNESCO や日本政府は共同して押すことになりかねない。世界遺産を目指していない国家や自治体レベルで登録された文化遺産を扱えば，世界遺産になれない文化遺産という烙印，日本遺産を目指していない国家や自治体レベルで登録された文化遺産を扱えば，日本遺産になれない文化遺産という烙印が押されることもあろう。台湾の事例からもわかるように，自ら「ナショナルな価値」や「顕著な普遍的価値」を有する文化遺産の措定を望んでも，国際関係の中で不随意的で悲観的な文化の理解と自覚をもたらしもする。

　この状況下で日本の小学校社会科は，地域・社会の発展を象徴する優れた文化遺産の代表例として世界文化遺産を取り上げ，我が国や地域の歴史の展開を

考えさせようとするし（文部科学省 2018a, pp. 62-69, 106-128），中学校の学習もその延長上にある（文部科学省 2018b, pp. 86-87, 124）。そこで目指されているのは「ナショナルな価値」や「ローカルな価値」の理解や自覚で，これらは，新北市の 2018 年版中学校教材を用いた学習の構造と重なり，台湾も日本も併存する複数の価値が認識しづらい現実があるといえる。それが諸価値や文化遺産のヒエラルヒーをさらに強固にする要因の一つとなろう。

　自己や自集団を指定する拠り所として実感し流通している文化から安心感を得ている人々がいる以上，このような状況を克服するために，文化概念を放棄することは難しい。多元的・重層的で序列のない諸価値や文化の関係性を捉え直すことが肝要となる。そのためには，まずは，日本でも台湾でも，世界文化遺産を取り上げながら「ローカルな価値」や「ナショナルな価値」だけを取り上げるねじれの解消を図ることである。新北市の場合は，2016 年版中学校教材を含め全ての世界遺産教材とそれを用いた指導計画がインターネットを介して閲覧できる状態であり，意志さえあればそのような授業を構想することができる状態にはある。しかし，日本の場合は，学習指導要領やそれに基づき作成された教科書では，元から「顕著な普遍的価値」の理解や自覚を促すことは想定していない。2016 年版中学校教材を使用し，世界文化遺産の登録基準，登録の方法や可能性を学習する新北市の教材や設計された授業は，日本で世界文化遺産を扱う学習をする上で示唆に富む。

　次に，一つの文化遺産であっても登録に際し異なる基準で評価された価値を複数有しており，文化遺産が有する多元的・重層的な価値はそれぞれに相対的な位置にあるということ，世界文化遺産といえどもそれらは同時に併存し総体として文化遺産の価値となるということの理解と自覚を促すことである。この点は，新北市においても，日本の学習指導要領下の社会科学習でも留意がなく，「世界遺産教育」の先行研究においてもほとんど見られない[5]。新北市の潜力点を巡る新北市民の意識を鑑みるに，克服すべき大きな課題である。

　いずれの規模の文化空間にせよ，その中で多くの人々が保存するだけの価値を有するという意識の共有がなければ実効性のある文化遺産の保存は難しい。諸価値がそれぞれに相対的な位置にあると理解し自覚できたとしても，それら

の価値を皆が同様に重視するとは限らない。制度として規律された相対的関係
にある諸価値とは異なり，先人の工夫や努力によって生み出され，生活の中で
大切に受け継がれ実感してきた文化が有し，帰属する社会集団の源流を考える
上で欠かせないと考えられている価値もあり，その考慮もしなければならない。
両者は価値の形成過程が異なり価値の質や基準も異なる。制度として規律され
た価値は，比較的短期間に必要な事実的な知識として意図的に示され獲得され
る傾向が強いが，この価値は日常生活の多様な場で体験や実践しながら比較的
長期間にわたって実感されていく。その性質上，後者の共有範囲は前者よりも
さらに限定される。文化遺産の保存に対する意思決定に際しては，広い空間で
価値を共有する人々は多数派として主導権を握りやすく，狭い空間で価値を共
有する人々は少数派となりやすい。ところが，特定の文化遺産に対する愛着は，
身近に存在し狭い範囲で共有できる価値ほど強く，広い範囲で共有している価
値は疎遠で比較的弱くなりやすい。加えて，短期間に事実的な知識として獲得
された価値よりも，長期間にわたって生活の中で実感された価値の方が強い愛
着を生む。

　このように考えると，制度として規律されヒエラルヒーの中に位置づけられ
て諸価値が流通している中では，いずれの価値をどういう順序や割合で重視す
るか，少数派と多数派の意思決定に齟齬があると激しい対立が憂慮される。も
ちろん，価値基準の異同が価値の上下を左右するわけでもない。諸価値の異同
と相対的な関係性，それらが同時に併存し総体として文化遺産の価値となると
いう理解と自覚も促す必要もある。生活の中で実感された諸価値の中にも，異
なる文化空間を意識した複数の価値系統があるはずである。その中でいずれの
価値をどういう順序や割合で重視するかという意思決定の異同も出てくる。新
北市でも日本の教育課程下でもこれらへ留意はされていない。

　これまで述べてきたことは，世界遺産登録の議論に直接加わることができな
い台湾の潜力点を取り上げ検討してきたからこそ明らかにできたことで，「顕
著な普遍的価値」について問い直す契機となった。そして，本章で検討し得ら
れた示唆は，制度で規律された諸価値の相対的関係性，生活の中で実感された
諸価値の相対的関係性，両諸価値の相対的関係性の理解と自覚をトータルに図

り，多元的・重層的な自己や他者の文化遺産に対する理解と自覚を促して，保存に対する議論を深めていくということである。

4. おわりに

　多くの人々が文化遺産の保存に参画するためには，「なぜ，この文化遺産は保存する価値があると自分や他の人々は考えるに至ったのか」を明確にし，共通理解を得る機会がなければならない。それは，改めて自己や他者のどのような価値観をどのように対象化しつつ相対化するのか，また，自己や他者が重視した諸価値の異同や特徴，複雑に絡んだそれらの関係性をどのように明らかにしていくか考える機会でもある。世界文化遺産だけでなくその他の文化遺産に対しても，諸価値が必ずしも互いに背反する関係性にあるのではないという了解をなす必要性とその方向性への示唆を，新北市の教材や設計された授業から得られた。金・人・物・時間・場等の制約から，保存する文化遺産の優先順位等を決めなければならない場面を想定してみると，保存の対象や行為，目的や理由，重視する価値等が文化遺産の保存を望む人々のその時々の状況や立場によっても異なってくる。その場合，共通理解を得るために社会的な議論が欠かせなくなる。議論の前提として，諸価値の理解と自覚が求められるということである。

　「グローバル・シティズンシップ教育」の実践の可能性を探った池野範男は，その課題として，○境界線が作り出す包摂と排除の強制への対応，○異質な他者へ寛容であるためのアイデンティティの複合性や形成と再形成の検討○目の前の社会を引き受けつつその正当性を質す批判と正当性における複数性（多声性，多元性）の受容の3点を挙げている（池野2014, p. 145）。国際社会で台湾が置かれた状況を如実に示していると考えられる新北市の教材や設計された授業は，この3点の受容に際する示唆ともなっているといえよう。

註

1) 「世界の文化遺産及び自然遺産の保護に関する条約」の前文には，以下のような文章が記されている。

> 文化及び自然の遺産には，特別の価値を有しており，したがって，全人類のための世界の遺産の一部として保存しなければならないものがあることを考慮し，このような顕著な普遍的価値を有する文化及び自然の遺産を脅かす新たな危険の大きさと重大さにかんがみ，当該国がとる措置の代りとはならないが有効な補足的手段となる共同援助を与えることによってこの遺産の保護に参加することが，国際社会全体に課された義務である。（日本ユネスコ協会連盟ウェブサイト）

2) 世界遺産委員会は，世界遺産教育の目的として次の4点を挙げている。
   ① 地域レベルでも世界レベルでも遺産保護に若者が関わることを奨励すること。
   ② 世界遺産条約の重要性と文化の相互依存性の理解を若者たちに促進すること。
   ③ 教育課程に世界遺産教育を導入し強化するための新しい，効果的な教育アプローチ，方法，及び教材を開発すること。
   ④ 国内・国際のレベルで世界遺産教育の促進におけるステークホルダーの間で相乗効果を促進すること。
   http://whc.unesco.org/en/wheducation/　2019年12月10日閲覧

3) 各教材と設計された授業は，以下の新北市淡水古跡博物館のホームページから閲覧できる。https://www.tshs.ntpc.gov.tw/xmdoc?XsmSId=0G245657616718137468
   また，筆者は2019年7月13日から15日まで，淡水市及び潜力点「淡水紅毛城と周辺歴史建築群」にて調査及び聴き取りを行った。

4) 論者が2019年7月14日，新北市立古跡博物館展示教育組廖康吾組長より聴取した。

5) 「世界遺産教育」に関する代表的な先行研究としては，田渕五十生（2011），田渕五十生研究代表（2011, 2015）等があるが，文化遺産が有する多元的・重層的な価値はそれぞれに相対的な位置にあるということ，世界文化遺産といえどもそれらは同時に併存し総体として文化遺産の価値となるということの理解と自覚を促す学習は，これらに見られない。金野誠志（2018a, 2018b, 2019, 2020, 2021a, 2021b, 2023）に見られるのみである。

引用・参考文献

家永真幸（2016）「統一・独立・現状維持——台湾の国家性という政治争点」『台湾を知るための60章』明石書店，pp. 96–99.

池野範男（2014）「グローバル時代のシティズンシップ教育——問題点と可能性」『教育学研究』81（2）日本教育学会，pp. 138–149.

太田好信（2013）「アイデンティティ論の歴史化——批判人類学の視点から」『文化人類

学』78/2，日本文化人類学会（編），pp. 245-264.

金野誠志（2018a）「文化遺産の『顕著な普遍的価値』を相対化する世界遺産教育の試み
　　　──『紀伊山地の霊場と参詣道』八鬼山問題を事例として」『地理教育研究』第 22 号，
　　　全国地理教育学会編，pp. 1-10.

金野誠志（2018b）「世界遺産として文化遺産を保存する意味や意義を考える世界遺産学習
　　　──『顕著な普遍的価値』の解釈や適用に視点を当てて」『グローバル教育』第 20 号，
　　　日本グローバル教育学会編，pp. 31-47.

金野誠志（2019）「問われ続ける『顕著な普遍的価値』の理解を促す世界遺産学習の試み
　　　── 文化遺産に関する知識と価値観の形成過程に着目して」『地理教育研究』24，全国
　　　地理教育学会，pp. 10-10.

金野誠志（2020）「文化遺産が有する多様な価値の再検討──台湾世界遺産潜力點を取り
　　　上げた中学校地域学習を基にして」『グローバル教育』22，日本グローバル教育学会，
　　　pp. 2-16.

金野誠志（2021a）「地域遺産・世界遺産の価値を伝え合い自他の文化理解を深める授業試
　　　案──『ウルル，カタ・ジュタ国立公園』と『紅毛城及其週遭歴史建築群』を対照し
　　　て」『地理教育研究』29，全国地理教育学会，pp. 11-20.

金野誠志（2021b）「地域遺産・世界遺産の価値について考える第 4 学年社会科学習の構想
　　　── 日本遺産『四国遍路』と世界遺産『紀伊山地の霊場と参詣道』を対照して」『社会
　　　認識教育学研究』36，pp. 21-30.

金野誠志（2023）「文化遺産への価値対応について考える ESD 授業モデルの開発と検証
　　　── 世界文化遺産と世界遺産ではない文化遺産を対照する遠隔授業を基にして」『日本
　　　教育大学協会年報』41，日本教育大学協会，pp. 75-86.

田渕五十生（2011）『世界遺産教育は可能か── ESD（持続可能な開発のための教育）をめ
　　　ざして』東山書房，研究代表者 田渕五十生（2011）「世界遺産教育とその可能性──
　　　ESD を視野に入れて」，『ユネスコの提起する世界遺産教育の教育内容と教育方法の創
　　　造』.

田渕五十生：研究代表者（2011）「世界遺産教育とその可能性 ── ESD を視野に入れて」
　　　『ユネスコの提起する世界遺産教育の教育内容と教育方法の創造』2008-2010 年度科学
　　　研究補助金基盤研究（B）研究成果報告書（課題研究番号：20330185）.

田渕五十生：研究代表者（2015）『「ESD」にアプローチする「地域・世界遺産教育」の創
　　　造』科学研究費助成事業 基盤研究（B）研究成果報告書（課題番号：23330259）.

日本ユネスコ協会連盟「世界遺産の登録基準」 https://www.unesco.or.jp/ activities/isan/
　　　decides/　2019 年 10 月 10 日閲覧.

平野久美子編（2017）『ユネスコ番外地 台湾世界遺産級案内』中央公論新社.

溝口和宏（2012）「開かれた価値観形成を目指す歴史教育の理論と方法──価値的知識の成
　　　長を図る四象限モデルの検討を通して」『社会科研究』第 77 号，pp. 1-12.

文部科学省（2018a）『小学校学習指導要領（平成29年告示）解説　社会編』日本文教出版.
文部科学省（2018b）『中学校学習指導要領（平成29年告示）解説　社会編』東洋館出版社.
若林正丈（2001）『台湾——変容し躊躇するアイデンティティ』筑摩書房.

行政院文化部文化資産局（年不明）「臺灣世界遺産潜力點」　https://twh.boch.gov.tw/taiwan/index.aspx?lang=ja_jp　2019年11月22日閲覧.
新北市立淡水古跡博物館「105年淡水世界遺産教材教案國中教材・國中教案」『穿越淡水，走読世遺 世界遺産教材教案』https://www.tshs.ntpc.gov.tw/xmdoc/cont?xsmsid=0M306630533261835915　2019年9月10日閲覧.
新北市立淡水古跡博物館「107年淡水世界遺産教材教案國中教材・國中教案」『穿越淡水，走読世遺 世界遺産教材教案』https://www.tshs.ntpc.gov.tw/xmdoc/cont?xsmsid=0M306630533261835915　2019年9月15日閲覧.
林延霞：主編（2016）『穿越淡水，走読世遺 淡水世界遺産』新北市立淡水古跡博物館.
林延霞：主編（2018）『穿越淡水，走読世遺　海陸交會的淡水貿易』新北市立淡水古跡博物館.

第9章
台湾における歴史の構築と相対化への志向
日本統治期につくられた文化遺産に着目して

1. はじめに

　現在，台湾で「郷土」というとき，ふるさとや生まれ育った土地ということだけを意味するのではない。戦前から台湾に居住する本省人にとっても，戦後，国民党政権とともに大陸からやってきた外省人にとっても，大陸中国ではなく，台湾が「郷土」だという意味がある。

　後者の意味づけには，学校教育が大きな役割を果たした。

　台湾における1990年代以降の教育課程は，台湾を「郷土」とし，大陸中国に偏った教育内容を台湾の地域社会に即し是正するよう機能し，「先史時代の台湾と原住民文化」，「海上権力競争の時代」，「清朝統治下の台湾」，「日本統治下の台湾」，「戦後の台湾」を相対化する台湾中心の多元的な歴史観を定着させたからである。そして，日本統治期に対しては肯定的側面も提起された。この変化について，林初梅は，各地域で独自につくられた「郷土」教材の編纂やそれを用いた「郷土」教育が果たした役割の大きさを実践者の視点で分析している。後に「郷土」教育は，小中学校教育で独立した時間（小学校は"郷土教学活動"，中学校は"認識台湾"）となり，さらには"総合活動"や"社会"の中でその系譜が受け継がれた[1]。最終的に台湾の実践には「日本による近代化形成」を，日本統治期の内容にどのように介在させるかという課題が残ると指摘している（林2009）。

　この残された課題が，その後どのようになっているのか，日本統治期に関する記述を含む「郷土」教材や教科書を元に分析し，一定の結論を得た研究を論

者は知らない。そのため，2019年9月16～17日に行った現地調査や収集した潜在的世界遺産を取り上げた「郷土」教材及び教科書などの記述を基に分析と考察を行う[2]。取り上げる文化遺産は，「淡水紅毛城及び周辺の歴史建築群」と潜在的世界遺産「烏山頭ダム及び嘉南大水路」の2件である。

「国家」を自認する台湾の中で「日本による近代化形成」をどのように位置づけ捉えようとしているのか検討することは，教育に当たる者が，台湾のみならず日本において，日本統治時代の近代化形成について，どう捉え扱えばよいか改めて考える機会となろう。その際，「日本による近代化形成」を学習者がどのように認識し得るかが重要であると考える。

2．「淡水紅毛城及び周辺の歴史建築群」の場合

（1）新北市2018年中学校世界遺産教材『穿越淡水，走読世遺』の記述から

① 新北市2018年中学校世界遺産教材『穿越淡水，走読世遺』の内容構成

新北市の名には新しい台北市という意味で台湾最大の人口を有し，台湾に六つある直轄市の一つである[3]。この新北市で，2016年から3年間，潜在的世界遺産「淡水紅毛城と周辺の歴史建築群」に関する世界遺産教材が作成され毎年作成され，小学校低学年世界遺産教材・小学校中学年世界遺産教材・小学校高学年世界遺産教材，中学校世界遺産教材が全児童生徒に配布されてきたことは，2016年と2018年の中学校世界遺産教材の概観の比較及び分析をした第8章で，既に紹介したところである。世界遺産教材とは銘打っているが，それは，新北市が作成し，学習する子どもたちの生活圏の中にある淡水の文化遺産を取り扱う。新北市の子どもたちはこれらの教材を使って学び，「淡水紅毛城及び周辺の歴史建築群」に対して，私たち「郷土」の文化遺産という認識を自ずともつことになる。教材の作成者も，「郷土」愛と切り離した指導はできようもない。そのため，これらの教材は，「郷土」教材としての機能も併せもつ。それは，第8章で述べたように，2016年中学校世界遺産教材以外は，表紙や序文，奥付を除き，全く世界遺産や潜在的世界遺産に関する内容や語句が出てこないことからも裏付けることができる。そこで，本節では，「郷土」教材とも

いえる 2018 年中学校世界遺産教材『穿越淡水，走読世遺』を取り上げ，「日本による近代化形成」が日本統治期以外の時期に比して，どのように位置づけられているか，あらためて検討していくこととする[4]。

　台湾の総統選挙の前哨戦といわれた 2014 年の統一地方選挙では，各地の首長選で民進党が圧勝したが，新北市では国民党が勝利した。2018 年の統一地方選挙では，各地の首長選で国民党が圧勝し，新北市でも国民党が勝利した。先の大戦で日本と対峙した後，内戦で破れ大陸から台湾に来た国民党は，大陸への帰還を長く望んでいたし，台湾主体の歴史観や日本統治期に対してそもそも否定的な認識があった。そういう国民党の思潮の影響を受けていても不思議ではない新北市で，「郷土」教材としての意義をもつどのような世界遺産教材が作成されたか非常に興味深い。

　2018 年中学校世界遺産教材『穿越淡水，走読世遺』は，表 9-1 の通り 6 節 24 ページの構成である（林：主編 2018）。

　同年，新北市で，台湾史について記述している採択率最上位の中学校社会教科書は，翰林出版（林・頼：主任委員 2019a, b）であった[5]。この教科書は，「国際競争時期の台湾」，「鄭氏期の経営」，「清朝前期の政治と経済」，「清朝前期の社会と文化」，「清朝後期の開港と建省」，「日本統治期の植民統治」，「日本統治期の経済発展」，「日本統治期の社会と文化」の 8 節構成となっている。『穿越淡水，走読世遺』も，この教科書も，各節が経時的に並ぶが，教科書では，「鄭氏時期」が節として独立しているのに対し，『穿

表 9-1　『穿越淡水，走読世遺』の目次

節	項目
第一節	【国際競争時期の淡水海洋貿易】 ・スペイン人の来台……4 ・グローバルな取引システムの形成……5 ・オランダ人の台湾北部争奪……7 ・鄭氏の統治……8
第二節	【清領前期の淡水の海洋貿易】 ・清朝初期の対岸貿易港としての役割……9 ・両岸の経済と貿易の発展……10 ・八里坌港の開港……11
第三節	【清領後期の淡水の海洋貿易】 ・開港貿易……12 ・グローバル取引システムへの再編入……13 ・淡水港の変化……14
第四節	【日治時期の淡水の海上貿易】 ・淡水税関……15 ・ダグラス洋行との競争期……17 ・淡水港の没落……19
第五節	【日治時期の淡水の鉄道及び航空輸送】 ・鉄道輸送……20 ・軽便鉄道……21 ・淡水水上機空港……22
第六節	【淡水の地元企業‐施合発商行】 ・施合発商行の設立……24 ・創始者施坤山……26

越淡水，走読世遺』では，「鄭氏時期」が「国際競争期」に組み込まれている。つまり，教科書に比べ，「鄭氏時期」の扱いが『穿越淡水，走読世遺』より相対的に低い。また，教科書では「清朝」と表記されている部分が，『穿越淡水，走読世遺』では，目次にも見られるように，概ね，「清領」となっている点も不思議である。

　本教材の特徴を検討するため，教科書と本教材を比較していく。社会教科書の「鄭氏時期」を「国際競争時期」に含め，以下の通り総ページ数に対する時期区分ごとの記述割合を示してみた。

・『穿越淡水，走読世遺』
　　国際競争期20.8％，清領前期12.5％，清領後期12.5％，日本統治期54.2％

・『中学社会（教科書）』
　　国際競争期21.8％，清朝前期23.6％，清朝後期14.5％，日本統治期40.0％

　「国際競争期」はほぼ同じ割合で，4時期の区分は「日本統治期」が圧倒的に高く，前後期を合わせた「清朝期及び清領期」は，本教材が25％程度，社会教科書は40％もない。両者の違いは，『穿越淡水，走読世遺』が社会教科書の「清朝前期」に比して本教材の「清領前期」が10ポイントの割合で低く，その分，「日本統治期」が50％を超えるほど高くなっているからである。この点は注目しておきたい。時期区分について，教科書での表記が「清朝」のところ本教材では「清領」となっている点とともに，次の項で改めて考察したい。

② 2018年中学校世界遺産教材『穿越淡水，走読世遺』の内容分析
　歴史的多元性を前提として，各時期を並列的に位置づけようとしている台湾だが（黒羽2016，pp. 54-55），授業で各時期の「郷土」をイメージするのは学習者である。このイメージは，学習と生活者としての学習者自身の相互作用で具体化する。そこで，学習者が頭の中に形成する社会空間のイメージとして，メンタルマップの発達プロセスを参照し検討を進める。

子どもは，まず，空間内の事物を位置づけるシステムとして，自身を参照点やランドマークとする自己中心参照系を使用し，次に環境内の固定された要素であるランドマークを手がかりに自身の位置や方位あるいは運動を定位する固定的参照系を使用する。これはルートマップの段階で，特定の位置で大地に足をつけ，生活の中で直接，対象を具体的に眺めるような視点を取る。次第に，空間を全体的，包括的，相互協応的に認知し，座標系の使用も可能な抽象的参照系を使用するようになる。これが地域を概観する視点，鳥瞰的な視点で捉えるサーベイマップの段階である（大西2004, pp. 20-22）。ルートマップ的視点は特定の地点からその外部へと認知空間を広げるため全体を概観することが困難で，サーベイマップ的視点は，まず対象とする地理空間を限定してその内部の認知を進めるため部分を詳細に把握することは困難である。学習者は，これら一つ或いは両方の視点を組み合わせ，総合して「郷土」空間をイメージし捉えていく。

　「郷土」で生活したり働いたりしている人々と日常的・直接的に関わってこの社会空間を認識している学習者にとって，ルートマップ的視点はサーベイマップ的視点よりも，「郷土」に対する思いや願いも具体的で身近な「郷土」観を生み出しやすい（文部科学省2018, pp. 33-36）。ただし，それらは，一人一人の人間の直接的な経験を超え，先行者とともに作られる歴史的記述の共同性の影響を受ける（片桐2003, pp. 127-134）。そのため，ルートマップ的視点といえども，生活科で学習するような地域への「親しみや愛着」ばかりではなく「疎みや憎悪」の情動を伴う場合も考えられる。このように，学習者がどこを基点としてどのような範囲の社会空間をイメージするかということと記述内容は，「郷土」に対する価値観を形成する際，大きく影響することになろう。そこで，まず，学習者の立ち位置とイメージする社会空間の範囲の関係性を，その後，それらと表現し得る価値的内容との関係性を明らかにして，中学校版『穿越淡水，走読世遺』の分析を行う。

③中学校版『穿越淡水，走読世遺』の内容

　本教材は119の文と29の中核資料からなる冊子である。学習者が自分の

第9章　台湾における歴史の構築と相対化への志向　　179

　足で立っている場所を基点とし，それが遙か上空の場合を Sky の S，地上の場合を Earth の E，イメージする視野が全地球的な場合を Global の G，一国家を超えるが G までには至らない場合を Regional の R，一国家相当の場合を National の N，N より狭い場合を Local の L とし，一文ごとにそれらの関係を示したのが章末に示した表 9-2 である。

　表 9-2 を基に，学習者がイメージする基点別の数を時代区分ごとに合計しグラフ化したのが図 9-1，視野別の数を時代区分ごとに合計しグラフ化したのが図 9-2 である[6]。文の数からは，約 200 年間続く「国際競争時期」と「清領時期」に比し，50 年間の「日本統治期」の重視がうかがわれ，全時代を通してナショナルな視野 N が極めて少ない。これは，『穿越淡水，走読世遺』と書名が連れられていることと，本書での時期区分を見ると，台湾と東アジアにおける西洋，大陸，日本との大きな接点の一つとして，淡水という一地域を窓口に，商業や貿易を通じた台湾の一国史を記述するという意図が伝わってくることから，視野 N を軽視している訳ではなかろう。

　また，商業と貿易を主題とした教材であるから，図 9-1 では，台湾との国際関係を俯瞰する基点 E，図 9-2 では，いずれの時代においても，グローバルな視野 G 及び多国間のリージョナルな視野 R の合計が多数を占めるのは当然である。文の数の漸増は，図 9-1 からすると地上の基点 E の数，図 9-2 では一国家よりも狭いローカルな視野 L の数の増加に伴っている。基点 E と視野 L は，国際競争時期においては少数であるが，「日本統

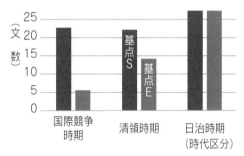

図 9-1　学習者がイメージする時代区分ごとの基点

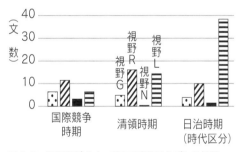

図 9-2　学習者がイメージする時代区分ごとの視野

治期」に，共に激増し多数を占める。これは，経時的にルートマップ的視点が多くなることも示しており特筆できる。「親しみや愛着」か「疎みや憎悪」かはともかく，各時代の価値を判断する情動を伴う歴史的記述の共同性は，ルートマップ的視点での空間イメージがサーベイマップ的視点より成立しやすいことには留意しておきたい。

　次に記述内容の検討である。まず，時代区分の表記である。「国際競争時期」に，教科書でいう「鄭氏時期」を組み込んでいる。「明朝」復興を願う「鄭氏」でさえ，スペインやオランダ並みの外国勢力の位置づけになる。次時期区分はでは，「清初期」「清末」の表記も散見され統一感に欠けるが全体的には目次にもあるように「清領時期」である。この表現には，暗黙裏に「清領ではない時期」が想定されている。「清」は国号であり，想定されるその前後の時期区分には，「清」と相対する，「清」以外の国号であり，その国号とは，台湾にとっての外国だということになる。このような表現は，後の「日本統治期」の表記とも併せて，外国に領有されていた台湾というイメージを醸し出す。このことは，「清」だけでなく「明」も台湾にとって外国だという思惑が感じられ，前の時期の「鄭氏時期」までも「国際競争時期」に含めたことと軌を一にする。一方で，教科書は「清朝時期」となっている。「清朝」という表現には暗黙の内に「清朝ではない時期」が想定される。「清朝」と相対するのは「清朝」以外の国号である。つまり，「清朝時期」の前後は，諸外国だけでなく，大陸中国の旧王朝名が想起し得るということである。そこには，大陸中国に属する台湾という含意を残す余地がある。加えていうと，「日本統治期」は日本語に訳した表現で，実際の教科書には「日治時期」という表現がされている。この点では，教科書も本教材も同様である。

　かつての戒厳令下の時代には，「日拠」（日本占拠）時期と書かれていたが，民主化以降は「日治」（日本統治）時期とするのが一般的となっている。「日拠」という表現には，台湾は，中国と不可分の領土であるという歴史認識に基づき，日本の台湾支配は不法占拠だったという含意がある。対して，「日治」という表現には，オランダ統治，鄭氏政権，清朝など，様々な外来政権に統治されてきた台湾という歴史的多元性を前提として，日本統治もそうした中で並

列的に位置づける意図がある。この表現の違いは，これは，台湾の多元性を重視した台湾史と大陸中国の正統性を軸に据えた中華民国史のいずれを重視するかの違いでもある。(黒羽 2016, pp. 54-55)。1990 年代から始まった教育課程の変化が，教科書や本教材の表現にも影響しているということである。

　次に，年号の表記である。本教材では，「国際競争時期」のヨーロッパに関する事象は西暦で記し，明や清に関する事象は王朝の年号を先に西暦を後に併記している。「清領時期」と「日本統治期」も，清及び日本の年号を先に西暦を後に併記している。一方，教科書では，「国際競争時期」と「鄭氏時期」は西暦のみ，「清朝時期」は年号を先に西暦を後に記し，「日本統治期」は西暦のみである。「郷土」教材にはない第二次世界大戦後の「中華民国時期」は，西暦を先に民国暦を後に併記している。1912 年が民国歴の民国元年であるが，教科書は戦後にのみ民国歴を適用し西暦を先に記し，他の時代区分と戦後の「中華民国時期」を相対化している。また，西暦のみで記した「国際競争時期」と「日本統治期」に比して，「清朝時期」と「中華民国時期」は年号を先に使用し，大陸中国との深いつながりも想起し得る。このような時代区分と年号の表記から，教科書より本教材は，一層，大陸中国とは異なる台湾独自の歴史観が強調されているといえる。

　最後に，文章の内容である。「郷土」教材の各文は事実的知識を述べ，どの時代にも批判や迎合は見られない。そこで，第 2 表の第 22 文のように，「盛ん」，「成長」，「整備され」，「増加」といったことばの使用によって，台湾や淡水に利する結果が明確に表れた文を抽出した。「国際競争時期」は 1 文，「清領時期」は 9 文，「日本統治期」は 11 文で，「日本統治期」に最も多く見られる。一方，教科書では，日本統治に対する功罪の価値判断が直接記されている (林・頼 : 主任委員 2018)。本教材の最終節でいう「施合発商行」は，「日本統治期」に著しく成長した企業で，当時の淡水の発展を象徴した記述として，他の節に比べ異質である。創業者施坤山は，「郷土」の偉人的な扱いで元警察関係の仕事をしていたことや日本政府からの叙勲も名誉的に記述されている[7]。このように「日本統治期」の評価は，教科書以上に高い。

（2）小括

　本節では，「郷土」教育を現在でも推し進めている新北市の存在とその内容を明らかにした。子どもたちが学習の中で共同的に参照する特定の歴史的記述は，ルートマップ的視点を重視することで具体的で身近な「郷土」観が強くなるほど，現在の自分たちの生活や社会を成立させるリソースとしても参照され親密になり，集合的な記憶として構築されていく。結果として，新北市そして台湾の構成員としての自覚を促す。このような教材が作成されたのは，台湾で大陸中国とは異なる独自の歴史観が求められ続けてきたということと無関係ではない。

　最も，興味深いのは，教科書以上に「日本統治期」の評価が高められていると受けとめることができる本教材が，新北市で誕生しているということである。

　教科書とは，どの国家においても，国民教育のために作成されるものであり，その国の教育課程に基づく必要がある。仮に，世界遺産を教科書に掲載したとしても，そこでは，第6章や第7章で示した国家の教育課程に基づいた日本やシンガポールの教育のように，国民の凝集性を高めるための活用が主となることは，容易に想像できる。国民の凝集性ということでは，現在，台湾の教育においては，歴史的多元性を前面に押し出しているということはいえる。しかし，「淡水紅毛城及び周辺の歴史建築群」を潜在的であるにせよ「世界遺産」という冠をつけるためには，「顕著な普遍的価値」を前面に押し出すしかない。第8章で示したように，「淡水紅毛城及び周辺の歴史建築群」は，この歴史的多元性によって誕生し，それをアピールする文化遺産である。そのため，「世界遺産教材」というからには，「顕著な普遍的価値」として，教科書以上に，歴史的多元性を強調する必要があった。その歴史的多元性を強調すればするほど，国家の教育課程に基づいた教育との接合は円滑に進み堅牢になる。そのため，本教材の作成過程で，意図的かどうかは別として，結果的に他の時期よりも教科書以上に「日本統治期」の評価が相対的に上がったと考えるのが妥当だといえる。それは，多元的な台湾の歴史が，日常生活の場でもある淡水の街並みの中で，多元的な淡水の歴史によって，さらに濃密に見えてくるということでもある。

3. 「烏山頭ダム及び嘉南大水路」の場合

（1）台湾における「烏山頭ダム及び嘉南大水路」の語り

　「烏山頭ダム及び嘉南大水路」も，台湾の潜在的世界遺産の一つである。「烏山頭ダム及び嘉南大水路」を見学する多くの子どもたちには，「郷土」教材『烏山頭ダム校外学習手帳』が広く使用されている。そこで，教科書とこの「郷土」教材とが，「烏山頭ダム及び嘉南大水路」通して，日本の近代化形成をどのように，学習者に捉えさせようとしているのか検討していく。

　「烏山頭ダム及び嘉南大水路」は，1920〜1930 年に 10 年間かけて建設された大規模灌漑施設である。灌漑の対象地域は香川県ほどの大きさの台湾最大の嘉南平原で，面積は 25 万ヘクタールある。この施設の建設により，南北約130 km，東西約 35 km の嘉南平原は台湾最大の穀倉地帯となった。烏山頭ダムの堤頂長は 1,273 m，堤高は 56 m，有効貯水容量は 7,982 万 m^3 にもなる。ダム湖の周囲には複雑な山稜が並んでおり，上空から見下ろすと珊瑚の形に見えることから珊瑚潭とも呼ばれている（行政院文化部ウェブサイト）。

　日本が本国の利益のために台湾の近代化を進める過程で，「烏山頭ダム及び嘉南大水路」が建設されたことは事実である。したがって，植民地における近代化形成過程下での権力関係や，帝国にとって有為な官憲的農業経営，そこから生じる農民の搾取や反発といった矛盾や葛藤を抱えていることも否定できない（清水 2009a, pp. 256–257）。植民地はそもそもそこで生活していた住民の政治的，社会的，経済的，そして文化的な犠牲や不利益の上に成り立っているからである。このことを十分含んだ上で検討を進めていく。

　一般的に植民地化は完全にマイナスとして経験され，近代化といえばプラスの評価がされることが多い。日本統治期の台湾では，この両者が支え合いもつれ合っていた。しかも，国共内戦に敗れ，戦後，大陸から逃避してきた国民党政権下で，台湾人（本省人）の多くは，長きにわたって抑圧され，失望感を募らせた経験がある。そのため，戦前の日本統治の方が相対的に肯定的に捉えられてきたという側面があり，台湾人の日本統治に対して抱いている心情は複雑さと曖昧さを有している（周 2013, p. 123）。それには，長い時間大陸中国と

対照され続け，大陸中国とは異なる一つの台湾，一国，台湾人という意識が高まり，大陸中国とは異なるアイデンティティが醸成されてきた結果，大陸中国とは異なる台湾中心の歴史観が定着してきた影響も大きく関わっている。「先史時代の台湾と原住民文化」，「海上権力競争の時代」，「清朝統治下の台湾」，「日本統治期の台湾」，「戦後の台湾」と台湾史を区切り，「日本統治期」が相対化される過程で，他の時代に比して肯定的側面も提起されるようになったのである。これらの影響は，学校教育にも及び，「日本統治期」における台湾の近代化を扱う教科書の記述に変容をもたらしてきたことは，先行研究で明らかになってきている[8]。

　嘉南平原の開発計画を主導し，建設の指揮を執ったのは，台湾総督府の土木技師であった八田與一である。八田與一について，日本では，国家としての「日本」との関係から国民としての「日本人」ということを意識し，日本史の中での偉人として捉えようとする傾向が強い[9]。但し，台湾人が無批判に日本による近代化形成を受け入れているわけではないし，「烏山頭ダム及び嘉南大水路」を建設した八田與一が「日本人」だったから，彼が評価されているわけでもない。

　八田與一は台湾では「日本人」と台湾人を分け隔てなく接し，没後も現在に至るまで慕われていることから「国際」や「平和」をキーワードに語られる「国際人」としての捉えが強まっている。そのため，八田與一と「烏山頭ダム及び嘉南大水路」をめぐる語りについては，日本と台湾の双方の異なる歴史の中で異なる価値観に基づいて評価されていることを踏まえておかねばならない。嘉南地域においては，郷土に根づいた歴史の記憶のモニュメントとして捉えていたり，台湾全体では，既に台湾史の一部として認識したり，台湾に長年住んで台湾人のために台湾の近代化に尽力したと捉えたりしている側面が大きい（胎中2007，pp. 84-88）。必ずしも国家としての「日本」や国民としての「日本人」を重ねて想起しているのではないということだ。

　そういう側面を否定しはしないが，台湾史の中で「烏山頭ダム及び嘉南大水路」や八田與一について，台湾人は，「日本」や「日本人」との関連を抜きには語ることができないのも事実である。そして，それは，大陸中国とは異なる

台湾という独特な行政体としての価値観を反映しているはずである。以上のことに鑑み，まず，台湾の中学校社会教科書，次に，「郷土」教材『烏山頭ダム校外学習ハンドブック』の記述から「烏山頭ダム及び嘉南大水路」の扱いを概観していく。

(2)「烏山頭ダム及び嘉南大水路」の記述

①中学校社会教科書の記述から

　本章では，筆者が入手した2019年に使用された康軒文教事業及び翰林出版の教科書を取り上げる。これらの教科書では，第1学年の地理的内容と歴史的内容で1箇所ずつ「烏山頭ダム及び嘉南大水路」が取り上げられている。

　まず，地理的内容である。台湾の教育課程の内容を記載した「九年一貫基本内容」の社会領域において，「台湾の位置」に続く「台湾の自然環境（台湾の地形・台湾の海岸と島嶼・台湾の気候・台湾の河川で構成）」中の「台湾の河川」に，「台湾の河川の特色と働き及びその開発と保全」が位置づけられている（呉 主任委員編 2020, p. 145）。

　康軒文教事業の教科書では，「台湾の河川の特色と働き及びその開発と保全」と関連し「烏山頭ダム及び嘉南大水路」が例示されている。この例示は，「水の循環と水資源」が1ページ，「河川」が1ページ，「台湾の河川」が2ページ，「台湾の水資源開発と保全」が2ページというように構成された小単元「水の循環」の中の「台湾の水資源開発と保全」に登場する。しかし，「台湾の主要なダムの分布」を示す図中に位置が示されているだけで，本文の記述では全く触れられていない。地図には18箇所のダムが示され，「烏山頭ダム及び嘉南大水路」については全く触れられていない。地理的内容においては，現在機能している台湾にある多数あるダムの一つとして取り上げられているのみである（呉 主任委員編 2019, pp. 52-57）。

　歴史的内容は「九年一貫基本内容」の社会領域において，単元「日本統治下の台湾（植民統治体系の確立・基礎建設・政治社会運動・社会文化的変遷で構成）」中で，「烏山頭ダム及び嘉南大水路」は，小単元「基礎建設（植民政府が行った近代教育制度の確率，農業生産性の向上，工業化）」について学習する「農業生産

性の向上」の内容に関わって例示されている（戴 主任委員編 2020, p. 53）。

　さらに，その中で，「基礎建設」で2ページ・「工業日本・農業台湾」で2ページ・「工業台湾・農業南洋」で2ページというように構成された小単元「日治時期の経済発展」の「工業日本・農業台湾」の中の「烏山頭ダム及び嘉南大水路」で登場する（戴 主任委員編 2019, pp. 84–86）。

　「工業日本・農業台湾」の冒頭の本文は，以下の通りである。

　　　日本統治期前期，総督府は，「工業の日本，農業の台湾」という分業の仕組みを実行して，台湾の農業生産環境と技術を積極的に改善し，水稲とサトウキビの栽培を奨励しました。そして，工業化を進める日本の人々の民生需要に応じました。(戴 主任委員編 2019, p. 84)

　ここでは，台湾の農業近代化と発展は，あくまでも，宗主国である日本の利益を優先し，その需要を満たすことが前提だったという方向性が，まずは，示されている。つまり，「大日本帝国による統治体制と経済政策は近代化と植民地化の両方の特徴がある」という内容を農業に関して述べるという確認である。そして，同ページに「近代的な製糖業の発展」・「稲作改良」・「灌漑施設の建設」の項が続く。本文は，以下の通りである。

　「近代的な製糖業の発展」
　　総督府は，日本の企業家が台湾に新しい製糖工場を設立し，近代的な製糖業を開始するのを支援しました。日本の企業家が台湾への投資を進めるに従って，砂糖産業は急速に発展し，日本統治期で最も代表的な産業となりました。同時に，サトウキビや砂糖生産の継続的な増加により，台湾は世界の砂糖王国の一つになりました。
　　しかし，当時，台湾のサトウキビ農家は，自分たちにみあった利益を上げることができず，「一の間抜けは会社に売るためにサトウキビを植えること」という意味の古い諺ができました。

第9章　台湾における歴史の構築と相対化への志向　　187

「稲作の改良」
　総督府は，新しい栽培技術や改良された品種を紹介しました。特に「蓬莱米」は有名です。総督府の推奨により，蓬莱米の生産量が大幅に増加し，日本に大量に輸出されました。

「灌漑施設の建設」
　総督府は，農業発展のため大規模な灌漑施設を構築しました。例えば，八田與一が設計し 1930 年に完成した嘉南大水路は，日本統治期最大規模の灌漑プロジェクトです。嘉南平原の土地を灌漑する嘉南大水路は，水稲や甘蔗などの生産を大幅に高めました。(戴 主任委員編 2019, p. 84)

　このページには，本文の外に，日本統治期の台湾サトウキビ生産量の推移，台湾米生産量の推移を示したグラフ，最初の近代的な製糖工場の写真が掲載されている。
　翌ページは，写真中心で，製糖会社でサトウキビを計量してもらっている農家，烏山頭ダムにある八田與一の銅像，日本人が品種改良した蓬莱米を収穫する台湾の農家，現在の嘉南大水路と稲が植えられた水田，嘉南大水路を建設している様子のイラストが，以下の補足とともに掲載されている。

　　日本統治時代，総督府はサトウキビの各収穫地で，収穫したサトウキビを買い取る権利がある精糖会社を一つだけにしぼり登録させました。そのため，サトウキビ農家はすべてのサトウキビを地元の一つの精糖会社に売ることしかできませんでした。一つだけ登録された精糖会社は，サトウキビの買い取り価格を意図的に引き下げたので，サトウキビ農家が搾取される原因となりました。

　　八田與一は嘉南大水路の建設を監督し，台湾の水利施設建設に多大な貢献をしました。嘉南大水路の灌漑用水は，烏山頭ダムから引いていました。(戴 主任委員編 2019, p. 85)

稲作と製糖に関する本文の記述量に大差はない。台湾のサトウキビ生産量や米生産量の推移を表したグラフでも，両生産量が40年間で激増した様子がわかる。しかし，「近代的な製糖業の発展」と「稲作改良」及び「灌漑施設の建設」との間では，評価が異なっている。「新しい製糖業の発展」は，台湾の農民が搾取されていた状況が具体的に記されている。一方で，「稲作改良」及び「灌漑施設の建設」については，「近代的な製糖業の発展」に比して，農業の近代化に対する貢献は高く評価されている。

写真9-1　烏山頭ダムにある八田與一の銅像（筆者撮影）

写真中心のページでは，補足については，「近代的な製糖業の発展」に関する記述が多いが，5点ある写真やイラストの内，「近代的な製糖業の発展」に関するものは1点のみである。ここでも，「近代的な製糖業の発展」に比して，「稲作改良」及び「灌漑施設の建設」については，高く評価されている。

次に，翰林出版である。康軒文教事業と同様に，地理的内容と歴史的内容で1箇所ずつ「烏山頭ダム及び嘉南大水路」が取り上げられている。地理的内容では，やはり，「台湾の河川の特色と働き及びその開発と保全」と関連し，「烏山頭ダム及び嘉南大水路」は例示されている。「烏山頭ダム及び嘉南大水路」が登場するのは，「水の循環」が2ページ，「河川の水系と流域」が1ページ，「台湾の河川の特色・湾の河川の開発と保全」が1ページで構成されている小単元「水の循環」中の「台湾の河川開発と保全」である。本文中の記述では全く触れられておらず，「台湾の主な河川とダムの分布」の図中で，19箇所のダムの内の一つとして位置が示してあるのみである（林・頼 主任委員編 2019a, pp. 54-61)。

歴史的内容では，「基礎建設」が2ページ，「農業発展」が2ページ，「工業発展」が1ページで構成された小単元「日本統治期の経済発展」で，「農業の

発展」の中にある「稲作の改良」・「新しい製糖業の発展」・「灌漑施設の建設」の項の内，「灌漑施設の建設」に「烏山頭ダム及び嘉南大水路」に関する記述がある（林・頼 主任委員編 2019b, pp. 93–96）。

歴史的内容でも，教科書記述中，本文では，「日本統治期の経済発展」冒頭の本文は，以下の通りである。

> 日本統治期初期，総督府は「工業の日本・農業の台湾」という経済政策を実施していきました。農業は水稲と甘蔗の生産に力を入れており，日本国内の人々の民需を満足させるためのものでした。（林・頼 主任委員編 2019b, p. 93）

これも，康軒文教事業と大差なく，「大日本帝国による統治体制と経済政策は植民地化と近代化の両方の特徴がある」という内容を農業に関して述べていることも同様である。そして，「農業の発展」で，「稲作の改良」・「新しい製糖業の発展」・「灌漑施設の建設」の項が続く。

各項の本文は以下の通りである。

「稲作の改良」
総督府は，新しい栽培技術や改良された品種を紹介しました。特に「蓬莱米」は有名です。総督府の推奨により，蓬莱米の生産量が大幅に増加し，日本に大量に輸出されました。

「近代的な製糖業の発展」
総督府は，日本の企業家が台湾に新しい製糖工場を設立し，近代的な製糖業を開始するのを支援しました。日本の企業家が台湾への投資を進めるに従って，砂糖産業は急速に発展し，日本統治期で最も代表的な産業となりました。同時に，サトウキビや砂糖生産の継続的な増加により，台湾は世界の砂糖王国の一つになりました。
しかし，当時，台湾のサトウキビ農家は，自分たちにみあった利益を上

げることができず，「一の間抜けは会社に売るためにサトウキビを植える
こと」という古い諺ができました。

「灌漑施設の建設」
　総督府は，農業発展のため大規模な灌漑施設を構築しました。例えば，
八田與一が設計し1930年に完成した嘉南大圳は，日本統治期最大規模
の灌漑プロジェクトです。嘉南平原の土地を灌漑する嘉南大水路は，水
稲やサトウキビなどの生産を大幅に高めました。（林・賴 主任委員編 2019b，
p. 95）

　康軒文教事業と同様に稲作と製糖に関する本文の記述量に大差ないし，掲載
されている写真や図，イラストも，本文の意図を裏付けようとしている点で類
似しており，八田與一に関するものは，レイアウトや大きさ，撮影位置が違う
程度である。稲作に関しては日本の民需に応えるための近代化という側面を認
めつつ製糖よりも相対的に肯定的に評価されている点は同様で，内容的には大
差はない。この点は，注目しておきたい。康軒文教事業との若干の違いは，本
文に「蓬莱米」に関する記述が多少詳しいことと，掲載されている写真が異な
る程度である（林・賴 主任委員編 2019b，pp. 95-96）。

②「郷土」教材『烏山頭ダム校外学習ハンドブック』の活用
　台湾では，従来の教室での体系的な学習方法は効率的だが知識の習得に偏
りがちで，情感，心の育成，行動力の発達の促進においては制限されてしまう
ということから，教室で学んだ知識を検証できることのほか，学習者の創造力，
思考力，コミュニケーション能力，問題解決能力，美的感覚と良好な人間関係
を増進する体験型の「校外学習」が重視されている。台湾の国家教育研究院は，
このことについて，以下のように説明している。

　　学校教育における全人教育を実践する過程で，知識の伝達を過度に重視
するあまり，学習者の体験と感覚が疎かになり，抜け落ちてしまう部分を

補うものとなります。校外学習は一種の体験型教育で，前述の体験型教育の理論から見れば，学生を真善美の境地に連れていくことができ，教育課程で追求される自発的かつ交流的で，よいものを共有するという理念とビジョンを明確にするものです。(黃・曾 主編 2015, p. 140)

192ページの表9-3は，台南市立開元小学校第5学年が「烏山頭ダム及び嘉南大水路」周辺で『烏山頭ダム校外学習ハンドブック』を活用し，「校外学習」を行うために作成した計画書である (台南市立開元小学校 2019)。台南市立開元小学校は，国道三号線経由で「烏山頭ダム及び嘉南大水路」まで，車で50分程度の位置にあり，「烏山頭ダム及び嘉南大水路」は，「郷土」の文化遺産ともいえる。また，「郷土」教材『烏山頭ダム校外学習ハンドブック』で，計画書中の図はこの教材の一部を複写したものである。

この「校外学習」と『烏山頭ダム校外学習ハンドブック』の内容を社会領域との関連から検討していく。

授業準備2で視聴するアニメは，『パッテンライ!!八田與一──嘉南大圳之父』の台湾版である (石黒 監督2008)。パッケージにはタイトルの他，「台湾を愛する日本人／アジアに衝撃を与えた偉大なプロジェクト」というサブタイトルや以下のような解説がある。

　　台湾の荒れ地を豊かな農地に変えるため，巨大ダムの建設に挑んだ金沢出身の土木技師・八田與一。彼の情熱と周到な計画は，やがて現地の人たちの厚い信頼を勝ち取り，だれもが不可能と思った夢を実現させた。八田に触れた日本と台湾の少年が，それぞれの夢に向かって成長する感動の物語。

この「郷土」教材中の本文記述の中で「烏山頭ダム及び嘉南大水路」と八田與一に直接関わる記述は，以下の通りである。

表9-3　開元小学校校外学習計画書

計画名称 （学習主題）	嘉南大圳と世界遺産 （烏山頭ダム冒険記）	
参加学年	第5学年	
実施場所	台南市官田区烏山頭ダム風景地区（珊瑚潭）	
実施予定時期	第12週 2019年11月11日〜2019年11月15日	参加予定人数　90人
学習資源 （複数選択可）	□農林漁業・畜産業野外体験（例：魚市場，港，農場，牧場，レジャー農園，エコロジーセンター，自然教育センター，国立公園など） ■台湾の世界遺産候補地18ヶ所（例：嘉南大圳，烏山頭など） □運動場施設，スポーツ競技やパフォーマンスの鑑賞 □社会教育機構（例：芸術施設，文化施設，地方文化館，県や市の展示館，旧跡など） □台南市のバス路線を組み合わせた校外学習の実施 □その他：	
主要見学地 ルートプラン	1. 主要見学地：台南市北区開元国民小学校→烏山頭ダム1日学習 2. ルートプラン 　　八田與一技師記念室と放水口見学→珊瑚潭ダム全貌を望む→八田與一像→八田與一技師記念公園宿舎群→水資源で水遊び	
カリキュラム 領域	■国語　□英語　□郷土の言葉　□生活科　□健康とスポーツ □数学　■社会　■自然科学　□芸術　■総合活動　□科学技術	
授業課程	一，授業準備（活動前） 　1. 水滴君の旅（自然領域）：水の循環と観辞す減の重要性を知る。 　2. 八田與一とは（社会領域）アニメで八田與一について知る。 　3. 烏山頭ダムとは：教材を通じてダムの由来，建設工法，歴史的息を知る。 二，見学プラン（活動中） 　1. 八田與一記念室と放水口見学：旧放水口と八田技師の遺品を見学する。 　2. 珊瑚潭ダム全貌を望む：ダムの実地調査を通じて，ダムの工法についての認識を深める。 　3. 八田與一像：八田技師の計画過程でくろうと生活灌漑問題に思いを馳せる。 　4. 八田與一技師記念公園宿舎群：再整備された公園に，当時の建築スタイルが再現されている。 　5. 水資源で水遊び：親水公園で一休みして涼み，元気に遊ぶ。 三，振り返り （一）生徒 　1. 公園学習まとめ表の記入と検討 　2. 自作のまとめ表と気づきの作文 　3. クラスでの気づきの発表 （二）事務・授業 　1. 授業成果の検証 　2. 路線，時間，プロセス，プラン面の検討	
備考	八田與一と烏山頭ダムを5年生の校外学習のカリキュラム計画に組み込み，台南市の生徒が八田與一について学習することの重要性を体現する。この計画の申請と実施を通じて，生徒の学習効果を最大限高め，台南の地域文化に対する愛情を育てる。	

【学習目標】

1. 烏山頭ダムを知る。
2. 烏山頭ダムの建設，機能と嘉南平原との関係を理解する。
3. 烏山頭ダムの建設者八田與一技師について知る。
4. 水の節約と水資源保護の重要性について知る。

【烏山頭ダムについて】

　烏山頭ダムは台南県官田，大内，六甲と東山の四つの地域の間にあります。貯水池の貯水面積は 1,300 ヘクタールです。貯水池の水面は曲がりくねった形をしているので，空から見下ろすと美しいサンゴのように見えるため，烏山頭ダムは「珊瑚潭」とも呼ばれています。

　烏山頭ダムのダム体は 1930 年に完成しました。世界で唯一現存する半水力式アースダムです。たいへん貴重なダムですよ！

【烏山頭ダムの役割】

　烏山頭ダムは主に，嘉南地域の灌漑用水，生活用水，工業用水を供給する役割を担っています。

　嘉義，台南県及び台南市の田畑などがある嘉南平原は主に烏山頭ダムから灌漑しているので，美味しいお米や野菜，果物がたくさん収穫できるのですよ！

　烏山頭ダムの水は嘉南地域の生活用水や工業用水としても使われているので，私たちは家でお風呂に入ったり，ご飯を炊いたりすることができます。工場では水があるから飲み物や食べ物を作ることができます。

　その他にも烏山頭ダムには 2 か所の水力発電所があり，水力を電力に変えて人々に提供しています。水力発電は空気を汚さないので地球環境にも優しいんですよ。

　これだけではなく，烏山頭ダムには美しい風景があるので，ここに遊びや旅行に来る人もいます。

　ダムの大切さと人類との関係がわかりましたね。日ごろから水を節約し

て，ダムと水資源を守りましょう！

【烏山頭ダムの建設者——八田與一技師】
　八田與一技師は台湾からずっと東北に行ったところにある日本から来ました。八田技師は1917年，日本政府によって台湾に派遣されました。10年という時間をかけて，美しく環境にやさしい烏山頭ダムを建設しました。
　烏山頭ダムのおかげで田畑は十分な水で農作物を育てることができるのです。農作物が豊かに収穫できるので，農家の人たちの生活も良くなりました。だから嘉南地域では今でも，八田技師が人生の大切な時間をかけて，農家の人たちのために烏山頭ダムを建設してくれたことに感謝しています。

【八田技師と外代樹夫人の美しい愛の物語】
　八田技師には優しく賢く，美しい，外代樹（とよき）という名の夫人がいました。外代樹夫人は16歳の時に八田與一技師と結婚し，その後，八田技師と一緒に台湾にやって来ました。長く台湾に住んでいたことから，台湾に特別な親しみをもっていました。八田技師は家庭を守る外代樹夫人に支えられて，ようやく烏山頭ダム建設という偉大な工事を完成させることができました。
　烏山頭ダムが完成してからしばらくして，八田與一技師は仕事のために日本政府によってフィリピンに派遣されました。しかし，第二次世界大戦のさなか，不幸にも八田技師が乗っていた船は途中で撃沈され，八田技師は遭難してしまいました。そして外代樹夫人は愛する夫が戦争で亡くなってしまったショックに耐えられませんでした。そして，台湾を愛した八田技師の気持ちを思い，戦争が終わった後，日本に引き揚げるのを望まず，烏山頭ダムの放水口に身を投げました。
　後に，八田技師の偉大さと，その妻である外代樹夫人の美しい愛の物語を記念するため，八田夫妻の遺骨の一部を烏山頭ダムの敷地に一緒に埋葬しました。八田夫妻への尊敬の気持ちを表すため，毎年，八田技師が亡くなった5月8日，烏山頭ダムでは，八田技師の慰霊祭が行われています。

第9章　台湾における歴史の構築と相対化への志向　　195

　事前準備で得た知識に加えて，フィールドワークで，教師や現地ガイド，展示等から次のような事実的知識を得ていく[10]。

・　かつて，南北92km，東西32kmの台湾最大の嘉南平原は，一年間の降水量の大部分が夏季の雨期に集中し雨期には洪水が起きて排水ができにくかった。
・　乾期は干魃となり飲み水にも困ることが常で，農民は空を仰ぎ見ながら耕作する「看天田」という農業しかできず，生産性が低くて苦しい生活をしていた。
・　台湾海峡に臨む地域は，地表から約20cmのところに粘土層があり土壌は高い塩分を含んでいたため，洪水・干魃・塩害という三重苦にみまわれていた。
・　曽文渓から取水するため官田渓で閉めきり烏山嶺を貫く延長3,800mの隧道と暗渠を通し，濁水渓の水は直接取り入れて烏山頭ダムを築いた。
　　※「渓」には，「山間を流れる谷川」という意味がある。
・　広く勾配の緩やかな嘉南平原に，給水路と排水路を整えて，総延長が1万6,000kmもの水路を網の目のように走らせた。
・　台湾は地震が多いことを考慮し，烏山頭ダムは，47種類の大型土木機械をわざわざアメリカから輸入し，堰堤の決壊を防ぐためコンクリートをほとんど使わず土・砂・礫を使用し土砂が溜まりにくいセミ・ハイドロリックフィル工法でつくられた。
・　関係者の家族も一緒に生活できるよう68棟の宿舎と，学校・病院・テニスコート・プールまで作った。
・　爆発事故や関東大震災の影響で予算が削減された際，作業員を解雇しなければならなくなったが，有能な者ほど再就職しやすいと考え，有能な者から解雇し，再就職の世話もした。
・　10年の工事期間中，亡くなった人は家族を含め134人にもなった。八田與一は，堰堤の下につくった殉工碑に，日本人や台湾人の区別なく全員の名前を亡くなった順に刻んだ。

・ 　完成しても，全ての耕地に同時に十分な給水ができなかった。そのため50ヘクタールごとに区画し，150ヘクタールを一区画として，甘蔗・水稲・雑穀を輪作する三年輪作給水法を組織的に展開し，供水が開始されてから4年後には，稲作生産量が4倍に増加するなど，15万ヘクタールもの嘉南平原は「台湾の食料庫」と称されるようになった。

・ 　数時間かけて水を運ばなくてよくなったばかりか，水不足が原因の風土病を恐れることもなくなり，農民たちは以前よりも豊かになった。

・ 　ダム完成後の1931年，台湾の人々は感謝の思いで，八田の銅像を作るように働きかけたが，八田は固辞した末に「台の上から見下ろしているような像にだけはしないでほしい」という条件で同意した。

・ 　フィリピンへ船で向かう途中，アメリカ軍の攻撃で亡くなった八田與一の日本風の墓を1946年に嘉南農田水利会（以後，「水利会」と記述）が建てた。

・ 　大戦末期，金属類の供出が求められ，八田の銅像も供出されその後行方不明となったが，台南市内で偶然見つかり，水利協会は，喜んで買い取り，協会の倉庫に運び込んだ。

・ 　終戦後，国民党が台湾へやってきて日本人の銅像や神社が撤去される時代となり，30年余り銅像は倉庫に眠ったままだったが，水利会が1981年に元の場所に再び戻した。嘉南の人々は，銅像を守り続け今でも，毎年命日の5月8日に慰霊祭を行っている。

③教科書及び「郷土」教材『烏山頭ダム校外学習ハンドブック』を離れて

　「烏山頭ダム及び嘉南大水路」界隈を訪ねると「烏山頭水庫」の「烏山頭」を，現地でも「うさんとう」と日本語と同様に発音したり，八田與一の業績や「烏山頭ダム及び嘉南大水路」建設の様子や成果をふりかえる「八田與一記念公園」を整備していたり，写真9-2のように示す通りこの公園から「烏山頭水庫」につながる道路を「八田路（八田は日本語と同じ発音）」と名付けたりしている状況がわかる。毎年5月8日，八田與一の命日には，墓前祭が烏山頭水庫で行われたりしている。このようなことからもわかるように，「八田與一」や「烏山頭ダム及び嘉南大水路」に対し，現地では，多くの人に好感をもって扱

われていることは確かである。

八田與一と「烏山頭ダム及び嘉南大水路」が台湾の教科書に登場したのは1997年からだというが（清水2017, pp. 10-11），直木賞作家の邱永漢が台湾に帰郷したとき八田與一の逸話を聞いたことを1959年に記しているのだから，

写真9-2　八田路（筆者撮影）

ローカルな話題としては，八田與一の物語が一地域の台湾人の語り手によって伝えられていたことは間違いない（清水2009b, p. 210）。かつて台湾で八田與一を知る人が少数だったとしても，教科書に掲載されるほどの知名度となったことは，台湾全体で物語が必要とされ再構築されたからである。すると，台湾の一地方に根づいた歴史の記憶として八田與一と「烏山頭ダム及び嘉南大水路」を捉えるだけではすまなくなる。

一方で，よくよく考えてみると教科書に掲載されるほどの知名度を上げたといっても，先に述べたわずか数行の本文と，少数のそれに関わる資料だけでは，いかに学校教育が関与しているからとはいえ，ナショナルな規模で「台湾で最も愛されている日本人の一人」（李 2015, pp. 77-91）といわれるようになるにはいささか心許ない。八田與一や「烏山頭ダム及び嘉南大水路」を媒介とした日本と台湾の間での交流は相互に影響し合ったことも指摘されているが（清水2009b, pp. 212-221），台湾国内の学校教育の中で，八田與一や「烏山頭ダム及び嘉南大水路」が有するローカルな価値とナショナルな価値とが相互に影響し合っていることも想定せずにはいられない。

(3) 小括

新北市で作成された2018年中学校世界遺産教材では，「国際競争期」，「清

領前期」,「清領後期」,「日本統治期」がそれぞれ相対化された結果,日本による台湾の近代化形成が教科書以上に評価されているようにうけとめられる結果となっていた。新北市には,港湾を核とした「日本統治期」の建造物が他の時代の建造物と調和し,独特の文化的景観を保ちながら残されている。このような大陸中国とは異なる環境が台湾中心の多元的な歴史観では重視されているのである。そこでは,事実的知識を淡々と記述しながらも「淡水紅毛城及び周辺の歴史建築群」を窓口としてナショナルな価値も大きく取り上げられていた。教科書においても,多少の表現の違いはあるにせよ,複数の時代の中の一つとして,他の時代と対照できるように「日本統治期」は編集されていた。

　他方,『烏山頭ダム校外学習ハンドブック』を活用した「校外学習」の流れは,趣が異なる。「日本統治期」と他の時代との対照はない。『烏山頭ダム校外学習ハンドブック』を手に,まる一日かけて,じっくりと八田技師記念室と放水口・珊瑚潭ダム全貌・八田與一像・八田與一記念公園宿舎群を巡り,教科書以上の多くの知識を得ていく。この学習は,「烏山頭ダム及び嘉南大水路」という物件とその建設を計画・完成させた八田與一の物語が渾然一体となり展開される。「烏山頭ダム及び嘉南大水路」の建設が八田與一の偉業として学習者に情意的に語られていく。

　この過程は,一人一人の直接的な経験を超え,先行者とともに作られた歴史的記述の共同性の感覚に学習者を浸らせていく（片桐2003, pp. 124–154）。そして,「日本人」である八田與一は,嘉南平原で生活してきた人々にとっても理想の人物モデルとして語られていく。その歴史的記述には,ここで生活してきた人々にとって,長年にわたり苦しんだ生活を改善した八田與一は,自分たちの恩人という理解の強固さが伴っている。このような,「烏山頭ダム及び嘉南大水路」や八田與一の物語は,一見,嘉南平原という台湾の一地域で「ローカルな価値」を有し,その価値を学習しているという受けとめも可能である。確かに,取り上げた校外学習の計画書には,「台南市の生徒が八田與一について学習することの重要性を体現し,生徒の学習効果を最大限高め,台南の地域文化に対する感情を育てる」ことが示されている。同時に,この計画書では「烏山頭ダム及び嘉南大水路」が台湾の潜在的世界遺産であることを明記し

ている。それを認識しつつも，「烏山頭ダム及び嘉南大水路」を保護すること
が世界のすべての国民のために重要な価値である「顕著な普遍的価値」を有す
る物件だということについての学習は計画されていない。そのため，「日本統
治」という台湾史の一部のなかで，八田與一や「烏山頭ダム及び嘉南大水路」
の貢献は，台湾の嘉南平原の農業近代化に貢献し重要だったというローカルな
価値を強調しているように見えなくはない。

　ただし，小学校や中学校の社会領域においては，教科書記述で見てきた通り，
「日本統治」の歴史的内容の学習と重なると，八田與一や「烏山頭ダム及び嘉
南大水路」の建設は容易に台湾にとっての「ナショナルな価値」を有する物語
に変容する。「烏山頭水庫及び嘉南大水路」と八田與一の物語が有するローカ
ルな価値は，直接的にナショナルな価値へと拡大され，両価値は相互に影響し
合うようになるからである。これは，社会領域の歴史的内容の学習において，
一旦相対化されることによって各時代の中でも，ただでさえ他の時期に比し
ての高まっているように受けとめられがちな「日本統治期」の評価を，さらに，
他の時代より高める効果を生むことになる。

　台湾の小学校では，第5学年で学習する地理的内容に於いては，台湾の河川
について学習する。翰林出版の教科書には，下記のようなことが記されている
(張 主任委員編 2019，p. 28)。

　台湾本島の河川は，大部分が中央山脈に源を発する。山は高くて険しく平地
の面積は狭いため，河川はみな流れが急で傾斜が大きく，短いという特徴をも
つ。加えて地質がもろいことから，表面の土が押し流され，河川に含まれる砂
の量は多くなる。

　　　台湾の主な河川には，濁水渓，高屏渓，淡水河等がある。夏は雨が多く，
　　河川は豊水期に入り，いったん大雨が降ると水かさが急激に増えて災害を
　　引き起こす。冬になると，台湾西南部は降雨量が少なくなり，西南部の河
　　川は水流が減って，枯渇する現象が見られる。

まさに，嘉南平原に至り海に流れ出る河川の特徴と重なるが，「烏山頭ダム

及び嘉南大水路」と関連する河川は例示されていない。この教科書ではこういった現象の説明に使われる河川の事例は，台湾中部を流れる台湾で最長の濁水渓である。嘉南平原では 1960 年代には，モーター付き給水ポンプによる地下水を利用した私設井戸が増大し三年輪作は有名無実化した。1973 年には曾文ダムが完成し嘉南平原へ大量の給水を開始，70 年代以降，「烏山頭水庫及び嘉南大水路」は，工業用水の供給と観光開発に対する比重が以前より高くなっている（清水 2009a, pp. 79–80）。つまり，現在，「烏山頭ダム及び嘉南大水路」は，灌漑設備としての使命は以前より後退し，先人の業績としての文化遺産化が進んでいる。したがって，嘉南平原についての知識やそこから生み出される感情は，小学校の教科書でも中学校の社会領域の学習同様に，歴史的内容の中で存在価値を保っているのである。ところが，『烏山頭ダム校外学習ハンドブック』では，嘉南地域の灌漑用水として，現在における重要性も述べられている。この点からも，教科書での学習と重なると，他の時期よりも「日本統治期」高める効果を生むということも，的を射ていよう。

4. おわりに

　国民党政権の李登輝総統の下で，大陸中国とは別の「国家」が台湾に存在するという台湾の本土化が進み，教科書に初めて「烏山頭水庫及び嘉南大水路」と八田與一が登場したのが 1997 年，「烏山頭ダム及び嘉南大水路」がある台南市官田区生まれの陳水扁が独立志向の強い初めての民進党政権下で総統として在任したのが，2000 年から 2008 年，「烏山頭ダム及び嘉南大水路」が台湾の潜在的世界遺産に登録されたのが 2009 年，国民党政権下で馬英九総統が，当時の「烏山頭ダム及び嘉南大水路」工事関係者の宿舎を保存するため改修工事が決まったのも 2009 年である。先にも触れた台湾吹き替え版アニメ映画『パッテンライ !! 八田與一――嘉南大圳之父』の特別試写会が，2009 年に台南県文化会館で催された際，当時の馬英九総統は，「八田技師による台湾の農業土木事業に対する業績は，誰もが認める普遍的なもの」と直接述べている。そして，同年，長編アニメ映画『パッテンライ !! 八田與一――嘉南大圳之父』

が台湾各地で一斉ロードショウが始まった。八田與一記念公園が開園したのが2011年である。これらは，台湾社会全体に，「烏山頭ダム及び嘉南大水路」と八田與一が認知され，広がっていった軌跡でもある。この方向性は現在も変わっていない。この間，「烏山頭ダム及び嘉南大水路」と八田與一は，台湾という「国家」の近代化形成に貢献した「ナショナルな価値」を有するものとして扱われてきたからこそ，教科書にも掲載され続けてきたのである。

　また，新北市が，2016年から2018年まで作成した世界遺産教材やその活用事例を示した指導案は，現在でも，新北市立淡水古跡博物館のウェブサイトに載せられ，いつでも活用できる状態になっている（新北市立淡水古跡博物館ウェブサイト）。現在でも，「世界遺産教材」で，「顕著な普遍的価値」として，歴史的多元性を強調すればするほど，国家の教育課程に基づいた教育と，新北市でのの接合は円滑に進み，「ローカルな価値」や「顕著な普遍的価値」と「ナショナルな価値」と接合し堅牢化するであろう現象は，現在でも進行している。

　政治大選挙研究センターが行った，台湾（離島の金門，馬祖を除く）に住む20歳以上の男女を対象に台湾人のアイデンティティなどに関する調査を見てみると，自分は「台湾人」であるか，「中国人」であるか，または「両方」であるかなどを尋ねたところ，自分を「中国人」と認識する人が2.4％と，調査を開始した1992年以降で最低となっている。一方，「台湾人」と答えた人は61.7％で，前年比1.6ポイント減少したものの，4年連続で6割台を維持した。「両方」だと答えた人は前年比1.4ポイント増の32％だった。同センターは1992年から半年または1年おきに行われた調査結果をまとめて，統計を公表している（頼2024）。これらの数字からは，台湾を「郷土」とする認識が，台湾社会の中でかなりの割合で受け入れられていることと，軌を一にしていることは疑いの余地はない。

　かつて台湾では台北界隈以外は全て「南部」と呼ばれていた。両者は，経済発展の差以外に国語と方言の使用，外省人と本省人の居住，国民党と民進党の支持に概ね対応していた（新井2019，pp. 18-20）。このような対応は，おそらく，大陸中国が郷土であると考える多くの外省人と，台湾が「郷土」であると

考える多くの本省人との対応とも，かつては重なっていたはずである。しかし，現状では，このような対応は，政治大選挙研究センターの調査を鑑みるに，あまり意味をなさないということだろう。

　このような「郷土」意識の醸成には，台湾で実践されている「国家」の教育課程に基づいた歴史的内容を扱う教育と，本章で取り上げた新北市や台南市で行われているような各地域で行われている独自の教育とが，相互に影響し合ってきた結果だと考えることができる。

　過去の事実は現在の「生の関心」に関連する限りにおいて意義をもつ。現在から過去を位置づけた歴史の構築性と共同性がその基盤にはあるというが（片桐 2003, pp. 134-144），正にその事実を本章で明らかにした事例は示している。対象となる歴史は，学習者が直接そのときの現象を見て考え，納得して理解することはできない。本章でいうならば，取り上げた教科書や教材を著した機関や人物が認知した，あるいは認知していきたい過去の事実とされているものの影響を必ず受けるということだ。翻って，日本人として「日本統治期」の評価が高まっているように受けとめられることを単に喜んではいられない。現在から過去を位置づけた歴史の構築性と共同性は社会的に変容する。また，帰属する国の生活や社会を成立させるリソースとして歴史を絶対化し参照することも可能である。このようなことを踏まえて教育に当たる必要性を，本教材は改めて示してくれている。

註

1) 山ノ口寿幸（2008）は，次のような報告をしている。

　　2003 年より台湾全国で完全実施された教育改革で，今まで各教科から成り立っていた学校教育活動を新たに「学習領域」とし，小学校では“11”の教科を，中学校では“21”の教科を「言語」，「健康と体育」，「数学」，「社会」，「芸術と人文」，「自然と生活科学技術」，及び「総合活動」の学習領域に再編した。その理由として，小学校から中学校に進学すると，教科数が一気に倍近くになり，子どもたちの負担が大きかった状況の改善を行った（山ノ口 2008, pp. 265-266）。

2) 台湾では，優れた普遍的価値をもつ文化遺産を被害の脅威から守り，その重要性を世界各国に訴え，世界遺産の保護に向けた国際協力を推進するという考えの下，潜在的世界遺産が18件登録されている。詳細は，下記のURLを参照。https://twh.boch.gov.tw/taiwan/index.aspx?lang=zh_tw

3) 直轄市は人口125万人以上の政治や経済・文化・都市圏の発展上，特別な地区に設置され省と同格の行政区分で，市長は強い政治的な影響力をもつ。

4) 林延霞：主編（2018）『穿越淡水，走読世遺　海陸交會的淡水貿易』の指導計画は，本書第8章に詳しい。指導計画にも，この教材を用いた学習が地域を愛する心情やその延長にある大陸中国とは異なる「国家」としての台湾を愛する心情を育てよういう意図が示されている。

5) 当該年度の新北市中学社会1の教科書会社別採択率は，翰林出版45.84％，康軒文教事業38.05％，南一出版16.11％であった。なお，台湾では日本と同様に教科書の検定制度がある。教科書採択は，学校単独で学年単位で行われる。

6) 同時に複数の基点及び視野が，それぞれイメージ可能と考えた場合は，1文についての基点及び視野の合計をそれぞれ1とし等分した。また，基点については，記述や掲載資料が基点Sからのみでも，馴染みある生活圏内の場所や地域の記述で，ルートマップ的視点でイメージが容易な場合，同時に基点Gの視野が立ち上がる。

7) 叙勲理由は，昭和3年，昭和天皇の即位を記念するため淡水街が27800圓を募金して淡水街公会堂を建てようとした際，施坤山が一人で10,000圓を提供したことによる。

8) 例えば，林初梅（2009）『「郷土」としての台湾 郷土教材の展開にみるアイデンティティの変容』東進堂や清水美里（2017）「日本と台湾における『八田與一』教材化の方向性」『史海』64，東京学芸大学史学会などがある。

9) 土木技術者評伝として一般社団法人日本建設機械化協会機関誌・月刊「建設の施工企画」は，2006年11月号から7回の連載された「嘉南大圳設計者 八田與一 ——台湾で愛され日本人に知られていない偉大な土木技術者」が例として挙げられる。近年では，八田與一生誕130年を記念して2016年に出版された北國新聞社出版局編『回想の八田與一——家族やゆかりの人の証言でつづる』などがある。

10) 2019年に行った現地での調査や聴き取りによる。

引用・参考文献

新井一二三（2019）『台湾物語「麗しの島」の過去・現在・未来』筑摩書房.

石黒昇 監督（2008）『パッテンライ!!八田與一——嘉南大圳之父』パッテンライ!!製作委員会.

大西宏治（2004）「知らない街に降り立った大学生」寺本潔・大西宏治『子どもの初航海——遊び空間と探検行動の地理学』古今書院，pp. 17-25.

片桐雅隆（2003）『過去と記憶の社会学——自己論からの展開』世界思想社.

川本正之（2006a）「嘉南大圳設計者 八田與一技師（1）——台湾で愛された日本人に知られていない偉大な土木技術者」『建設の施工企画』681，日本建設機械化協会，pp. 71-74.

川本正之（2006b）「嘉南大圳設計者 八田與一技師（2）——台湾で愛された日本人に知られていない偉大な土木技術者」『建設の施工企画』682，日本建設機械化協会，pp. 55-57.

川本正之（2007a）「嘉南大圳設計者 八田與一技師（3）——台湾で愛された日本人に知られていない偉大な土木技術者」『建設の施工企画』683，日本建設機械化協会，pp. 87-89.

川本正之（2007b）「嘉南大圳設計者 八田與一技師（4）——台湾で愛された日本人に知られていない偉大な土木技術者」『建設の施工企画』684，日本建設機械化協会，pp. 58-60.

川本正之（2007c）「嘉南大圳設計者 八田與一技師（5）——台湾で愛された日本人に知られていない偉大な土木技術者」『建設の施工企画』685，日本建設機械化協会，pp. 47-49.

川本正之（2007d）「嘉南大圳設計者 八田與一技師（6）——台湾で愛された日本人に知られていない偉大な土木技術者」『建設の施工企画』686，日本建設機械化協会，pp. 65-67.

川本正之（2007e）「嘉南大圳設計者 八田與一技師（7）——台湾で愛された日本人に知られていない偉大な土木技術者」『建設の施工企画』687，日本建設機械化協会，pp. 79-82.

黒羽夏彦（2016）「日本統治時代をどう捉えるか？——台湾史の多元性から考える」『台湾を知るための60章』明石書店，pp. 54-58.

清水美里（2009a）「日本植民地期台湾における『水の支配』と抵抗——嘉南大圳を事例として」『言語地域文化研究』15，東京外国語大学大学院編，pp. 255-275.

清水美里（2009b）「八田與一物語の形成とその政治性——日台交流の現場からの視点」『日本オーラル・ヒストリー研究』5，pp. 203-225.

清水美里（2017）「日本と台湾における『八田與一』教材化の方向性」『史海』64，東京学芸大学史学会，pp. 4-18,

周婉窈：濱島敦俊 監訳（2013）『増補版 図説台湾の歴史』平凡社.

胎中千鶴（2007）『植民地台湾を語るということ——八田與一の「物語」を読み解く』風響社.

北國新聞社出版局 編（2016）『回想の八田興一——家族やゆかりの人の証言でつづる』北国新聞社.

文部科学省（2018）『小学校学習指導要領解説 生活編』東洋館出版社.

山ノ口寿幸（2008）「台湾『国民中小学九年一貫課程綱要』の策定と七大学習領域の誕生
　　──カリキュラムスタンダードからカリキュラムガイドラインへ」『国立教育政策研究
　　所紀要』137，国立教育政策研究所，pp. 261-270.
頼于榛：荘麗玲 編（2024）「『自分は中国人』割合，過去最低の 2.4 ％ ──台湾意識調査」
　　『フォーカス台湾』中央通訊社 https://japan.focustaiwan.tw/politics/202402230007
　　2024 年 2 月 23 日閲覧.
李久惟（2015）『日本人に隠された《真実の台湾史》』ヒカルランド.
林初梅（2009）『「郷土」として台湾 郷土教育の展開にみるアイデンティティの変容』東進
　　堂.

黄茂在，曾鈺琪 主編（2015）『戶外教育研究室系列叢書 1：戶外教育實施指引』国家教育研
　　究院.
行政院文化部，https://www.moc.gov.tw/jp/information_115_78371.html　2019 年 11 月
　　20 日閲覧.
呉進喜 主任委員編（2019）『國中社會』1 上，康軒文教事業.
呉進喜 主任委員編（2020）『國中社會備課用書地理』1 上，康軒文教事業.
徐金錫（2009）『烏山頭水庫戶外教學学習手冊』嘉南農田水利会.
新北市立淡水古跡博物館 https://www.tshs.ntpc.gov.tw/xmdoc/ cont?xsmsid=0M306630
　　533261835915　2024 年 7 月 24 日閲覧.
戴寶村 主任委員編（2019）『國中社會備課用書歴史』1 下，康軒文教事業.
戴寶村 主任委員編（2020）『國中社會』1 下，康軒文教事業.
台南市立開元國民小學（2019）『臺南市立開元國民小學 108 學年度戶外教育課程計畫簡表』
　　五年級.
張益仁 主任委員編（2019）『國民小學社會』5 上，翰林出版.
林延霞：主編（2018）『海陸交會的淡水貿易』新北市立淡水古跡博物館.
林能士・賴進貴主任委員編（2019 a）『國中社會』1 上，翰林出版.
林能士・賴進貴主任委員編（2019 b）『國中社會』1 下，翰林出版.

表9-2　2018 中学校教材本文和訳及び読者の視点と視野

項	文No.	文	基点		視野				ページ資料 基点－視野
			S	E	G	R	N	L	
一　国際競争時期における淡水の海洋貿易	1	15世紀末に新航路を発見したヨーロッパ人は，16世紀半ばに次々と東アジア海域にやってきては貿易競争を繰り広げていました。	●		●				1626年にスペインが描いた基隆と淡水の港（絵地図）S－L
	2	滬尾（現在の淡水）は台湾北部の入口であり，要所でした。	●	●				●	
	3	そしてまた東アジア地区へ向かう航海者たちが嵐を避け，水を補給する場所でもありました。	●			●			
	4	スペインは滬尾一帯を占領し，1628年にサンドミンゴ城を築城したとされています。	●	●				●	
	5	その目的は主に東アジア貿易を拡大し，マニラの安全を守りながら機会をみて中国と日本への宣教活動を行うことでした。	●			●			
	6	大航海時代を境に欧州の強国の一つとなったスペインは太平洋上のシルクロードを掌握し，アメリカ大陸の白銀とトウモロコシやサツマイモ，ジャガイモ，トウガラシなどの作物を海路でマニラまで輸送してから，中国や日本などに再輸出していました。	●		●				グローバルな貿易の発展（図）S－G
	7	これは当時の中国の貨幣と食糧の発展にも影響を与えていました。	●						
	8	スペインがマニラ - 鶏籠（現在の基隆）- 中国 - 日本を結ぶ貨物の中継地としていた滬尾は，主に硫黄，鹿革，米，ソメモノイモなどの生産物を輸出する港でした。	●			●			東アジアの拠点を確立するためにやってきた欧州諸国（地図）S－L
	9	中でも特に硫黄に重点を置いており，多くの「社商」が不定期に滬尾一帯で調達を行っていました。	●			●			
	10	当時の中国は朝貢貿易を始めとする鎖国政策を採っていたため，スペイン人は鶏籠や滬尾を利用し，「社商」や海賊と密貿易を行うと同時に，日本との貿易ルートも積極的に開拓していました。	●			●			
	11	このことからも，この時期の滬尾は世界規模の貿易網に既に組み込まれており，各国が獲得しようとする地域の一つとなっていたことがわかります。	●			●			
	12	17世紀はオランダが海上貿易の黄金期を迎えた時代で，「海上の御者」と呼ばれたオランダは世界各地に植民地と貿易拠点を築いていました。	●		●				東アジアの国際貿易（図）S－R
	13	東アジア地域ではバタビア（現在のジャカルタ）を東インド会社のアジア本拠地として拡大を続けていました。	●			●			
	14	当時オランダは独立戦争によりスペインと敵対したため，マニラと中国を結ぶシルクロードと白銀貿易のルートの分断を強く望んでいました。	●		●				
	15	そしてついに明の天啓4年（1624年）に大員（現在の台南）一帯に上陸して東アジア国際貿易の中継地点を築き始めました。	●			●			

第9章　台湾における歴史の構築と相対化への志向

項	文No.	文	S	E	G	R	N	L	ページ資料 基点－視野
	16	1630年代になると，アメリカ大陸から運ばれる白銀の段階的な減少，日本の鎖国政策や先住民族の抵抗のほか，駐留軍の現地の気候風土への不適応，フィリピン南部のイスラム教徒の絶え間ない抵抗などが台湾北部におけるスペイン人の貿易利益に影響を及ぼすようになっていました。	●		●				鹿革（写真）E-L　硫黄（写真）E-L
	17	そのため，明の崇禎11年（1638年），スペインは自らサンドミンゴ城を破壊して駐留軍を削減しました。		●				●	
	18	崇禎15年（1642年），オランダ人が滬尾を占領した後，おりしも中国国内の情勢が激変しました。	●			●			
	19	反乱指導者の李自成が北京を攻略してあちこちで戦乱が起きたことにより，鎧の裏地に使用される鹿革と火薬の製造に必要な硫黄の需要が大幅に増加したのです。	●			●			清領時期の中国大陸と台湾の間の貿易と許可された港（地図）S-R
	20	その結果，滬尾では商業貿易が盛んになり，この地がさらに重視されるようになりました。	●	●		●			
	21	このことからオランダ人は清朝の順治元年（1644年）に，アントニオ城（現在の淡水紅毛城）を建築して硫黄や鹿革などの輸出を継続，掌握するとともに，ここを中国と日本との貿易の中継地としました。	●			●			
	22	しかし守備軍と先住民との間にしばしば衝突が発生したため，その効果はさほど上がりませんでした。		●					
	23	さらに鄭氏と清朝との間で起きた戦争の影響で，滬尾の貿易はまたもや徐々に勢いを失っていきました。	●		●	●			
	24	台湾南部が開墾に適した広い土地に恵まれていたため，鄭氏統治時代には台湾南部の経営に重点が置かれました。	●				●		
	25	台湾北部については力が及ばず，消極的な政策が採られました。	●				●		
	26	当時，滬尾は兵士の徴用や犯罪者の追放などが行われる辺境の荒れ地でした。	●						
	27	しかし清朝が台湾に侵攻を試みたため，この地を守る必要性から康熙20年（1681年）に，何祐がようやく北路総督に任命されました。	●			●	●		
	28	この時に淡水紅毛城は軍事拠点として改築されました。		●				●	
二 清朝前期における淡水の海上貿易	29	康熙22年（1683年），施琅が台湾に侵攻して鄭克塽が降伏し，その翌年に清朝は台湾を正式に中国の版図に組み入れました。	●			●			清領時期の中国大陸と台湾の間の貿易と許可された港（地図）S-R
	30	清領初期に中国大陸との「対岸貿易」の正式な窓口として開放されたのは，台湾全土で鹿耳門ただ1カ所でした。	●			●			
	31	これは中国大陸だけが世界規模の貿易網の対象とみなされ，台湾がこの貿易網から外されたことを意味しています。	●			●			
	32	康熙時代の末には滬尾には「社船」数隻の設置が許可されました。	●			●			

表9-2　2018中学校教材本文和訳及び読者の視点と視野（つづき）

項	文No.	文	基点		視野				ページ資料 基点－視野
			S	E	G	R	N	L	
	33	これは毎年冬に布地などの日用品を調達するためにアモイに行くための船でした。	●			●			両岸の経済と貿易（図）S－R
	34	中国大陸では手工業と商業が盛んでした。	●			●			
	35	東南部沿岸の各省は明末期〜清初期には，もとは食糧作物の栽培を主としていた田畑を手工業の原材料となる綿花などの経済作物の栽培用に転換し，そこから原材料を製品に加工して外部に販売していました。	●			●			
	36	しかし，台湾は新たに開拓された移民社会で，すぐに地元の手工業を確立することはできませんでした。	●			●			
	37	そのため，農産物を中国大陸の手工業品と交換していました。	●			●			
	38	台湾はこの貿易体系の中で米，砂糖，ゴマ，カラムシ，ピーナッツ油などを中国大陸に供給し，中国大陸からは綿布，絹織物，陶磁器，漆器，紙，工具，高級木材，石材，レンガなどを輸入して，互いに不足を補い合う関係が形成されていました。	●			●			
	39	中国大陸で染料の需要が日増しに高まり，さらに台湾の土壌と気候が藍の栽培に適していたため藍．業が大きく成長し，北部山地の開発が進んで染物業の発展が促されました。	●			●			
	40	18世紀初め，淡水河系の灌漑水路が徐々に整備され，広大な土地が次第に水田に変わってゆきました。		●				●	淡水福佑宮正面門の飾り額（写真）E－L
	41	食糧作物の収穫量が増えて人口も増加を続け，生活日用品の需要が日増しに高まりました。		●				●	
	42	そして中国大陸との間の貿易ニーズも一層高まっていきました。輸出入は鹿耳門の港1カ所に限るというそれまでの規定は，既に実際のニーズに合わなくなっていました。	●			●			
	43	乾隆53年（1788年），清朝は八里港と福州五虎門を対渡のために正式に開放し船の大きさに応じて米を中国大陸に運んで貿易を行いました。	●			●			
	44	しかし，この頃に淡水河の環境が変わり，河口の南岸には徐々に土砂が堆積していました。		●				●	
	45	そこで八里港の代わりに北岸の滬尾港が淡水河の主な出入り口となり，その地位の重要性を増していました。		●				●	
	46	すると，以前より多くの商機が生まれ滬尾港一帯に店舗や商社が集まりました。		●				●	

第9章　台湾における歴史の構築と相対化への志向

項	文No.	文	基点		視野				ページ資料 基点−視野
			S	E	G	R	N	L	
三　清朝後期の淡水海洋貿易	47	18世紀中ごろからヨーロッパでは産業革命が始まり、生産形態が変化して技術革新が進み、経済成長を促していました。	●			●			清末時期の淡水港（写真）E　―L
	48	そして、これらの工業国は武力で市場を拡大し、植民地を占拠して原料の供給を始めたのです。	●		●				
	49	台湾は石炭を産出するだけでなく、樟脳、米、砂糖なども生産し、海上交通の拠点として経済的にも軍事的にも重要な価値があったことから、列強諸国に台湾を狙う野心が生まれていました。	●	●	●				
	50	開港前、既に外国商船が滬尾港を訪れて貿易に従事していました。		●				●	
	51	清朝との戦争に勝ったイギリス・フランス連合軍は、咸豊8年（1858年）に『天津条約』を締結し、台湾に安平（現在の台南）、滬尾、打狗（現在の高雄）と鶏籠を通商港として開放するよう要求しました。				●			
	52	いわゆる「滬尾」一港とは、実際には淡水河沿岸各地と、主な貿易地区として大稲埕、艋舺（現在の萬華）を含むものでした。		●					
	53	開港による通商後、徳記、宝順、怡和、得忌利士、嘉士といった外国商人が続々と淡水に「洋行（外国商会）」を設立しました。		●		●			清領後期主にアヘンなどを輸入し、お茶、樟脳、砂糖を世界の他の地域に輸出していた台湾（図）S―G
	54	なかでも得忌利士洋行（ダグラス汽船会社）は、清末時期の淡水一帯の海上輸送をほぼ独占していました。		●					
	55	この時に、淡水は再び世界規模の貿易網に組み込まれただけでなく、台湾中部と北部の貨物が集散する中継地の中心にもなったのです。	●		●	●			
	56	洋行はアヘン、鉛、瓦、キャラコ、手織りの布地、雑貨、銀貨といった商品を主に取り扱いながら、茶葉、樟脳、硫黄、藍靛などを世界各地に輸出していました。	●		●				
	57	特に台湾のウーロン茶や包種茶は当時世界で最も人気のあった製品の一つと言えました。	●		●				
	58	樟脳はプラスチックや無煙火薬の原料になる他、防虫、脱臭効果があり薬品の原材料でもあったため、大変高い利潤を得ることができました。	●		●				
	59	淡水は清末には台湾最大の国際港となり、淡水河と新店渓、大漢渓、基隆河の河港はいずれも貿易取引を行うことができたため、淡水河内港の新荘、艋舺、大稲埕などの市街地の商業発展が進みました。		●				●	

210　　第2部　〈教育〉と〈国家の統合〉

表9-2　2018中学校教材本文和訳及び読者の視点と視野（つづき）

項	文No.	文	基点		視野				ページ資料 基点-視野
			S	E	G	R	N	L	
	60	海運では外国商船が続々と来航し汽船が帆船へと替わっていきました。		●				●	淡水の古い建築物群のスケッチ（絵）S・E・L
	61	特に光緒6年（1880年）以降，清廷は外国商船に対抗できるよう淡水，安平と福州，廈門間の航路を開きました。劉銘傳権の時期には海運業務はさらに南太平洋地域まで広がっていました。	●			●		●	
	62	こうして，淡水港内を行き来する船は汽船がメインとなりました。			●			●	
	63	また，大勢の西洋商人が淡水に進出したことで，ふ頭や倉庫，商会が川岸に林立しました。			●			●	
	64	外国人が住む洋館が点在する埔頂山の山腹には，他の場所とは違った異国情緒が漂い，伝統的な漢人の市街地との間で興味深いコントラストをなしていました。			●			●	
四　日治時期における淡水の海洋貿易	65	清の光緒21年（1895年），日清戦争に敗れた清廷は日本と『馬関条約』を締結し，台湾を日本に割譲しました。	●			●		●	淡水税関南部拡大図（図）S-L
	66	日本政府は台湾を接収後，淡水の経営を積極的に進め，明治29年（1896年）には「滬尾海関」を「淡水税関」に改称すると同時に基隆と大稲埕の税関業務を兼務させました。	●	●				●	
	67	税関業務が増えて港が手狭になると，日本政府は明治32年（1899年）に港の拡張を始め，東から西へと水上警察署，製帆所，船倉，作業場，第2検査場，税関倉庫を増築しました。	●		●			●	
	68	ふ頭南側には計3か所の停泊ふ頭があり，当時としてはとても大きな規模の港でした。	●		●			●	
	69	淡水税関の一帯は滬尾弁務署，台湾銀行淡水支店，淡水郵便局など多くの日本統治時代初期の政府機関に囲まれ，淡水行政の重要な中心地となっていました。		●				●	明治4年（1908年）の淡水市街と港（写真）E-L
	70	日治初期に輸出していた農産物はウーロン茶や樟脳，砂糖，米，バナナなどで，主に中国，香港，フィリピンなどに輸出されていました。	●			●			
	71	輸入品は小麦，小麦粉，大豆などの農産物で，生活用品としてアヘン，綿布，陶磁器，鉄，アルミニウム，木材などがありました。	●		●				
	72	また石油や機械油などの油製品も輸入していました。	●		●				
	73	これらは主にイギリス，インド，エジプト，中国，フィリピン，アメリカ，カナダ，ベトナム，タイ，ドイツなどから輸入されていました。	●			●			

項	文No.	文	基点			視野			ページ資料 基点－視野
			S	E	G	R	N	L	
	74	日治の初め中国大陸と行き来していた輸送航路は外国商会が主でした。	●	●		●		●	台湾と中国本土の南東海岸の間を移動するダグラス洋行の海龍号（写真）E－L
	75	なかでも得忌利士洋行は台湾と南東部の沿岸一帯に活躍しており，淡水 - 香港間には海門号，海龍号，そして台湾号という3隻の汽船による定期便を運行していました。	●	●		●		●	
	76	そこで，台湾と中国大陸との行き来を分断するため，台湾と日本との間に海運ネットワークを築きました。	●						
	77	明治29年（1896年），日本政府は『航海奨励法』を発布し，外国航路を開設した船会社に対し，補助金の給付を始めました。	●			●			
	78	大阪商船株式会社は明治32年（1893年）に台湾総督府の命を受けて淡水 - 香港航路，安平 - 香港航路と福州 - 三督澳航路などの「命令航路」を次々と開設しました。				●			
	79	命令航路の開設と値下げ競争にともない，得忌利士洋行は根拠地を徐々に香港に移し，明治36年（1903年）には淡水での代理業務を廃止し，翌年に台湾市場から撤退しました。	●	●		●		●	陳澄波の絵画作品—淡水夕照（絵画）E－L 新北市淡水区中正路316号に残るダグラス洋行社屋（写真）E－L
	80	日本統治時代初期の淡水港は台湾北部の水運の重要な中枢でした。		●				●	明治39年（1906年）淡水河の浚渫（写真）E－L
	81	香港 - 淡水の国際航路だけでなく，基隆 - 淡水，淡水 - 塗葛窟（現在の台中）航路などの沿岸航路も運行されていたため，中国の雑貨と食糧は基隆と淡水の2港から輸入した後，淡水，大稲埕と基隆を経由して中部へと運ばれていました。	●			●	●		
	82	そして中部地区で採れた樟脳，樟脳油，米などの貨物は，まず塗葛窟港へと運ばれそれから北部の港へと運搬されてから輸出されていました。	●			●	●		
	83	淡水河上流の開発や造成によって淡水港の河道に土砂が堆積し，さらに基隆港の整備工事が完了して鉄道や道路交通状況が改善したため，日本政府は次第に基隆港を対外貿易の中心に位置づけるようになりました。						●	
	84	大正年間，基隆港の輸出入取引額は既に淡水港を超えていました。	●	●				●	
	85	日本政府が港の浚渫計画を打ち出していたものの，淡水港の商業港としての機能は，既に基隆港が担うようになっていました。	●	●				●	
	86	淡水港に出入りしていたのは，木材，石油業の船舶だけになっていたのです。		●				●	

表9-2　2018中学校教材本文和訳及び読者の視点と視野（つづき）

項	文No.	文	基点		視野				ページ資料 基点－視野
			S	E	G	R	N	L	
五　日治時期における淡水の鉄道と航空輸送	87	明治33年（1900年），日本政府は主に原材料の運搬を行うことを目的に台北淡水線鉄道の建設を計画していました。	●	●				●	日治時期の淡水駅付近の様子（写真）　E－L
	88	距離23.6kmのこの鉄道路線で，淡水港の土砂堆積問題を解決できるだけでなく，島内の陸上輸送の利便性を高めることもできるためです。	●	●				●	
	89	台北淡水線は台北駅を出発して，双連，圓山，士林，唭哩岸，北投，江頭，竹圍などの駅を経て，淡水を終点とするものでした。	●	●				●	
	90	所要時間は約45分で明治34年（1901年）に竣工しました。	●	●				●	
	91	鉄道の建設は沿線の都市や町の発展を促しただけでなく，淡水河上流の木材，石炭，茶葉と北投地域の硫黄，木炭などが，速くて便利な鉄道輸送によって淡水港まで短時間で大量輸送されるようになりました。	●	●				●	
	92	また，淡水港から輸入する舶来品も速やかにその他の地域に運ばれるようになりました。	●	●				●	
	93	明治44年（1911年），台湾総督府は民間による軽便鉄道の敷設を許可しました。	●					●	淡水軽便鉄道の路線（図）　S－L
	94	淡水軽便鉄道は現在の淡水区中山路と中正路の交差点を起点として現在の中山北路から三芝方向へと続き，途中には淡水，分歧点，北投仔，林仔街，下奎柔街，興化店，灰窯仔，大片頭，錫板，そして旧小基隆（現在の三芝）の計10か所の駅が設けられていました。	●	●				●	
	95	距離は約15kmで，沿線は物産が豊富だったため，主に農産物と貨物を輸送しながら，住民に短距離の乗車も提供していました。	●	●				●	
	96	昭和15年（1940年），日本政府はアジアにおける勢力範囲を強固にし，拡大する野心を実現するため「大東亜共栄圏」という政治構想を打ち出します。	●			●			飛行場址黄東茂先生邸（写真）　E－L
	97	そして淡水港が没落していたことから，淡水における水上飛行場の建設を決定しました。		●				●	
	98	当時は「淡水飛行場」と呼ばれ，台湾で2番目の国際空港でした。		●				●	

項	文No.	文	基点		視野				ページ資料 基点－視野
			S	E	G	R	N	L	
	99	水上飛行場は鼻頭村にあり，主に淡水の富豪黄東茂の別邸と周辺の民家の土地を収用して建設されました。		●				●	淡水に着水した水上飛行機白龍号（写真）E－L
	100	この時に飛行場事務所，飛行機修理工場，オイルタンク，航空測候所，進水台，牽引装置などが建設されました。		●				●	
	101	淡水飛行場は昭和16年（1941年）に竣工し，大日本航空株式会社が運営していました。		●				●	
	102	乗客約20人を乗せることができる双発単葉水上機が，日本の横浜からタイのバンコクの間を，淡水を経由しながら月に2往復飛んでいました。	●	●		●		●	
	103	飛行場の経営はわずか数か月で終止符を打ちました。	●	●		●		●	
	104	真珠湾攻撃が行われたことで運行が中止されたためです。	●		●				
	105	昭和20年（1945年）に日本軍が敗戦すると，国民政府がこれを接収して民国89年（2000年）に市が定める古跡に指定しました。		●				●	
六 淡水にあった企業 施合発商行	106	施合発行は施坤山氏が設立しました。	●	●				●	台湾初の気象学者周明徳氏が描いた淡水駅周辺（地図）S－L
	107	この会社は主に木材貿易，製材工場，石炭搬出，海上・陸上輸送，不動産の賃貸と販売，竹材の製造販売などを行っていました。	●					●	
	108	創立から昭和12年（1937年）に盧溝橋事件が発生するまでに急速に成長し，全盛期には300名以上の従業員を抱えていた淡水有数の企業でした。	●					●	
	109	商行が急速に成長できた理由は主に二つあります。	●	●				●	
	110	一つは施合発商行の製材工場が淡水駅のそばに設けられており，商行が軌道を直接工場内に延伸することができたことです。	●	●				●	
	111	阿里山や太平山，八仙山から淡水に運ばれたヒノキは工場内で加工された後，鉄道で各地に輸送されました。	●	●				●	
	112	もう一つは，施合発商行が船も所有していたことでした。		●				●	陳澄波の絵画―満載而帰（絵）E－L 淡水河畔に位置していた施合発商行（写真）E－L
	113	500トン級の汽船大観丸と2隻のジャンク船，合順発号と新達発号を擁し福州を往復して良質の木材を輸入していたほか，3000トンの貨物船，杭州号を借りて九州の北海松や日本杉を輸入していました。	●	●		●		●	

214　　　　　　第2部　〈教育〉と〈国家の統合〉

表 9-2　2018 中学校教材本文和訳及び読者の視点と視野（つづき）

項	文No.	文	基点		視野				ページ資料基点－視野
			S	E	G	R	N	L	
	114	日本統治時代の淡水の実業家，施坤山氏は光緒 4 年（1878 年）に生まれ，昭和 6 年（1931 年）に亡くなりました。		●				●	施合発商行が申請した木材輸送・流通証明書（写真）E－L
	115	施坤山氏はもともと淡水支庁の「巡査補」，現在の警察官のような仕事をしていましたが，明治 38 年（1905 年）に木炭業を始め，その 2 年後に「施合発商行」を設立しました。		●				●	
	116	施合発商行の業績は急速に上がり，台湾でも一，二を争う木材業者に成長しました。	●	●			●	●	
	117	大正 15 年（1926 年）「施合発商行」は株式会社化され「株式会社施合発商行」となりました。当時の所在地は淡水街草厝尾 1 号（現在の華南金控淡水支店のあたり）にあり，社屋は 2 階建ての洋館でした。	●	●				●	赤い○で示された施合発商行の位置（航空写真）S－L
	118	施坤山氏は日本政府から 7 等勲章を授与されたほか，淡水街協議委員も務め，淡水の産業に大きな影響を与えました。		●				●	

終章

各章に通底している考えは，端的にいうと次の5点である。

 i 個人にせよ社会集団にせよ，自己の措定には他者が必要なこと。

 ii 自己と他者との間には，境界があるし，必要だということ。

 iii 自己も他者も，それぞれ多元的な存在であること。

 iv 自己と他者とは，境界を挟んで浸透し合い，日々変容していくこと。

 v 自己は他者に，他者は自己になることができないため，相互に理解することは不可能なこと。

　第一部では，これらについて，地球市民，多文化主義，公共圏，「多元的」ティズンシップという別々のタームから，分析し論じた。また，第二部では，国土や国家，文化やその中で生活する一人一人の「国民」が，教育を通してどのように構築されていくか具体例を分析しつつ明らかにした。そこでは，ヒト，モノ，カネが国境を越え，移動が活発化しているいわゆるグローバル化という現象の中で，自己と他者とが，共通性や異質性を互いに実感しながら，あるときには包摂を，あるときには排除を繰り返し，別々の存在として自己措定を繰り返している様相が露わになった。これらの様相は，もともとその中に本質的に備わっている性質があると考える本質主義（essentialism）の立場では，個人や集団を捉えることはできず，個人も社会集団も，自己と他者との関係性の中で作られ規定されつつも変容していくという立場で説明されている。

　小西正雄は，文化を例に，次のようにいう。

　　そもそも，文化というものは構築物であるのが当然であって，本質があると考えるのは，本質があるからではなく，本質があると考えることが比

較的多数の人にある種の安定感をもたらしたからにすぎない。換言すれば，日本人にとって共通な日本文化があるのではなく，共通の日本文化があるという共通の認識をもつことが，長い時間の大切のなかで結果的にある種の共同幻想を生成したということなのである。(小西2010, pp. 112–113)

　いくら過去に遡っても，本当の「日本人」に出会うことはないし，本当の「日本」や「日本文化」があるわけではないという現実を，我々は，直視すべきである。このような反本質主義的立場は，昨今，学問上はゆるぎない思潮である。また，文化だけでなく，個人や集団が抱く人種，民族，エスニック集団，国家，労働組合，教会など無数ある集団や組織への帰属意識にもあてはめることができる。一方で，教育という側面から検討してみると，いささか状況は異なって見えてくる。
　現行の『小学校学習指導要領解説社会編』には，次のような記述がある。

　　　第6学年の我が国の歴史学習においては，「世の中の様子，人物の働きや代表的な文化遺産などに着目して」調べることや，「我が国の歴史の展開」を考えること，我が国が歩んできた「大まかな歴史」や「関連する先人の業績，優れた文化遺産」を理解することなど，小学校の歴史学習の趣旨を明示した。(文部科学省2017, p. 16)

　我が国が歩んできた「大まかな歴史」は，その内容については，「狩猟・採集や農耕の生活，古墳，大和朝廷（大和政権）による統一の様子を手掛かりに，むらからくにへと変化したことを理解すること。その際，神話・伝承を手掛かりに，国の形成に関する考え方などに関心をもつこと」(文部科学省2017, pp. 106–107) とあるように，縄文時代から始まっている。もちろん，縄文時代に「日本」という国家はあるはずもないし，「大和朝廷」さえもない。叙述をそのまま受けとめると，「我が国」は，縄文時代からあり，学習者には，「我が国」である「日本」や「日本人」という存在が，必然的かつ恒常的な存在だと理解されかねない。教育課程では，「伝統や文化を創造する観点」(文部科

学省 2017, pp. 65-66) も示されてはいるが, それは今後, 新しく自分たちが創っていく文化に対しての言及で, 文化や伝統に対する歴史的な特色やその魅力については, 「創造」されたことよりも「保存や継承」に重点が大きく傾斜している (文部科学省 2017, pp. 65-66)。これは, 本質主義的見方や考え方を補強し強固にしてしまう。

　社会集団の凝集性を維持するため, 共同幻想を醸成し, 「想像の共同体」(ベネディクト・アンダーソン 2007, pp. 22-26) を活性化させようということ自体を否定するわけではない。

　確かに, 「共通の日本文化があるという共通の認識」や「我々は日本人であるという共通の認識」を醸成し, 愛着を深めることは, 「日本」という安定した社会を構想し, それへ積極的に関わり, 参画しようとする人々の意識を高めていく上で, 肝要なことだと考えている。だからといって, 集団や組織にまつわる共同幻想を, 天与の変容しない実在物として扱うことは, 逆に, それらの変革を阻み, それらの構築に参画する者の意欲や意識を削ぐ結果を招くことになりかねない。

　文部科学省も, 本質主義的見方や考え方に拘っているわけはないだろう。現行の『小学校学習指導要領解説 社会編』の「まえがき」で, 当時の文部科学省初等中等教育局長は, 2016年12月の中央教育審議会答申を踏まえ, 次のように述べている。

　　　子供たちが未来社会を切り拓くための資質・能力を一層確実に育成することを目指すこと。その際, 子供たちに求められる資質・能力とは何かを社会と共有し, 連携する「社会に開かれた教育課程」を重視すること。
　　（高橋 2017, まえがき）

　「子供たちが未来社会を切り拓くための資質・能力」について, 「何かを社会と共有し, 連携する」という部分, の「何か」は, 明確な対象を示していない。つまり, 社会と共有できると考えられる事象や事物を, 創造や想像していこうという姿勢であることがわかる。このような社会の創造や想像に必要な資質・

能力を育てるためには，「何かを社会と共有し，連携」してきた過去の人々の知恵に学ぶことが，非常に効果的だと考えるのだが，なかなか，教育課程からは，その具体が見えづらい。

全てではないだろうが，その原因の一つらしいことをここでは検討してみたい。

2005年に『初等中等教育における国際教育推進検討会報告——国際社会を生きる人材を育成するために』が，今後の国際教育の充実のための方策について提言を行った。それ以前の「国際理解教育」から「国際教育」への転換を推進しようというのである。現在も，その流れの延長にある。その第一章では，ものごとの規模が国家の枠組みを越え地球規模で拡大し，国際的相互依存関係の中で生きる現代人には，一人一人が，国際関係や異文化を単に理解するだけでなく，国際社会の一員としての責任を自覚し，どのように生きていくかという点を一層強く意識する必要があるという考えの下（文部科学省2005a, p. 2），どのような子どもを育てる必要があるかということとともに，「国際社会で求められる態度・能力」として，①〜③が以下のように挙げられている。

　　－国際化が一層進展している社会においては，国際関係や異文化を単に理解するだけでなく，自らが国際社会の一員としてどのように生きていくかという主体性を一層強く意識することが必要
　　－初等中等教育段階においては，すべての子どもたちが，
　　　　①　異文化や異なる文化をもつ人々を受容し，共生することのできる態度・能力
　　　　②　自らの国の伝統・文化に根ざした自己の確立
　　　　③　自らの考えや意見を自ら発信し，具体的に行動することのできる態度・能力を身に付けることができるようにすべき
　　－これらは，国際的に指導的立場に立つ人材に求められる態度・能力の基盤となるものであり，個の特性に応じて，リーダー的資質の伸長にも配慮した教育を（文部科学省2005a, p. 2）

国際理解教育では，「ⅰ　異文化や異なる文化をもつ人々を受容し，『つながる』ことのできる力」，「ⅱ　自らの国の伝統・文化に根ざした自己の確立」，「ⅲ　自ら発信し行動することのできる力」が挙げられている。そこでは，育成すべき資質・能力として国際理解教育では，「①異文化を理解し，これを尊重・共生できる資質・能力」，「②自己の確立」「③コミュニケーション能力」が示されていた（文部省 1996）。国際理解教育は，他の国や異文化を理解する教育や単に体験したり交流活動を行ったりすることにとどまっていたため，国際社会において，地球的視野に立って，主体的に行動するために必要と考えられる態度・能力の基礎を育成する必要があるということで，国際教育への転換が求められたということである（文部科学省 2005b）。

　「国際理解教育」と「国際教育」の両者とも，育成すべきという資質・能力は，後者の方が具体的であるということを除いては，項目や内容はほぼ一致しているし，前者も「『理解』に終わってしまった」という結果を望んでいたわけではなかろう。後者が，「主体性・発信力を重視」するということだが，それは，前者も同様だったはずである。ことばが変わったとしても，必要とされる資質・能力という点からするとそこに大差はないようである。要するに，「理解」だけでなく「主体的」に行動する子どもになるよう教育を進めようという程度の多少の違いしか見えてこない。両者とも，国際化が一層進展している社会においては，国際関係や異文化を単に理解するだけでなく，自らが国際社会の一員としてどのように生きていくかという主体性を一層強く意識することの必要性は，強調されているが，結局，「個人の相互理解に基づく多文化共生」という展開が重視されていることに違いはない。つまり，「『理解』に留まっているから，まずは『理解』を確実にして，次に『いかに生きていくか』まで考えましょう」という二段階で学習が構想されている点で，最初に「理解ありき」という姿勢は変わらないということだ。つまり，他者は「理解」できて当然だという前提に立っていることを示している。

　人は，いくら努力しても他者にはなりきることかではないがゆえに，相手が何を考え，感じているかは完全に知覚できない。そのため，他者は，「理解」できないという前提に，教育を展開していくことの必要性を改めて指摘して

おきたい。自己も他者も，相手を「理解」したつもりにはなることはできても，真に，相手を「理解」することはできない。だからこそ，「理解」しようとすることを諦めることなく「理解」しようとし続ける姿勢が大切で，その姿勢が，社会の絆をつないでいくということである。

このことは，森田真樹が 2016 年時点にあっても，「『国際理解教育』や『国際教育』の長い歴史をもつ日本であるとはいえ，その実践をめぐる課題は，時を経ても克服されることなく，類似の内容が指摘され続けている」と述べていることと，無関係ではない（森田 2016, pp. 121-122）。さらに，森田は，これからの国際教育の実践を検討する際には不可欠な視点として，我々がしがちな自らの考えは相手も考えているだろうという自己と他者との「対称性」の発想から脱却し，自分が考えていることが相手もそう考えているとは限らないという発想，即ち，「非対称性」を重視していく必要性を強調している（森田 2016, p. 130）。

それは，これまで常識のように語られてきた「相互理解に基づく多文化共生」という視点だけでよいのかという疑念を呼び起こす。「相互理解に基づく多文化共生」という視点に基づくということは，他者は「理解」できるものだし，「理解」すべきである。だから，他者と自己が相互に「理解」すれば，多文化共生は実現できるという前提に立つということになる。だから，「国際教育」は「国際理解教育」から，「理解」ということばを外しても，その「理解」をとことん重視せざるを得ないし，「理解」できるまでは，先に進めない。

人は，他者になりきることはできないにしても，単に自分の位置からものを見るだけでなく，相手の位置に身をおいて，相手の視線をなぞる。単に相手が見ていることを見るだけでなく，その「見方，感じ方，扱い方をも見る」。また，両者は互いに相手の様子をなぞる行為を相互にやりとりする。このような活動を相補的にやりとりし，他者を相互に理解しようとしている人間どうしの関係を「三項関係」という（浜田 1988, 67-68）。この「三項関係」では，他者が見たことそのものを自己は見ることはできないが，他者の位置からもの見ることはできるため，その視線をなぞり合うことで，とりあえずの間主観的共通理解を得ようとする我々の認知の様相を示している。

この「三項関係」は，「他者との相互不理解に基づく多文化共生」の可能性を示唆していよう。個人間，文化間，国家間など，多様な自己と他者の関係レベルで，他者との理解や意思決定の齟齬や矛盾，葛藤，対立，紛争などは生じ続ける。筆者が，この終章を執筆している最中にも，ウクライナとロシア，パレスチナとイスラエル，台湾と中国との間では，互いを「理解」できないまま，対立や紛争が続いている。国家間レベルの対立や紛争よりも小さな規模の社会集団間や個人と社会集団との間の対立や紛争を思い浮かべると，枚挙に遑がない。「理解」することが共生の前提であれば，他者を相互に「理解」できるまで，齟齬や矛盾，葛藤，対立，紛争などは終わらないことになってしまう。他者にはなりきれず，他者の「理解」が不可能であっても，他者の視点をから，他者の「見方，感じ方，扱い方をも見る」ことで，互いの接点を探り続けることは，国際社会においては，なおさら，欠かせまい。

　また，「他者は『理解』できるもの」という前提は，他者を固定化して見ようとすることにつながっていく。日々，変容している。他者に対する自己も，日々，変容している。ある瞬間の他者を「理解」したつもりになったとしても，その他者は，時間が経過すると，既に，前の他者ではない。しかも，自己も，時間が経過すると，既に，前の自己ではなくなっている。「理解」したつもりになったとしても，その「つもり」でさえ，一瞬の出来事に過ぎない。したがって，他者を「理解」しようとすればするほど，自己も他者も，互いに固定化して見るほかない。このような見方は，本質主義的な物の見方や考え方の入り口に，我々を導いてしまうことにも繋がるだろう。

　自己が他者を「理解」し，生じている齟齬や矛盾，葛藤，対立，紛争といった根本的な解決や望んだ通りの結末に至らなくとも，互いにとりあえずの納得をしていくことを繰り返す。そういう過去の事例に学んでいくことや，これから経験していくことを，教育で重視していく他ないと考える。他者は「理解」できないからこそ，「理解」しようとして絶え間ない対話の継続が必要とされる。不断に他者との関係性を築き保とうとすることへの着目が，教育に必要だということをあらためて強調しておきたい。

　佐伯啓思は，グローバル社会において，ただ「生きる」のではなく「善く生

きる」ことを目指す場合，何が「善い」のかは本質的に存在しないといい，次のように指摘する。

　　　他者からの承認を得，是認され，そしてできれば敬意を払われること，およそ，「善き生」はこうした条件を離れてはありえない。独我論的で主観主義的自由の中には，「善き生」はありえない。「善き生」は信頼できる他者との共同の活動の中からしか出てこない。もし，新たな倫理の基礎を求めるとしたら，この信頼できる他者との活動，その中における承認と敬意という点以外にはありえないだろう。(佐伯 2005, p. 95)

　信頼できる他者との活動，その中における承認と敬意は，突然，実現するわけではない。ささやかかもしれないが，不断に他者との関係性を築き保ちつつ，とりあえずの納得の経時的な積み重ねの継続が，少しずつではあるがそれらの実現に近づいてくと考える。そういう視点から，現在の教育を再考してみることには，意義があるはずである。

引用・参考文献

アンダーソン，ベネディクト：白石さや・白石隆訳（2007）『定本 想像の共同体——ナショナリズムの起源と流行』書籍工房早山.

小西正雄（2010）『教育文化人間論——知の逍遥／論の越境』東信堂.

佐伯啓思（2005）『倫理としてのナショナリズム』NTT 出版.

髙橋道和（2017）「まえがき」『小学校学習指導要領解説 社会編』日本文教出版.

浜田寿美男（1988）「ことばの流転——その生成を中心に」『聴能言語学研究』5（2），日本コミュニケーション障害学会，pp. 65–71.

森田真樹（2016）「現代における国際教育の課題と教育実践の視座——グローバル・シティズンシップの育成という視点を含んで」『立命館教職教育研究』特別号，pp. 121–131.

文部省「国際理解教育の充実」『21 世紀を展望した我が国の教育の在り方について（第一次答 申）』，1996.7．https://www.mext.go.jp/b_menu/shingi/chuuou/toushin/960701. htm　2024 年 7 月 27 日閲覧.

文部科学省（2005a）『初等中等教育における国際教育推進検討会報告——国際社会を生きる人材を育成するために』.

文部科学省（2005b）「国際『理解』教育と『国際教育』」『第8回初等中等教育における国際教育推進検討会 配付資料』5, https://www.mext.go.jp/b_menu/shingi/chousa/shotou/026/shiryou/05061601/005.pdf　2024年7月27日閲覧.

文部科学省（2017）『小学校学習指導要領解説 社会編』日本文教出版.

森田真樹（2016）「現代における国際教育の課題と教育実践の視座──グローバル・シティズンシップの育成という視点を含んで」『立命館教職教育研究』特別号, 立命館大学教職課程, pp. 121–131.

初出一覧

第1部

第1章　「『地球市民』としての自己認識 —— その可能性をめぐって」（国際異文化学会『異文化研究』11, 2015, 所収）を改稿・改題。

第2章　「多文化主義批判の再検討 —— 普遍性の行方をめぐって」（国際異文化学会『異文化研究』4, 2007, 所収）を改題。

第3章　「コスモポリタンなシティズンシップの育成のために —— 相互転換論からの示唆」（日本グローバル教育学会『グローバル教育』17, 2015）を改稿・改題。

第4章　「『多元的』シティズンシップをどう理解するか」（国際異文化学会『異文化研究』16, 2023, 所収）を改稿・改題。

第2部

第5章　「広領域総合的科目小学校社会科としての国土学習の改善 ——〈国土〉に対する理解と愛情の関係性に着目して」（山口幸男他編『地理教育研究の新展開』古今書院, 2013 所収）をベースに、「小学校社会科における国土学習の改善 ——〈国土〉の構築性に着目して」鳴門社会科教育学会『社会認識教育学研究』24, 2009, 所収）の第2章を加えて再構成改稿・改題。

第6章　「社会系教科において世界文化遺産を取り上げる意義」（鳴門社会科教育学会『社会認識教育学研究』32, 2017, 所収）を改題。

第7章　「シンガポール植物園における『世界遺産教育』の特色と意義 —— シンガポール教育省の世界文化遺産を扱う教育との比較を通して」（全国地理教育学会『地理教育研究』23, 2018, 所収）を改題。

第8章　「文化遺産が有する多様な価値の再検討 —— 台湾『世界遺産潜力點』を取り上げた中学校地域学習を基にして」（日本グローバル教育学会『グローバル教育』22, 2020, 所収）を改題。

第9章　「台湾での歴史の相対化と日本の教育への示唆 ——『郷土』教材を捉える新北市の学習者の視点に着目して」（日本教育大学協会『日本教育大学協会年報』39, 2021, 所収）及び「台湾の『郷土』教材と日治時期の近代化形成及び文化遺産との関連に関する考察 ——『烏山頭水庫及嘉南大圳』を事例として」（全国地理教育学会『地理教育研究』28, 2021, 所収）を改稿・改題。

索　引

英字

Aneka Ragam Ra'yat 129
ICOMOS 130
MOE 105
Site 118
Situation 118

あ

アイデンティティ 16, 42
飛鳥浄御原令 92
位置と分布 112
伊能図 95
イロカノ人 110
烏山頭ダム及び嘉南大水路
　　183
宇宙船地球号 45
英国キュー王立植物園 134
英国景観指定円運動 142
エスニシティ 17
エトノス 73
演繹的な視点 90
遠心的 95
オクシデント 48
オリエンタリズム 48
オリエント 47
オルタナティブな未来 77

か

海峡植民地 124
外省人 6
階層性 70
外的世界 76

仮構 36
仮構の目標 54
価値多元社会 75
金沢文庫蔵日本図 97
嘉南農田水利会 196
可変的 60
嘉南平原 183
ガレオン貿易 108
完全性 107
鴈道 97
基礎建設 185
機能体 44
機能的な視点 90
義務 42
客観主義 74
求心的 95
共時的な視点 90
行政院文化部文化資産局
　　152
「郷土」 174
共同幻想 33
共同体 44
郷土教学活動 174
近代化形成 174
空間的相互作用 112
クレオール 21
グローバリゼーション 55
グローバル 59
グローバル・シティズン
　　シップ 59
グローバル・シティズン
　　シップ教育 170
グローバルな視野 179
グローバルヒストリー 110
経済作物 143

軽便鉄道 212
原住民 6
現象としてのシティズン
　　シップ 77
原初的感情 57
顕著な普遍的価値 104
権利 42
合意形成 58
公共圏 56
構成主義 74
構築主義 74
構築物 57
五畿七道 98
国際競争期 177
国際理解教育 219
国土の構築性 89
国土の四至 101
国民党 6
コスモポリタン 43
コスモポリタンな公共圏
　　56
コスモポリタンなシティズ
　　ンシップ 57
固定的参照系 178
個別主義 42
コミュニティ 42
ゴムプランテーション 131

さ

サーベイマップ 178
砂糖王国 186, 190
参加 42
三項関係 220
参照点 178

索引

三年輪作給水法 196
自己措定 22
シティズンシップ 40
シティズンシップ教育 70
自文化中心的相対主義 53
自文化中心的普遍主義 53
市民社会 41
社会 69
社会契約 73
社会的存在 76
社会問題化 77
殉工碑 196
植物園ネットワーク 127
私領郡 97
真正性の水準 72, 107
真正な社会 72
清朝時期 180
新北市淡水古跡博物館 153
シンボル 79
清領時期 181
スルタン 119
生活論 62
政治的機能体 42
世界遺産委員会 126
世界の文化遺産及び自然遺産の保護に関する条約 147
施合発商行 163, 181
潜在的世界遺産 152
潜力点 152
相互転換 63
想像の共同体 21
相対化 34
創発性 57
措定 36

た

大航海時代 99

代替不可能 73
大日本沿海輿地全図 95
台湾史 181
多元化 72
多元性 3
多元的 60
多元的シティズンシップ 69
多重的 60
多文化主義 30
多民族共同体 126
多様性 3
地域 112
地球益 16
地球市民 31
地球市民社会 15
地球的課題 27
中華民国史 181
中華民国時期 181
中国系メスティーソ 107
抽象的参照系 178
超越的で普遍的な視点 93
直轄市 203
追儺 96
通時的な視点 90
庭園様式 126
鄭氏 160
鄭氏時期 177
提喩 73
デモス 73
テラコッタ 110
当為 64
当為としてのシティズンシップ 77
同化 32
討議空間 57
同定 36
動的 57
独鈷 96

トランスナショナル 55

な

内省人 6
内的世界 76
ナショナル 59
ナショナル・シティズンシップ 59
ナショナルな視野 179
名づけ 17
名乗り 17
生の関心 202
南蛮貿易 99
南部（台湾）201
二項対立 44
日拠 180
日治 180
日本地図屏風 98
日本という国号 93
日本統治期 180
日本統治期の経済発展 189
日本輿地図藁 99
人間と自然環境との相互依存関係 112
認識台湾 174
仁和寺蔵日本図 96
ネイション 17
ネオ・リベラリズム 30
熱帯植物園 126
農業発展 187

は

排除 69
バウンダリー 20
八田與一記念公園 196
場所 112
客家 6

バハイ・ナ・バト　107
範疇化　60
ビガン人　110
非真正な社会　72
ファウスト的取引　52
風土病　196
複数性　72
福佬　6
普遍主義　35
普遍的価値　30
フロンティア　20
文化遺産化　200
文化相対主義　35
文化的共同体　42
文化の固定化　33
文化の絶対化　33
並列性　70
ヘゲモニー　32
包摂　69
蓬萊米　187
ポストモダン　42
本質主義　74

ま

マイノリティ　32
マジョリティ　32
マスターナラティブ　109
看天田　195
民国歴　181
民進党　176
民族　17
メンバーシップ　70

や

役割取得　82

ら

晶紙書き　96
羅刹　97
ラテックス　144
ランドマーク　178
リージョナル　59

リージョナル・シティズン
　シップ　59
リージョナルな視野　179
リソース　202
龍体　97
流動的　60
ルートマップ　178
ルビンの盃　49
歴史都市ビガン　107
ローカル　59
ローカル・シティズンシッ
　プ　59
ローカルな視野　179
ローカルヒストリー　110
ロサンガニ　110

わ

倭寇　99

あとがき

　まずは，小著を公刊するに至り，多大なご尽力をいただいた明石書店のみなさま，とりわけ長島遥氏に，深甚の謝意を表させていただきたい。また，筆者に長島氏を紹介いただいた高知学園大学教授の太田直也先生にも，心より感謝申し上げる。

　そもそも，小著出版の具体的な作業を始めようとした直接の契機は，恩師である小西正雄先生から，大学の教員になってから時間も経って研究を深めてきたのだから，そろそろ単著を出したらどうかというご助言をいただいたことである。ちょうど，わたしも，大学教員となって10年という節目に，これまでの著述した論考を一冊にまとめておきたいということを考えていた。そんなわたしの背中を小西先生が押してくださったということだ。

　「伝統と文化」に関することは，28年に改訂された学習指導要領でも重視されており，このような流れの中で，昨今，文化を取り上げた教育についても，関心が高まっている。しかし，文化に着目した教育が，表層的な体験や短絡的な期待，懐古趣味的な自己満足に終始しているような感も否めない。

　もちろん，「歴史，伝統，文化に対する理解を深め，尊重する態度や，文化芸術を愛好する心情などを涵養し，豊かな心と感性をもった人間を育てる」こと，「様々な学習機会を活用し，文化芸術に関する体験学習などの文化芸術に関する教育や優れた文化芸術の鑑賞機会の充実を図る」ことなどは，もちろん大切なことである（文化庁「学校教育における文化芸術活動の充実」 https://www.bunka.go.jp/seisaku/bunka_gyosei/hoshin/kihon_hoshin_4ji/03-8-4.html 2023年11月10日閲覧）。しかし，それ以前に，「文化とは何なのか」，「わたしたちは，なぜ，文化を必要としてきたのか」，「文化とシティズンシップとの関係は考慮すべきか」といった考察をしないまま，「本質的なモノ」・「過去のモノ」として文化を受け止めようとすることに対する危惧がある。そのように思惑を巡らせると，これまで研究してきたことや本書の内容にも，それなりの意義があるかと思い出版の準備を進めてきた。長年にわたる著作を一つにまとめた部分が

多いため，必ずしも，首尾一貫した流れとはなっていない部分もあるとは思う。それは，試行錯誤した研究の軌跡としてご容赦を願いたい。

　出版準備を進める中で，しばしば頭をよぎったのが，本書の書名である。文化と教育との関係性については，述べたつもりだが，教育論を標榜しながら，直接，教育そのものについて論じている部分が，実は，欠けているのではないかという思いがあった。その点は，第1部と第2部との関係性に鑑みて，その繋がりから想像していただければありがたい。

　出版を思い立ったのは令和4年の秋口であった。そして，その作業を終えたころには，令和6年12月となっていた。拙著を手に取ってくださった方からすると，もっと，授業論について記した方がよかったのではないかという感じを抱かれるかもしれないが，あまり多くを一度にまとめ上げる技量はない。また，小著に瞥見する価値があるか否かも定かではないが，とにもかくにも，無事，公刊に至った。

　最後になるが，長年にわたって筆者の心の支えとなってくれている妻と二人の息子，老母と亡き父に，心から感謝したい。

　令和6年12月
　　著者

著者略歴
金野 誠志（かのう せいし）
　昭和 38 年尾道市生まれ。文教大学教育学部卒業後，広島県公立小学校教諭（シンガポール日本人学校教諭：文部省派遣，鳴門教育大学大学院学校教育研究科学校教育専攻修了：広島県教育委員会派遣を含む）・教頭を経て，鳴門教育大学大学院学校教育研究科准教授。現在，同大学大学院教授（兵庫教育大学大学院連合学校教育学研究科博士課程教授兼職）。

主要業績
　『地理教育研究の新展開』（共著：古今書院），『小学校　新モラルジレンマ教材と授業展開』（共著：明治図書出版），「世界遺産の多元的価値を考え国際社会への参画意識を高める授業試案——台湾の文化遺産を三項関係で捉えることを通して」（『地理教育研究』No.35），「文化遺産への価値対応について考える ESD 授業モデルの開発と検証——世界文化遺産と世界遺産ではない文化遺産を対照する遠隔授業を基にして」（『日本教育大学協会研究年報』No.41），「文化遺産が有する多様な価値の再検討——台湾『世界遺産潜力點』を取り上げた中学校地域学習を基にして」（『グローバル教育 No.22』）。

価値多元社会における文化教育論
——国家，アイデンティティ，シティズンシップ

2025 年 1 月 15 日　初版第 1 刷発行

著　者　　　　金　野　誠　志
発行者　　　　大　江　道　雅
発行所　　　　株式会社　明　石　書　店
〒101-0021 東京都千代田区外神田 6-9-5
電　話　　03-5818-1171
ＦＡＸ　　03-5818-1174
振　替　　00100-7-24505
https://www.akashi.co.jp/

装　幀　　　明石書店デザイン室
印刷・製本　　モリモト印刷株式会社
（定価はカバーに表示してあります）　　　ISBN 978-4-7503-5875-8

[JCOPY] 〈出版者著作権管理機構　委託出版物〉
本書の無断複製は著作権法上での例外を除き禁じられています。複製される場合は，そのつど事前に，出版者著作権管理機構（電話 03-5244-5088，FAX 03-5244-5089，e-mail: info@jcopy.or.jp）の許諾を得てください。

中国人留学生の異文化適応と友人形成
原因帰属を解明し教育的介入の有効性を考える
小松翠著
◎3500円

「多文化共生」言説を問い直す
日系ブラジル人第二世代・支援の功罪・主体的な社会編入
山本直子著
◎4200円

異文化間教育ハンドブック
ドイツにおける理論と実践
イングリット・ゴゴリンほか編著
立花有希、佐々木優香、木下江美、クラインハーベル美穂訳
◎15000円

日本型多文化教育とは何か
「日本人性」を問い直す学びのデザイン
松尾知明著
◎2600円

多文化ファシリテーション
多様性を活かして学び合う教育実践
秋庭裕子、米澤由香子編著
◎2400円

子ども若者の権利とこども基本法
子ども若者の権利と政策①
末冨芳、秋田喜代美、宮本みち子監修
◎2700円

子ども若者の権利と学び・学校
子ども若者の権利と政策③
末冨芳、宮本みち子、秋田喜代美監修
◎2700円

若者の権利と若者政策
子ども若者の権利と政策④
宮本みち子編著　末冨芳、秋田喜代美、宮本みち子監修
◎2700円

主権者教育を始めよう
これからの社会科・公民科・探究の授業づくり
川原茂雄、山本政俊、池田考司編著
◎2200円

国際理解教育と多文化教育のまなざし
多様性と社会正義／公正の教育にむけて
森茂岳雄監修
川崎誠司、桐谷正信、中山京子編著
◎4500円

海外の教育のしくみをのぞいてみよう
日本、ブラジル、スウェーデン、イギリス、ドイツ、フランス
園山大祐編著
◎3000円

スウェーデンの優しい学校
FIKAと共生の教育学
戸野塚厚子著
◎2200円

現代韓国の教育を知る
隣国から未来を学ぶ
松本麻人、石川裕之、田中光晴、出羽孝行編著
◎2600円

シンガポールを知るための65章【第5版】
エリア・スタディーズ17
田村慶子編著
◎2000円

ASEANを知るための50章【第2版】
エリア・スタディーズ139
黒柳米司、金子芳樹、吉野文雄、山田満編著
◎2000円

台湾を知るための72章【第2版】
エリア・スタディーズ147
赤松美和子、若松大祐編著
◎2000円

〈価格は本体価格です〉